中国式现代化的河南实践
系列丛书

THE PRACTICE OF PROMOTING
NEW URBANIZATION WITH PEOPLE AS THE CORE
IN HENAN PROVINCE

以人为核心
推进新型城镇化的
河南实践

王新涛 ◎ 主 编

金 东 寇明哲 李建华 ◎ 副主编

社会科学文献出版社
SOCIAL SCIENCES ACADEMIC PRESS (CHINA)

中国式现代化的河南实践系列丛书
编委会

前　言

河南作为经济大省、人口大省、粮食大省、文化大省，在中国式现代化进程中具有举足轻重的地位。党的十八大以来，习近平总书记先后5次到河南视察，发表与作出了一系列重要讲话和重要指示，寄予河南"奋勇争先、更加出彩"的殷切期望，擘画了中国式现代化建设的河南蓝图，为现代化河南建设提供了总纲领、总遵循、总指引。全省上下坚持以习近平新时代中国特色社会主义思想为指导，砥砺奋进、实干笃行，奋力推进中国式现代化河南实践迈出坚实步伐，中国式现代化在中原大地展现光明图景。

"中国式现代化的河南实践系列丛书"由河南省社会科学院研创。该丛书从理论与实践相结合的视角出发，生动、翔实、立体地总结河南省委、省政府在现代化建设中谋划的战略布局、实施的有力举措、推动的实践创新、取得的亮点成效，既是向中华人民共和国成立七十五周年献礼，也是为高质量推进中国式现代化建设提供服务和智力支持。

"中国式现代化的河南实践系列丛书"包括《黄河流域生态保护协同治理的河南实践》《法治守护黄河"母亲河"的河南实践》《传承弘扬焦裕禄精神的河南实践》《传承弘扬大别山精神的河南实践》《以人为核心推进新型城镇化的河南实践》《"买全球卖全球"跨境电商发展的河南实践》6部。该系列丛书围绕深刻领会习近平总书记关于中国式现代化的重要论述和对河南工作的重要讲话重要指示精神，结合党的二十届三中全会对进一步全面深化改革、推进中国式现代化作出的总体部署和战略安排的最新精神，同时系统梳理和展示河南在落实新时代推动中部地区崛起、黄河流域生态保护和高质量发展等重大国家战略中的生动实践，旨在不断总结新经验，探索新路径，实现新突破，进一步全面深化改革，高质量推进中国式现代化建设河南实践，谱写新时代新征程中原更加出彩的绚丽篇章。

目　录

第一章　以人为核心推进新型城镇化的背景意义

2014年5月，习近平总书记在河南考察时提出"发挥优势打好四张牌"的要求，即"以发展优势产业为主导推进产业结构优化升级，以构建自主创新体系为主导推进创新驱动发展，以强化基础能力建设为主导推进培育发展新优势，以人为核心推进新型城镇化"。[①] 十年来，河南省持续以人为核心推进新型城镇化，常住人口城镇化率提高至2023年的58.08%。当前，河南发展站上了新起点，开启了全面建设社会主义现代化强省的新征程。在这个具有划时代意义的重要历史节点，河南省第十一次党代会以前瞻30年的眼光进行超前谋划、顶层设计，提出确保高质量建设现代化河南、确保高水平实现现代化河南的奋斗目标，并将实施以人为核心的新型城镇化战略作为"十大战略"之一，这是持续落实习近平总书记提出的"四个着力""四张牌"等重大要求的具体行动，是胸怀"两个大局"、发挥新型城镇化对高质量发展支撑作用的必然选择。

第一节　以人为核心推进新型城镇化的时代背景

推进以人为核心的城镇化，是习近平总书记在2013年12月召开的中央城镇化工作会议上提出来的。习近平总书记着眼于世界城镇化发展的一般规律，准确研判我国城镇化发展的新趋势新特点，立足于稳步推进13亿人口的城镇化健康发展这个大国实际，深刻回答了城镇化发展依靠谁、为了谁的根本问题，是推动新型城镇化发展的根本遵循和科学指引。目前来看，在新发展阶段，基于新发展理念、新发展格局、新质生产力发展和中国式

[①] 龚金星、马跃峰：《打好"四张牌"河南更出彩》，《人民日报》2017年6月3日。

现代化建设新的历史使命，提出推动以人为核心的新型城镇化战略具有时代性、前瞻性和指引性。

一　新发展阶段城镇化发展呈现新特征

党的十八大报告对中国特色城镇化道路做出了总体战略部署，党的十八届三中全会明确提出，完善城镇化健康发展体制机制。2013 年，中央城镇化工作会议再次召开，提出要以人为本，推进以人为核心的城镇化，提高城镇人口素质和居民生活质量，把促进有能力在城镇稳定就业和生活的常住人口有序实现市民化作为首要任务。2014 年 3 月，《国家新型城镇化规划（2014—2020 年）》进一步明确，紧紧围绕全面提高城镇化质量，加快转变城镇化发展方式，以人的城镇化为核心，有序推进农业转移人口市民化。围绕以人为核心的新型城镇化，国家先后推出户籍制度改革、新型城镇化综合试点等一系列改革举措。在全面建成小康社会的决定性阶段，我国城镇化也进入了深入发展的关键时期。党的十九届五中全会提出，全面建成小康社会、实现第一个百年奋斗目标之后，乘势而上开启全面建设社会主义现代化国家新征程、向第二个百年奋斗目标进军。这标志着我国进入了一个新发展阶段，立足新发展阶段的新型城镇化呈现一些新特征。

从发展速度来看，当前，我国城镇化进入快速发展中后期，但"十三五"期末与"十二五"期末相比，增速持续放缓，且常住人口城镇化率与户籍人口城镇化率的差距没有缩小反而小幅扩大。因此量质并举、重在提质将是未来一个时期城镇化的新常态。

从发展质量来看，农业转移人口市民化进程不断加快，户籍人口城镇化率从 2014 年的 36.7% 上升到 2023 年的 48.3%；城市结构不合理状况有所改善，中心城市建设有序推进，中小城市数量稳步增加，"19+2"的城市群格局基本建立；城市产业就业支撑能力、创新能力、综合承载能力不断增强；城市治理水平、市政设施水平、居住水平大幅提高，市民获得感、幸福感大幅提升。

从人口特征来看，随着老龄化和少子化程度不断加深、生育意愿持续下降，我国人口增长放缓、劳动年龄人口规模缓慢缩减，农村劳动力从无限供给变为有限剩余，人口红利正在消退，城市很难再以低成本吸纳劳动力资源，城乡间人口转移总量逐步趋于稳定甚至出现下降。

从空间格局来看，区域经济发展极化现象日益突出，资源要素进一步向中心城市、都市圈、城市群集聚，中西部的中心城市与东部发达地区无论在功能完整性、范围边界上，还是在辐射带动效能上都差距较大，城镇格局加速分化。与之相伴随的是，人口长距离跨省流动放缓，省内跨市流动以及城镇间流动加快，一些区域内部出现了人口从大城市往周边中小城市、从城市往乡村回流的态势。

从制约因素来看，城镇化快速发展中前期所积累的大量问题和矛盾，如规划建设管理问题、资源环境问题、城市韧性问题、社会融合问题、财政金融问题、城市分化问题等，在中后期集中显露，未来的城镇化急需从外延无序式扩张向内涵集约式提升转型。

二　新发展理念引领城镇化发展新模式

城镇化是保持经济持续健康发展的强大引擎。2014 年我国常住人口城镇化率达到 54.77%，户籍人口城镇化率只有 36.7%，不仅远低于发达国家 80% 的平均水平，也低于人均收入与我国相近的发展中国家 60% 的平均水平，我国城镇化还有较大的发展空间。从城镇化发展规律、常住人口城镇化率与户籍人口城镇化率的差异、城镇化与工业化协调发展程度来看，当前及今后一个时期，我国仍然处于城镇化快速推进时期，推动城镇化内涵式发展仍然具有较大空间。

进入新发展阶段，新发展理念提供了关于发展的深远见解，推动城镇化健康发展不仅要扩量，更要提质，要注重引领城市发展模式的创新，进而推动城市发展品质的提升和人民群众福祉的改进。以创新理念引领城镇化，注重加快大数据、云计算等新一代信息技术与城市规划、建设、管理、运行、服务等深度融合，加大城镇化关键性制度创新供给，注重城市精神价值的挖掘与培育，从而推动城镇化动力从当前以土地、资本等物质要素投入为主，向以制度创新、科技创新、文化创新等柔性要素投入为主转变。

以协调理念引领城镇化，在注重合理规划城市布局的基础上，推动城镇化建设维度从单体城市建设的"点"，上升为都市圈、城市群等区域协同发展的"面"，在"强城、建圈、望群"的过程中推动资源要素在区域之间、大中小城市之间和城乡之间实现更加有效的配置。以绿色理念引领城镇化，注重突出城镇作为节能、减排、降碳及生态建设主战场的地位，聚焦资源节约集约利用、绿色基础设施建设、综合防灾减灾、城乡环境治理等重点领域，加快城市发展模式实现绿色转型升级，推动高碳城市低碳化发展，提升生态系统质量和稳定性。

以开放理念引领城镇化，注重坚持以更加开阔的视野积极培育一批"塔尖"中心城市，不断提升中心城市国际连通度和影响力，引领辐射带动周边地区积极融入全球城市体系和全球市场，有力支撑国家或地区参与未来的国际竞争，赢得更多国际话语权。以共享理念引领城镇化，注重处理好"面子"与"里子"、个性与共性、建设与保障的关系，更加强调城市的包容性、宜居性、公平性，重点关注老龄化、少子化和中等收入群体倍增带来的空间需求结构性变化，完善城乡公共服务设施，建设全年龄、残疾人友好型城市，提升"城市温度"，让更多人民群众共享城市建设发展的成果。

三 新发展格局激活城镇化发展新动能

当前，我国所处的国内外环境出现重大变化，世界变乱交织，百年未有之大变局加速演进，国际政治纷争和军事冲突多点爆发，世界经济增长动能不足，各类传统、非传统风险和不确定因素给城镇化发展带来复杂影响。加快构建以国内大循环为主体、国内国际双循环相互促进的新发展格局，关键是要加快结构性调整，提升投资效率和消费品质，挖掘内需潜力，培育高质量发展的新动能，尽快形成投资和消费的"新池子"。高水平、高质量的城镇化，既能破解城镇化不足或过度城镇化引致的各种问题，也能有效解决触发经济循环、加速经济循环的动力源泉问题，消解循环阻滞，从而充当好"新池子"这个角色。

从市场来看，随着国际经济循环格局发生深度调整，我国外需与内需此消彼长，同时，随着生产要素结构的重大调整，我国劳动力成本的传统比较优势正在逐步降低，而资本和技术等其他要素的作用日益增强。这种供需结构的深层次变化，为我国经济转型至以内需为主要驱动力的新型发展模式奠定了坚实的基础。我国通过实施新型城镇化战略，突出城市作为经济循环动力系统和重要枢纽的地位，积极培育了大、中、小不同城市主体。通过深化"放管服"改革，我国将发展的权利交给城市，将资源配置的主导权交给市场，有效降低了区域市场交易的制度性成本，促进了生产要素自由流动，提高了资源配置效率，增强了经济竞争力和发展韧性，发挥了城市作为国内大市场优势主要承载地的作用，不断激活内生动力源。

从投资来看，随着城镇化进程的不断推进，农业转移人口市民化带来的城市基础设施、公共服务设施、住房等投资需求不断增加，特别是在智慧化、绿色化城市发展模式引领下，新型基础设施建设、韧性城市建设、海绵城市建设、无废城市建设、城市更新等正带来巨量投资机会，也催生了经济发展的新动能。通过实施新型城镇化战略，我国围绕城市智慧、生态、人文、韧性等建设编制新的投资与产业目录，深化投融资体制机制改革，让各类投资主体平等分享新一轮城镇化建设的红利，不断激活投资动力源。

从消费来看，促进消费增长并打造完善的国内需求系统，对于构建强大的国内市场和形成持续扩大内需的机制至关重要，这在推动经济循环中发挥着关键的引领作用。我国城镇居民的总数已超过欧洲人口总和，而中等收入群体的规模也已超过美国人口，这表明我国拥有巨大的消费市场潜力。同时，我国消费正朝着高端化、服务化、网络化和智能化的方向发展，展现了消费模式的多样化和升级趋势。通过实施新型城镇化战略，我国进一步推动生产场景、生活场景、生态场景与消费有机融合，优化产品结构，增加优质服务供给，提升城市供给体系对健康、教育、生态、文化等新刚需的适配性，不断激活消费动力源。

四　新质生产力开辟城镇化发展新赛道

2014年5月，习近平总书记在河南考察时提出"发挥优势打好四张牌"的重要要求，强调要以构建自主创新体系为主导推进创新驱动发展。2019年10月，党的十九届四中全会提出，完善科技创新体制机制，加快建设创新型国家。"十三五"以来，国家围绕构筑先发优势、增强原始创新能力、破除束缚创新和成果转化的制度障碍、构建良好创新创业生态等方面，加快推进创新型国家建设步伐。新型城镇化作为保持经济持续健康发展的强大引擎，在高质量发展背景下，通过城市创新的示范效应、倍增效应、引力效应和聚合效应，促进资源要素集聚和高效配置，打造区域创新体系、推动区域经济创新改革，开辟城镇化发展新赛道，不断强化对加快推动高质量发展的支撑作用。

2024 年 1 月，习近平总书记在主持二十届中共中央政治局第十一次集体学习时指出，新质生产力是创新起主导作用，摆脱传统经济增长方式、生产力发展路径，具有高科技、高效能、高质量特征，符合新发展理念的先进生产力质态。它由技术革命性突破、生产要素创新性配置、产业深度转型升级而催生，以劳动者、劳动资料、劳动对象及其优化组合的跃升为基本内涵，以全要素生产率大幅提升为核心标志，特点是创新，关键在质优，本质是先进生产力。

新质生产力的显著特点是创新，既包括技术和业态模式层面的创新，也包括管理和制度层面的创新。从全国城镇化发展阶段来看，2023 年全国常住人口城镇化率已经达到 66.16%，接近 70% 的成熟阶段，意味着城镇化高速发展进程放缓。从河南省城镇化发展阶段来看，2023 年常住人口城镇化率达到 58.08%，落后全国 8.08 个百分点，也正在进入"整体放缓、局部加快、量质并重"的深度调整新阶段。以往支撑城镇化发展的人口红利、土地红利、投资红利都已开始显现拐点，而前期所积累的大量问题和矛盾将在中后期集中显露，未来城镇化发展"从失衡到均衡"需要付出的成本不断趋高，急需从外延无序式扩张向内涵集约式提升转型。新的发展阶段迫切需要新的生产力理论来指导，而新质生产力已经在实践中形成并展现了对新型城镇化高质量发展的强劲推动力、支撑力，可以用来指导新型城镇化发展新的实践、开辟新的发展赛道。新质生产力、新型城镇化、新型基础设施"三新"融合互促，可以为以人为核心的新型城镇化发展提供崭新路径和科学指引。

创新是一项复杂的组织体系，其关键是形成以大学、企业、研究机构为核心，以政府、金融机构、中介组织、创新平台、非营利组织等为辅助的多元主体协同互动的网络创新模式，通过知识创造主体和技术创新主体间的深入合作和资源整合，产生系统叠加的非线性效用。以新质生产力开辟城镇化发展新赛道，能够快速适应新一轮科技革命和产业变革的新需要，从而提升国家科技创新能力、实现经济结构转型升级、推进高新技术产业先行先试、探索自主创新发展经验。我国在自主创新体制机制、企业扶持、用人制度、分配制度等方面给予城市先行先试的政策支持，使其成为经济高质量发展新的创新点、新的活力源和新的增长极，进而为创新经验的全面推广提供示范和引导。当前及未来一个时期，加快推进以人为核心新型城镇化发展需要在夯实中心城市"起高峰"县域"成高原"的基础上，围绕科技创新、后发地区、配套改革、重点群体、新型城市等维度持续精准发力，加快培育发展新质生产力，形成新型城镇化发展新赛道。

五　中国式现代化赋予城镇化发展新内涵

党的十八大报告对中国特色城镇化道路做出了总体战略部署，党的十八届三中全会明确提出，完善城镇化健康发展体制机制。坚持走中国特色新型城镇化道路，推进以人为核心的城镇化，推动大中小城市和小城镇协调发展、产业和城镇融合发展，促进城镇化和新农村建设协调发展。优化城市空间结构和管理格局，增强城市综合承载能力。2014 年 3 月，《国家新型城镇化规划（2014—2020 年）》进一步明确，城镇化是现代化的必由之路，是解决农业农村农民问题的重要途径，是推动区域协调发展的有力支撑，是加快产业结构转型升级的重要抓手。城镇化发展存在大量农业转移人口难以融入城市社会、土地城镇化快于人口城镇化、城镇空间分布和规模结构不合理、"城市病"问题日益突出、城乡建设缺乏特色等问题。该规划提出的发展目标为常住人口城镇化率达到 60% 左右，户籍人口城镇化率达到 45% 左右，户籍人口城镇化率与常住人口城镇化率差距缩小 2 个百分点左右，努力实现 1 亿左右农业转移人口和其他常住人口在城镇落户。2020 年 10 月，党的十九届五中全会再次强调，要推进以人为核心的新型城镇化。这一系列政策措施表明，我国仍然处于城镇化快速推进期，新型城镇化关键领域改革开始破冰，推进以人为核心的新型城镇化的关键在于正确处理好城镇化速度和质量之间的关系，使城镇化进程与经济、社会和生态发展相协调、相适应。

党的二十大报告提出，中国式现代化是人口规模巨大的现代化、是全体人民共同富裕的现代化、是物质文明和精神文明相协调的现代化、是人与自然和谐共生的现代化、是走和平发展道路的现代化，深刻揭示了中国式现代化的科学内涵，提出了一系列宏伟目标，包括到 2035 年，建成现代化经济体系，形成新发展格局，基本实现新型工业化、信息化、城镇化、农业现代化。党的二十届三中全会提出，健全推进新型城镇化体制机制，构建产业升级、人口集聚、城镇发展良性互动机制。

进一步全面深化改革，推进中国式现代化，赋予了城镇化发展新的内涵。城镇化是现代化的必由之路，也是实现人口规模巨大的现代化、全体人民共同富裕的现代化、物质文明和精神文明相协调的现代化、人与自然和谐共生的现代化、走和平发展道路的现代化的主引擎、主阵地、主战场。全体人民共同富裕的现代化是中国式现代化的本质特征，也是区别于西方现代化的显著标志。这与以人为核心推进新型城镇化的基本要求是一脉相承的，根本目的都是让发展为了人民、发展依靠人民、发展成果由人民共享，在推动高质量发展、做好做大"蛋糕"的同时，进一步分好"蛋糕"，最终实现全体人民共同富裕。处在"两个一百年"历史交汇期，历史任务、主要矛盾、竞争格局等都在发生深刻转变，因此必须明确我国在新发展阶段中的历史方位，坚持将新发展理念作为指导原则，以构建新发展格局为现代化的路径选择，加快推进高质量发展，开启全面建设社会主义现代化国家新征程。站在新的历史起点，牢牢把握人的现代化核心要义，坚持从社会全面进步和人的全面发展出发，推动新型城镇化实现高质量发展，并最终走向全面现代化的城镇化，这是未来一段时期新型城镇化的应有之义。

中国式现代化的城镇化应体现以下核心内涵："以人为本"，就是从思想观念、素质能力、行为方式、社会关系等方面积极推进人从传统向现代的转型，关键是在提升和完善人的现代化素质中更具体有效地促进人的全面发展；"城乡融合"，就是在加快实现城乡一体化发展的基础上，力求推动城市基础设施、公共服务、产业链条、现代文明等向乡村延伸、扩散，进而实现城市与乡村深度融合；"协同高效"，就是通过集聚并高效配置人口、土地等传统资源要素以及人才、科技、信息、制度等新兴要素，实现在更大空间范围的结构性优化和功能性提升，形成大中小城市和城乡协调发展的空间格局；"绿色低碳"，就是把生态文明理念和原则全面融入城镇化全过程，致力于推进绿色发展、循环发展、低碳发展，形成节约资源和保护环境的空间格局、产业结构、生产方式、生活方式；"智慧安全"，就是以科技进步为支撑，以增强城市韧性为导向，用科技赋能城镇化发展，提高城乡发展的智能化水平，完善生命安全保障体系，形成智慧、安全、健康的城乡发展格局；"包容多元"，就是推动农业转移人口真正融入城镇，实现从农民到市民的全方位转变，能够全方位、多元化、无差别地共享城镇化发展的成果。

第二节　以人为核心推进新型城镇化的
战略意义

截至 2023 年，河南省的常住人口城镇化率还未赶上国家的平均水平，与 70% 这一城镇化成熟阶段的标准还有 12 个百分点左右的差距。河南省委、省政府以前瞻 30 年的眼光进行谋划布局，提出确保高质量建设现代化河南、确保高水平实现现代化河南的"两个确保"奋斗目标，并将全面实施以人为核心的新型城镇化战略确立为"十大战略"之一。在"十四五"时期及未来发展阶段，坚持以人为核心的新型城镇化战略具有深远的现实意义和重要历史价值。

一　牢记领袖嘱托、持续"打好四张牌"的具体行动

"打好四张牌"是习近平总书记调研指导河南工作时提出的殷切嘱托，具有深刻的国际与国内、历史与现实背景。从国际环境来看，百年未有之大变局加速演进，科技革命和产业变革正以前所未有的速度推进，创新链、产业链和价值链正在迅速重塑。从国内环境来看，2023 年河南省 GDP 接近 6 万亿元，人均 GDP 突破了 8000 美元大关。[①] 尽管如此，河南省的城镇化率还未达到全国平均水平，预计在"十四五"期间，每年将有约 150 万人涌入城镇，占全国新增城镇人口的 10%。河南省正处在一个关键的发展阶段，即居民收入从中等水平向高水平迈进，工业化和城镇化进程正在加速。然而，河南省仍然面临着人口基数大、基础设施薄弱、人均资源不足和发展不均衡等挑战，这些基本省情尚未得到根本性改善。

站在新的历史起点开启现代化河南建设新征程，必须牢记习近平总书记嘱托，持续打好新型城镇化牌，统筹处理好人口向大城市集聚与向中小城市流动的关系、农业转移人口进城务工与进城落户的关系、城镇发展与乡村振兴的关系等城镇化进程中面临的新的重大关系问题，加快转变城镇化发展方式，探索走出一条具有中国特色、符合河南特点的新型城镇化路

---

① 《2023 年河南省国民经济和社会发展统计公报》，河南省人民政府网站，2024 年 3 月 30 日，https：//www.henan.gov.cn/2024/03-30/2967853.html。

子，推动中心城市"起高峰"、区域"组板块"、县域"成高原"，构建以中原城市群为主体、大中小城市和小城镇协调发展的多中心、组团型、网络化、集约型空间格局，打造更加宜居、韧性、智能的现代化城市，让农业转移人口真正融入城市生活，努力实现常住人口城镇化率年均增幅高于全国、快于中部其他省份。

二 解决"三农"问题、推进乡村振兴的重要途径

农村的进步与城市的繁荣密切相关，城市的增长同样需要农村的推动和支持。然而，城乡发展不均衡和不协调是一个长期存在的问题，城乡之间的分化和差距仍然是目前社会结构性矛盾的主要表现。我国在取得脱贫攻坚战的全面胜利之后，"三农"工作的重心发生了历史性的转向——全面推进乡村振兴，这提出了新的使命，也带来了新的机遇。河南省是农业大省，2023 年河南省粮食产量 1324.9 亿斤，居全国第二位，[①] 农村劳动力转移就业总量 3073.97 万人[②]，居全国之首，这为实施乡村振兴战略提供了坚实的基础和独特的优势。然而，河南省也是一个人口大省，2023 年末河南省农村常住人口占全省常住人口的 41.9%。[③] 尽管在过去十年中，农村人口减少了 1300 万人[④]，但"人多地少"的问题并未得到根本性解决。河南省仍面临农业现代化水平有待提升、农村土地利用效率不高、农民收入水平相对较低等挑战。

实施以人为核心的新型城镇化战略，意味着要紧密围绕"人"这一关键要素，深入解决城镇化进程和农业农村发展中的核心问题。这一战略特别强调加快农村劳动力融入城市，通过促进农业人口向城市流动，将农村剩余劳动力有效转移到非农产业中。这不仅是职业的转变，还包括身份认

---

① 刘晓波：《2023 年河南"三农"成绩单（新时代 新征程 新伟业）》，《河南日报》2024 年 1 月 10 日。

② 《2023 年河南省国民经济和社会发展统计公报》，河南省人民政府网站，2024 年 3 月 30 日，https：//www.henan.gov.cn/2024/03-30/2967853.html。

③ 《河南省人口概况》，河南省人民政府网站，2024 年 4 月 2 日，https：//www.henan.gov.cn/2024/04-02/2972793.html。

④ 宋迎迎：《城镇人口反超农村！河南乡村人口 10 年减少 1352.3 万人》，"人民资讯"百家号，2021 年 5 月 14 日，https：//baijiahao.baidu.com/s? id=1699702062134787665&wfr=spider&for=pc。

同和价值观念的更新，以确保他们能够顺利融入城市社会。此外，通过优化城乡资源配置，激发农村产业综合发展，并实现城乡公共资源均衡分配，推动城乡生活条件均等化，以增进农业转移人口的幸福感和获得感，将有利于反向扩大农民户均土地规模，化解农业小规模生产与农民增收、农地碎片化经营与农业现代化的矛盾以及缩小城乡发展的差距，推动真正实现农业强、农村美、农民富以及乡村振兴的战略目标。

三　优化"三生"布局、推动区域协调发展的有力支撑

纵观全球城镇化的发展历程，无论是发达国家，如英国、美国、日本，还是发展中国家，都经历了从粗放型向集约型的转变。河南省的城镇化发展长期以来采取的是粗放型模式，其特点为能源依赖煤炭、产业结构偏向重工业、生活方式偏向高污染。与此同时，与沿海地区的发达省份相比，河南省的中心城市在引领和辐射带动周边地区的能力相对较弱，缺少规模和影响力足以支撑全省发展的大城市。此外，多数中小城市的综合承载能力有限，区域间的协调发展尚未形成有效的格局。

实施以人为核心的新型城镇化战略，一方面，可以将城市视作一个有机的生命体，全面考虑其经济、生活、生态和安全需求，以环境容量和城市综合承载力作为确定城市规模和发展定位的关键依据。明确划定并遵守"三条控制线"，按照绿色、循环、低碳的发展理念，推进城市规划、建设和运营管理，努力将城市打造成为人类与自然和谐相处的美好家园。这不仅优化了城市发展的空间布局，提升了其质量和效率，也推动了城市发展模式的转变，实现了生产、生活和生态空间"三生"布局的合理化和最优化。另一方面，可以依据区位优势、交通网络、产业基础和发展潜力，塑造具有强大引领和辐射带动能力的核心城市引擎，培育和增强若干区域中心城市和门户城市的功能，加速提升中小城市的综合承载力和人口集聚力，充分发挥其在吸引农村人口就近转移方面的重要作用。这有利于从当前的大城市集中承载向多城市共同承载转变，建立起多极支撑、大中小城市协调发展的城镇化新格局，不断激发区域之间、城市之间、城乡之间的经济结构效应，推动实现区域协调发展。

四 加速动能转换、拉动经济增长的强大引擎

推动经济由高速增长阶段转向高质量发展阶段，是一场深刻变革，而顺利实现经济发展阶段转变，关键在于经济发展动能转换。城镇在提高区域生产率、就业率和空间利用效率方面具有明显比较优势。新型城镇化集扩内需、聚产业、促创新、稳就业等功能于一体，是国民经济发展的重要载体和拉动经济增长、实现财富累积的重要引擎，能否实现高质量发展很大程度上决定了中国特色社会主义现代化建设的成败。当前，河南非农产业生产效率依旧明显高于农业，意味着人口从农村向城镇转移、劳动力从农业向非农产业转移的动力依旧非常强劲，每一个百分点的城镇化率提升对应的都是百万人以上的农业人口转移以及大规模的投资和消费，由此带来的结构调整是经济增长的巨大动能。

实施以人为核心的新型城镇化战略，关键在于发挥城市在经济结构转型和动能转换中的主导作用，通过深化改革、扩大开放和鼓励创新，促进传统产业的创新升级，并孕育新兴技术、业态和商业模式，实现产业的持续更新和增长。这样的战略不仅能有效吸引农业劳动力向城市转移，还能促进城镇基础设施和公共服务的完善，引导城镇新居民消费模式的升级。这些综合措施将为经济注入新的活力，激发更多增长潜力，确保经济实现质的有效提升和量的合理增长。

五 培育发展新质生产力、强化创新驱动的关键变量

城镇化健康发展的动力在于创新，在于发展以提高城市全要素生产率为核心标志的先进生产力质态。通过培育发展新质生产力，推动城市科技、产业、体制机制、发展方式等全面创新。

全面实施以人为核心的新型城镇化战略，要围绕人才、技术、制度、管理等方面进行全面深化改革，着力打通束缚新质生产力发展的堵点卡点，加快打造宜居、韧性、智慧城市，让各类先进优质生产要素向新质生产力顺畅流动，形成未来城镇化发展新的动力源。以人为核心的新型城镇化更加注重充分发挥城市作为经济转型和动能转换主平台、主阵地的作用，有利于形成一批推动城市转型发展的新技术、新产业、新模式，打造一流创新生态和开放格局。

六　顺应城市型社会为主体时代、满足人民群众需求的内在要求

城市是人们生活居住的主要场所，其根本上是属于居民的。城镇化的进程不只包括人口的增加和城市规模的扩张，它还意味着城乡居民平等地参与现代化进程，并共同分享其发展成果。随着城镇化的快速发展和居民收入水平的提升，人们对优质教育、医疗卫生服务和社会保障的需求日益上升。人们期望获得稳定的工作以获得更高的收入，追求更好的居住条件、更舒适的生活环境以及更丰富的文化生活。这种对美好生活的向往，成为推动城市建设和管理发展的主要动力。

实施以人为核心的新型城镇化战略，要从促进社会整体发展和个人全面发展的角度出发，以缓解社会主要矛盾和提高民生水平为基本出发点和落脚点。这一战略着眼于人民日常生活多个方面需求，包括但不限于基本生活需求、教育、就业、医疗服务、养老服务、文化和体育活动、生活条件、社会秩序和安全等，以推动城市规划、建设和管理的全面升级。通过全面升级，为居民创造更多就业机会、提供更优质的城市服务、营造更美丽的居住环境，打造充满活力、魅力和适宜居住工作的城市环境。这将有助于农业转移人口全面融入城市，成为完全的城市居民，并不断提高居民的获得感和幸福感。

河南省实现"两个确保"奋斗目标，统筹解决当前新型城镇化发展的短板弱项，迫切需要发挥以人为核心的新型城镇化战略的动力源和稳定器的作用，从社会全面进步和人的全面发展出发，科学编制国土空间规划，推动中原城市群一体化高质量发展，加快构建主副引领、四区协同、多点支撑的发展格局，使城市更健康、更安全、更宜居，打造高品质生活空间。

第二章 以人为核心推进新型城镇化的
总体回顾

城镇化是现代化的必由之路。2014 年至今，河南牢记习近平总书记重要指示和殷殷嘱托，围绕打好新型城镇化牌，制定出台一系列政策措施，以人为核心的新型城镇化取得重大进展，城镇化进程不断加快、质量大幅提高，城镇发展取得历史性成就，城乡结构实现历史性嬗变，城乡面貌发生翻天覆地变化，城镇化成果更多更公平惠及城乡居民。

第一节 以人为核心推进新型城镇化的
全面部署

2014 年，河南贯彻落实习近平总书记在河南考察时提出的"发挥优势打好四张牌"要求，[①] 提出新型城镇化是河南解决农业、农村、农民问题的重要途径，是推动区域协调发展的有力支撑，是扩大内需和促进产业升级的重要抓手，是实现中原崛起、河南振兴、富民强省的必然选择，从而采取了一系列政策、举措，以人为核心推进新型城镇化。

一 贯彻新发展理念引导新型城镇化

2015 年 10 月，习近平总书记在党的十八届五中全会上提出创新、协调、绿色、开放、共享的发展理念。河南在推进以人为核心的新型城镇化建设中，将创新作为引领新型城镇化发展的第一动力，将协调作为新型城镇化持续健康发展的内在要求，将绿色作为新型城镇化永续发展的必要条件，将开放作为新型城镇化快速发展的必由之路，将共享作为新型城镇化

---

① 龚金星、马跃峰：《打好"四张牌"河南更出彩》，《人民日报》2017 年 6 月 3 日。

发展的本质要求。

河南以人为核心推进新型城镇化，更加突出创新发展，注重加快大数据、云计算等新一代信息技术和绿色建筑、智能建造等新兴技术的发展，推动技术与城市规划、建设、管理、运行、服务等环节的深度融合，加快城镇化发展方式从外延式增长向内涵式增长转变。更加突出协调发展，在合理规划城镇布局的基础上，推动"强城、建圈、望群"的协调发展，促进资源要素实现更加有效的配置。更加突出绿色发展，聚焦资源节约集约利用，加快城市发展绿色转型升级，推动低碳化发展。更加突出开放发展，放眼全球、站位全国，以"空、陆、网、海"四条丝绸之路协同发展为突破口，不断提升中心城市国际连通度和影响力，持续完善城镇对外开放的平台载体，巩固提升河南地处中原，连通境内外，辐射东部、中部、西部的通道枢纽优势，推动河南大中小城市更加积极主动融入全球城市体系和分工格局。更加突出共享发展，强调城市的包容性、宜居性、公平性，围绕"一老一少一青壮"的个性化需求，完善城乡公共服务设施，让更多人民群众共享城镇化发展的成果。

二 健全规划体系引领新型城镇化

河南省委、省政府深刻认识到，规划是指导全省未来一个时期新型城镇化发展的纲领性文件，科学编制以人为核心的新型城镇化规划，对于贯彻落实习近平总书记的重要指示精神，引导走出一条具有河南特色、科学发展的新型城镇化道路，加快全省全面建成小康社会、推进现代化建设都具有重大现实意义和深远历史意义。

2014年7月，河南省人民政府印发《河南省新型城镇化规划（2014—2020年）》，全面分析了河南推进以人为核心新型城镇化的现实基础，提出要深刻认识新型城镇化对河南全省经济社会发展的重大意义，牢牢把握城镇化蕴含的重大机遇，妥善应对城镇化面临的风险挑战，紧紧围绕提高城镇化质量，加快转变城镇化发展方式，强化产业为基、就业为本，强化住房和就学牵动的"一基本两牵动"，优先推动一批已进城就业定居的农民工落户，成建制推动一批城中村居民转户，推动一批农村富余劳动力有序转移，并围绕六个方面的重点任务进行部署，即有序推进农业转移人口市民化，逐步解决长期进城农民工及其家属落户问题，同步推动基本公共服务向非户籍常住人口全覆盖；着力破除城市内部二元结构，深入推进城镇棚户区和城中村改造；优化城镇化布局和形态，构建以城市群为主体形态、大中小城市和小城镇协调发展的现代城镇体系；推进城镇化绿色发展，着力加强基础设施建设；协调推进城镇化与新农村建设，促进城乡发展一体化；全面推进改革创新，破除城镇化发展的体制机制障碍。

2021年12月，根据同年10月召开的河南省第十一次党代会精神，河南对2014年以来实施以人为核心的新型城镇化战略进行全面回顾总结，于2022年2月启动实施《河南省新型城镇化规划（2021—2035年）》。新一轮的新型城镇化规划依据河南新型城镇化所处的新的发展起点、新的发展形势、新的发展趋势和新的发展要求，以一系列指导思想为引领，如立足新发展阶段、贯彻新发展理念、融入新发展格局，锚定"两个确保"奋斗目标，以推动城镇化高质量发展为主题，以转变城市发展方式为主线，以体制机制改革创新为根本动力，以满足人民日益增长的美好生活需要为根本目的，以中心城市、都市圈和县域为抓手，深入实施以人为核心的新型城镇化战略，以中原城市群为主体促进大中小城市和小城镇协调发展，推进城市治理体系和治理能力现代化，明确了2025年、2035年新型城镇化的阶段性目标。

同时，为了更好地落实新型城镇化发展的总体规划，出台了一系列配套专项规划和具体实施意见。2016年12月，《中原城市群发展规划》获得国务院批复。2023年10月，《郑州都市圈发展规划》获得国家发展改革委批复。2020年7月，河南省人民政府办公厅出台《关于加快推进新型智慧城市建设的指导意见》，提出以提升城市治理水平、公共服务能力为重点，加强政府引导，推动新一代信息技术与城市规划、建设、管理、服务和产业发展全面深度融合，努力实现城市治理智能化、集约化、人性化。2021年12月，河南省人民政府出台《河南省"十四五"城市更新和城乡人居环境建设规划》，提出要积极开展城市更新和乡村建设行动，加快补齐短板、缩小差距，建设宜居、富有韧性、智能的现代化城市和美丽文明乡村，创建人与人、人与自然和谐共生的美丽家园。2023年8月，河南省人民政府办公厅印发《河南省城市基础设施生命线安全工程建设三年行动方案（2023—2025年）》，明确提出2023年要摸清城市生命线安全风险底数，形成安全风险清单，建成省、市级城市运行管理服务平台。

三 深化改革创新赋能新型城镇化

河南坚持改革先行、创新赋能，努力在户籍制度、土地制度、投融资体制、行政制度等方面进行探索、进行突破，加快形成有利于城镇化健康发展的制度环境。

河南把有序推进农业转移人口市民化，有效缩小常住人口城镇化率与户籍人口城镇化率的差距作为改革的主攻方向，确保进城农民进得来、留得住、过得好。2014年，河南省委、省政府积极贯彻落实国务院《关于进一步推进户籍制度改革的意见》，省委全面深化改革领导小组在全省第一批重点改革事项中明确提出，实行差别化落户政策，研究制定居住证制度的具体实施办法和相关配套政策，稳步推进城镇基本公共服务常住人口全覆盖。随后，省公安厅及相关部门按照省委全面深化改革领导小组的要求，积极研究出台河南省户籍制度改革意见，不断畅通稳定就业生活的农业转移人口举家进城落户渠道，提高户籍登记和迁移的便利度。2023年9月，郑州放宽中心城区落户条件，不再受社保缴费年限和居住年限的限制，成为全国首个落户"零门槛"的国家中心城市。

同时，河南积极探索能稳妥处理好进城农民和土地关系的改革措施。2014年，河南省人民政府办公厅印发《关于开展农村土地承包经营权确权登记颁证试点工作的意见》，提出按照"先试点探索路子、后全面推开"的总体思路，在全省开展农村土地承包经营权确权登记颁证试点工作。2017年，河南省委、省政府下发《关于稳步推进农村集体产权制度改革的实施意见》，要求加快构建归属清晰、权能完整、流转顺畅、保护严格的农村集体产权制度，有序推进农村集体经济组织股份合作制改革、农村承包土地经营权和农村住房财产权抵押贷款、城乡建设用地增减挂钩等试点工作。2021年，河南重点推进济源第二轮土地承包到期再延长30年国家试点，选择长垣、巩义、孟津、宝丰、新县五个县（市）作为全国农村宅基地制度改革试点，推进农村集体经营性建设用地入市探索。

此外，河南出台各项推进以人为核心新型城镇化的综合配套改革政策。例如，2017年3月出台了支持农业转移人口市民化的若干财政政策，将进城农民的子女教育、公共卫生服务、住房保障等方面纳入公共财政保障体系，不断完善财政转移支付制度，强化人口流入地政府的主体责任。

同时，河南还积极承担国家新型城镇化相应的改革试点工作，并努力形成可复制、可推广的经验。2015 年 2 月，《国家新型城镇化综合试点方案》将河南的洛阳市、兰考县、新郑市和禹州市纳入试点，河南承担了探索新型城镇化一系列相关改革措施的任务。其中，洛阳市和兰考县的任务都涉及探索建立城镇化投融资机制，洛阳市探索农业转移人口市民化成本分担机制，兰考县探索建立城乡一体化发展机制。禹州市还多了一项推进城镇化与农业现代化融合发展的任务。新郑市的任务则包括拓宽城市建设融资渠道、深化农业人口转移的农村配套改革、促进城乡一体化发展、完善市民化制度保障体系、完善"多规融合"的规划体系、加快智慧城市建设、推动农业现代化与新型城镇化联动发展等方面。

四　构建城市群和都市圈承载新型城镇化

2011 年，全国常住人口城镇化率第一次超过 50%，标志着我国整体上已经以城市型社会为主体。随着工业化、城镇化的推进，人口、产业、资源等越来越向优势区域集中，城市群和都市圈加快形成，日益成为区域发展的引擎、科技创新的高地、参与国际竞争合作的平台。在此过程中，中原城市群和郑州都市圈成为河南推进以人为核心的新型城镇化战略的主要平台和载体。

从 20 世纪 90 年代开始，河南社会各界就把谋划、推动中原城市群发展作为推动城镇化的重要抓手。最初提出的中原城市群概念，包括郑州、焦作、新乡、洛阳、开封、许昌六个城市，2003 年，河南编制完成《中原城市群经济隆起带发展战略构想》，提出将中原城市群的范围扩大至九个城市，即郑州、焦作、洛阳、开封、许昌、新乡、漯河、平顶山、济源。到 2009 年，随着高速铁路、高速公路等快速交通运输方式的规划建设和信息通信技术的飞速发展，城市与城市之间的时间距离相应缩短，城市群中心城市的辐射带动范围进一步扩大，城市群的空间范围也逐渐拓展。为适应这种发展趋势，河南提出"一极两圈三层"的中原城市群概念，将中原城市群的空间范围扩大到全省 18 个省辖市（含 1 个省辖县级市）。2011 年中原经济区上升为国家战略，2016 年，为了推动支撑中原经济区发展，构建中部地区崛起增长极，中原城市群获得国家批复，空间范围拓展到 30 个地级及以上城市，包括河南 18 个省辖市（含 1 个省辖县级市），山西的晋城、长治、运城，河北的邯郸、邢台，安徽的亳州、宿州、阜阳、淮北、蚌埠，山东的聊城、菏泽。中原城市群的总体发展思路服务于国家级城市群经济发展新增长极、重要的先进制造业和现代服务业基地、中西部地区创新创业先行区、内陆地区双向开放新高地、绿色生态发展示范区等功能定位，遵循城市群发展规律，推动空间结构升级，强化关键要素驱动支撑，推进基础设施互联互通，深化产业体系分工合作，加强生态环境同治共保，促进公共服务共建共享，促使城乡统筹协调发展，构建网络化、开放式、一体化的发展新格局，加快成为资源配置效率高、经济活力强、具有较强竞争力和影响力的国家级城市群。

在推动城市群一体化发展的过程中，河南逐步认识到中心城市周边正在形成各类生产要素的集聚高地，城镇密度、人口密度、经济密度都存在都市圈高于城市群其他区域的显性特征。为此，专家学者们纷纷提出为了更加精准实施城镇化政策，应加快构建"城市群—都市圈—中心城市—中小城市—小城镇"的空间组合链条等建议，都市圈或都市区的理念逐渐进入决策视野。2016 年，《中原城市群发展规划》明确提出"核心带动，推进大都市区国际化发展。把支持郑州建设国家中心城市作为提升城市群竞争力的首要突破口，强化郑州对外开放门户功能，提升综合交通枢纽和现代物流中心功能，集聚高端产业，完善综合服务，推动与周边毗邻城市融合发展，形成带动周边、辐射全国、联通国际的核心区域"。郑州大都市区的功能定位为物流及商贸中心、综合交通枢纽和中西部地区现代服务业中心、对外开放门户；空间范围包括郑州与开封、新乡、焦作、许昌，并强调进一步深化与洛阳、平顶山、漯河、济源等城市联动发展。2023 年 10 月，《郑州都市圈发展规划》正式获国家发展改革委复函，成为全国第 10 个获得复函的都市圈规划，该规划将形成通勤便捷高效、产业梯次配套、生活便利共享的发展格局作为郑州都市圈发展的主要任务。

五 加强基础设施和公共服务设施建设支撑新型城镇化

河南城镇基础设施和公共服务设施历史欠账较多，在城镇化快速推进阶段，基础设施和公共服务设施的供需矛盾更加凸显。为此，河南按照打好新型城镇化牌的要求，采取了一系列措施加强高品质基础设施和公共服务设施供给。

2014 年 5 月，河南省人民政府印发实施《河南省科学推进新型城镇化三年行动计划》，实施节约型城市、生态宜居城市、智慧城市、人文城市和城镇基础设施建设专项，推动城镇集约、智能、绿色、低碳发展。2016 年 12 月，全省百城建设提质工程动员会在郑州召开，强调要以中小城市发展为重点，着力培育主导产业、提高综合承载能力、改善公共服务水平、建设生态宜居环境、提升城乡治理能力，走出一条具有中国特色、符合河南特点的新型城镇化路子。河南实施的百城建设提质工程，把中小城市特别是县级城市的发展作为城镇化的重要载体，按照产城融合发展的理念，突出抓好产业培育，提高城市的就业承载力；着眼于解决城市基础设施和公共服务设施滞后等问题，努力在提高水电气暖、道路交通、生态环境等基础设施和教育、医疗、文化、休闲、养老等公共服务供给水平上下功夫；围绕提升城乡治理能力，加快构建行为规范、运转协调、公正透明的城乡治理一体化新机制。

2021 年 3 月，河南召开深入实施百城建设提质工程推动城市高质量发展三年行动暨文明城市创建工作动员会，强调百城建设提质工程是河南推动城市建设管理的重要抓手和推进精神文明建设的重要载体，要求各地各部门要立足新阶段，完整、准确、全面贯彻新发展理念，把城市作为一个有机整体，不断完善就业、生活等各项功能，坚持存量改造提升和增量结构调整并重，以更加精准的举措持续深入推进城市发展，使城市更有温度、更有品质，满足人民群众对美好生活的新期待。

随着新型城镇化的深入推进，河南 2021 年进一步强化标准引领、抢抓政策机遇，推动实施基础设施补短板行动、公共服务扩容提升行动、城市更新行动、住有所居行动、城市治理"四化"行动、特色风貌塑造行动、城乡绿色发展行动、韧性城市建设行动"八大行动"，加快建设一批引领性、牵引性项目，努力提高人民群众的生活幸福指数。

六 完善配套政策激活新型城镇化

河南推进以人为核心的新型城镇化，制定实施了诸多改革举措，以激发各方面的活力动力，同时对各项工作任务制定出台相关的配套政策，推动人口、土地、资金、住房、生态环境等方面的各类措施形成合力。

2014 年以来，河南围绕投融资、就业创业、医疗卫生、养老保障等出台了一系列配套政策。在投融资方面，河南筛选289个向民间资本开放的重大基础设施项目向社会公开推介。积极探索发行市政债券，由河南省财政厅研究制定《河南省地方政府专项债券项目发行资料评审工作方案》，多渠道筹措建设资金，积极推动各地与国家开发银行、中国农业发展银行等政策性金融机构合作。在就业创业方面，河南开展创业孵化示范基地认定工作，推进全省统一的公共就业信息服务平台建设。在医疗卫生方面，深入推进县级公立医院综合改革试点，河南省人民政府办公厅出台《河南省新型农村合作医疗大病保险实施方案（试行）》，开展医联体建设试点工作。在养老保障方面，河南省人社厅、财政厅出台《城乡养老保险制度衔接暂行办法》，推动城镇职工养老保险和城乡居民养老保险实现互转。

2015年，河南省人民政府办公厅出台《河南省新型城镇化综合试点工作实施方案》，围绕规划编制、产业发展、基础设施建设、公共服务均等化、新农村等重点领域建设，探索建立健全政府、企业、个人共同参与的农业转移人口市民化成本分担机制、多元化可持续的城镇化投融资机制、农村人口向城镇转移集中的促进机制等，并研究建立省级转移支付与农业转移人口市民化挂钩政策、建设用地指标分配优先政策、城镇化产业基金等融资政策，以及农民工职业技能培训、城镇保障性住房建设、市政基础设施改造、产业发展和承接产业转移等配套政策。

2021年，在新一轮新型城镇化发展规划中，河南围绕关键领域，出台人口、土地、财政、就业、社保、投资、消费、住房、生态等方面的支持政策，加强政策统筹，切实形成合力，高质高效推动以人为核心的新型城镇化。

第二节　以人为核心推进新型城镇化的
发展成就

2014年以来，河南按照习近平总书记"发挥优势打好四张牌"的要求，推动城市建设步入了新的阶段，即城镇化水平进一步提高、城市发展质量明显改善、城市功能全面提升，实现了从乡村型社会为主体向城市型社会为主体的历史性转型。

一　城镇发展格局逐步优化，城镇化水平稳步提高

2014 年以来，河南大中小城镇协调发展格局更加完善，城镇化水平和质量持续提升。2013~2022 年，河南城市数量从 38 个增加到 39 个，市辖区的数量从 50 个增加到 54 个；城区面积从 4658 平方公里增加到 6384 平方公里，增长了 37.1%；建成区面积从 2289 平方公里增加到 3521 平方公里，增长了 53.8%。

随着新型城镇化的推进，常住人口城镇化率迅速提高，城镇常住人口也快速增长。2013~2023 年，河南常住人口城镇化率从 43.80% 提高到 58.08%，提高了 14.28 个百分点，年均提高 1.43 个百分点，增速在全国居前列；与全国平均水平的差距从 2013 年的 9.93 个百分点缩小到 2023 年的 8.08 个百分点。城镇常住人口从 2013 年的 4174 万人增加到 2023 年的 5700 万人，在全省常住人口总体减少的情况下，城镇常住人口持续保持增长，累计增长 1526 万人，年均增长超过 150 万人（见表 2-1）。

表 2-1　2013~2023 年河南城镇常住人口与常住人口城镇化率

单位：万人，%

年份	城镇常住人口	常住人口城镇化率
2013	4174	43.80
2014	4345	45.05
2015	4561	47.02
2016	4770	48.78
2017	4970	50.56
2018	5153	52.24
2019	5348	54.01
2020	5510	55.43
2021	5579	56.45
2022	5633	57.07
2023	5700	58.08

资料来源：2013~2022 年数据来自《河南统计年鉴》，2023 年数据来自《2023 年河南省国民经济和社会发展统计公报》。

2023 年末郑州常住人口达到 1300.8 万人，其中城镇常住人口 1040.65 万人、乡村常住人口 260.15 万人；常住人口城镇化率为 80%，比上年末提高 0.6 个百分点，无论是按照城镇化发展三阶段还是四阶段的划分标准，郑州都已经进入城镇化相对成熟阶段。从户籍人口来看，2022 年，郑州进入特大城市行列，洛阳进入Ⅰ型大城市行列，开封、平顶山、安阳、新乡、许昌、漯河、南阳、商丘、信阳、周口等城市进入Ⅱ型大城市行列，规模较大的县级城市进入中等城市行列，河南城市体系更加完善。除郑州等特大城市、大城市，广大中小城市也逐渐成为河南新型城镇化的主要承载地和农村劳动力转移的主阵地，特别是作为县域商业、教育和行政服务中心的县城，房价、生活成本低于地级城市，更能获得进城农民在心理上、经济上、情感上的认同，他们倾向于到县城购房、工作、定居，把县城作为向城镇迁徙的首选地。

二　城镇经济实力显著提升，发展活力不断释放

城镇化伴随着工业化和商业化而兴起，同时城镇化的发展、农村富余劳动力的转移也促进了工业与服务业的发展，推动了城镇经济实力显著提升。2013~2022 年，河南城区地区生产总值从 10067.55 亿元增长到 23710 亿元，增长了 13642.45 亿元，增长率超过 135.5%；城区经济总量占全省的比重从 28.8% 提高到 38.7%，占比提高了 9.9 个百分点。①

在城区经济总量快速提升的同时，三次产业结构不断优化，2013~2022 年，河南城区第一产业占比从 4.0% 下降到 3.4%，下降了 0.6 个百分点；第二产业占比从 51.3% 下降到 38.6%，下降了 12.7 个百分点；第三产业占比从 44.8% 提高到 58.0%，提高了 13.3 个百分点（见表 2-2）。郑州作为河南城市体系的首位城市，经济首位度保持较高水平。2023 年郑州市地区生产总值达到 13617.8 亿元，占全省地区生产总值的比重从 2013 年的 17.8% 提高到 2023 年的 23.0%；洛阳和南阳作为中原城市群和省域城镇体系的两大副中心城市，2023 年地区生产总值分别达到 5481.6 亿元、4572.17 亿元；郑州、洛阳、南阳"一主两副"的经济总量占全省的比重约为 40%，比

---

① 资料来源：2014 年和 2023 年《河南统计年鉴》。

2013 年的 36.9% 提高 3 个百分点左右。① 城镇化推动城、乡两个方面都发生了深刻的经济社会变化。其中，最为显著的方面就是就业，2022 年全省城镇就业人员 2573 万人，比 2013 年的 1983 万人增加了 590 万人，增长率为 29.8%。②

表 2-2　2013~2022 年河南城区三次产业结构变动情况

单位：亿元，%

指标	2013 年	2022 年
第一产业	398.16	807.35
第一产业占比	4.0	3.4
第二产业	5162.81	9151.83
第二产业占比	51.3	38.6
第三产业	4506.58	13750.82
第三产业占比	44.8	58.0

资料来源：2014 年和 2023 年《河南统计年鉴》。

三　城镇承载能力明显增强，公共服务持续完善

随着补短板、强弱项等一系列政策措施的深入实施，河南城镇的供水、排水、供气、供热、教育、医疗、养老等基础设施建设和公共服务供给更加完善，全面实现了乡镇以上和农村热点区域的 5G 网络全覆盖，城镇承载能力进一步提高，城镇居民生活空间品质稳步提升。从基础设施建设来看，2013~2022 年，河南城镇用水普及率、燃气普及率分别从 92.2%、82.0% 提高到 99.3%、98.2%，分别提高了 7.1 个、16.2 个百分点；集中供热面积、道路长度、排水管道长度分别从 15151 万平方米、11235 公里、18297 公里提高到 64403 万平方米、19532 公里、34497 公里，分别提高了 325.1%、73.8% 和 88.5%（见表 2-3）。从公共服务供给来看，2022 年城市医疗机构

---

① 资料来源：2013 年和 2023 年郑州市、洛阳市、南阳市和河南省的国民经济和社会发展统计公报。
② 资料来源：2023 年《河南统计年鉴》。

数、医疗机构床位数分别达到 21381 家、308781 张，普通初中专任教师数、城市普通小学专任教师数分别增加到 296779 人、7243323 人，实现了较大幅度增长，更好地满足了居民就医就学需求。

表 2-3 2013~2022 年河南城镇基础设施建设情况

指标	2013 年	2022 年
用水普及率（%）	92.2	99.3
燃气普及率（%）	82.0	98.2
集中供热面积（万平方米）	15151	64403
道路长度（公里）	11235	19532
排水管道长度（公里）	18297	34497

资料来源：2014 年和 2023 年《河南统计年鉴》。

四 城镇生态文明建设成效显著，人居环境更加优美

河南全面实施以人为核心的新型城镇化，注重将城市作为有机生命体，统筹城市布局的经济需要、生活需要、生态需要、安全需要，将环境容量和城市综合承载能力作为确定城市定位和规模的基本依据，科学划定"三条控制线"，按照绿色循环低碳的理念推进城市规划、建设、管理和运营，把城市建设成为人与人、人与自然和谐共处的美丽家园，实现生产空间集约高效、生活空间宜居适度、生态空间山清水秀。2013~2022 年，河南城镇建成区绿化覆盖率从 37.6% 提高到 40.3%，提高了 2.7 个百分点；河南城镇公园数、公园绿地面积、人均公园绿地面积分别从 290 个、22226 公顷、9.6 平方米增长到 681 个、44627 公顷、15.6 平方米，分别提高了 134.8%、100.8% 和 62.5%；河南城镇生活垃圾无害化处理率、污水处理厂集中处理率分别从 90.0%、89.3% 提高到 99.7%、99.5%，分别提高了 9.7 个和 10.2 个百分点（见表 2-4）。

表 2-4 2013~2022 年河南城镇生态文明建设情况

指标	2013 年	2022 年
建成区绿化覆盖率（%）	37.6	40.3
公园数（个）	290	681

续表

指标	2013 年	2022 年
公园绿地面积（公顷）	22226	44627
人均公园绿地面积（平方米）	9.6	15.6
生活垃圾无害化处理率（％）	90.0	99.7
污水处理厂集中处理率（％）	89.3	99.5

资料来源：2014 年和 2023 年《河南统计年鉴》。

五　城镇居民收入持续增加，生活质量显著提高

新型城镇化是农业劳动力向第二、第三产业转移和农村劳动力向城镇转移的双重过程，在此过程中，由于第二、第三产业的比较优势，相应的农业转移人口的收入也会增长。同时，新型城镇化的过程，也是现代化的必由之路，是拉动内需的最大引擎，必然带来巨大的经济增长空间和众多就业机会，带动城镇居民就业机会增多，推动城镇居民收入来源日益多元化、收入水平不断跃升、居民储蓄持续增长，让人民群众过上更好的生活。从居民收入来看，2013～2023 年，河南城镇居民收入从 22398 元提高到 40234 元，城乡居民收入比从 2.64 降低到 2.01，低于全国平均水平，城乡融合发展程度显著提升。[①]

第三节　以人为核心推进新型城镇化
实现的重大转变

2014 年至今，河南牢记习近平总书记的嘱托，科学推进以人为核心的新型城镇化，充分发挥新型城镇化的引领作用，推动经济、社会、生态、文化等方面的发展实现历史性转变，完成了从乡村型社会为主体向城市型社会为主体的历史性跨越。

---

① 资料来源：《2013 年河南省国民经济和社会发展统计公报》《2023 年河南省国民经济和社会发展统计公报》。

一　实现乡村型社会为主体向城市型社会为主体的转变

城镇化既是一个经济结构、产业结构和生产方式演变的过程，也是一个社会进步、社会制度变迁、社会观念变化、社会结构持续变革的发展过程。从 1949 年新中国成立到 1978 年党的十一届三中全会召开，我国城镇化率由 10.64% 提高到 17.92%，年均增长 0.25 个百分点，城镇化在曲折中完成了起步。特别是 1958 年颁布的《中华人民共和国户口登记条例》，对人口自由流动实行严格管制，城镇化开始进入政府主导、计划调控的发展阶段，这一阶段城镇化严重滞后于工业化。1978 年改革开放以后，我国开启了人类历史上最大规模的城镇化进程，城镇化率快速提高，从 1978 年的不足 18% 提高到 2023 年的超过 66%，平均每年提高 1 个百分点以上；城市数量快速增加、规模迅速扩大，1978 年我国只有 193 个城市，2023 年增加到 694 个。随着城市建设范围的不断扩大和行政区划的调整，以及一系列国家级、省级、市级乃至县级新城、新区的设立和建设，城市建成区迅速扩大。城市间的经济和社会生活联系日益密切，催生了越来越多的城市群和都市圈。

改革开放后，河南的城镇化和全国一样，经历了较快的发展阶段，常住人口城镇化率从 1978 年的 13.63% 增长到 2017 年突破 50%，并在 2017 年城镇常住人口首次超过乡村常住人口，全省超过一半的人口居住在城镇，河南从一个以乡村人口为主的省份转变为一个以城镇人口为主的省份，标志着河南这个传统农业大省向现代工业、服务业大省的转变，标志着河南第一次实现了乡村型社会为主体向城市型社会为主体的转变。这一转变，意味着河南城镇吸纳了更多的农业农村劳动力，意味着内需空间的拓展，意味着城乡关系发生深刻变化，意味着劳动生产效率的大幅提高，意味着城市文明向广大农村的深度延伸和渗透，也意味着城乡生活方式发生巨大的变迁。

二　实现以物为本向以人为本的转变

改革开放以来，工业化加速，河南城镇化起点低、速度快，用了 40 多年的时间，走过了西方国家近百年的城镇化历程。但是，在大规模快速城镇化的过程中，存在着"重物轻人"的倾向和现象，如把城镇化简单等同于城市的硬件建设，脱离实际建宽马路、大广场、高楼房；把城镇化理解为城市框架的拉大，片面追求建设用地指标，不顾条件大拆大建，导致城镇建设用地快速增长，土地城镇化快于人口城镇化；把城镇化简化为农村人口只要进城务工即可，半城市化现象突出，户籍制度等系列改革相对滞后，造成户籍人口城镇化率远低于常住人口城镇化率。农业转移人口虽然在城镇居住和就业，被统计为城镇常住人口，但他们在子女入学、医疗卫生、社会保障、公共服务等方面还不能完全享受与城镇居民同等的待遇。

2014年以来，河南将以人为本作为新型城镇化的核心理念，把增进人民福祉、让亿万农民共享发展成果作为城镇化工作的根本出发点和落脚点，把城乡居民是否满意、人民福祉是否改善、发展成果是否共享作为衡量城镇化质量高低的首要标准。以人为本作为新型城镇化的核心理念，不再等同于传统的城镇化理念，更强调让进入城镇的新移民拥有充分的就业机会，能够均等化地享受基本公共服务，能够进得来、留得下、住得安、能成业，并逐步和谐融入城镇社会。

河南在推进以人为核心的新型城镇化进程中，顺应城市工作新形势、改革发展新要求和人民群众新期待，一方面，着眼解决大量农村人口向城市转移，导致城市公共产品供给相对不足，尤其是中小城市基础设施和公共服务供需矛盾愈加突出的问题；另一方面，着眼满足居民收入水平不断提高，人民群众的需求层次随之提升并呈现多样化、多层次、多方面的特点所带来的人民群众希望能够住得舒适、行得便捷、玩得快乐等新要求以及对美好生活的向往更加强烈的新期待。坚持从供给端发力，加快补齐基础设施、公共服务设施、生态环境等短板，增加城市公共产品和服务供给，着力提高供给质量和效益，优先解决关系民生的突出问题，提高城市居民生活水平，满足人民群众对美好生活的愿望和期待。

三　实现量的增长为主导向质与量并重的转变

从已有经验来看，一个国家或地区的城镇化进程一般要经历起步期、加速期、成熟期三个阶段，城镇化率曲线总体呈"S"形，在这条曲线上存在着30%和70%两个显著的进程拐点，城镇化速度经历由缓慢到加速再放缓的过程。此外，我国也有学者提出城镇化发展经历四个阶段的相关理论，将城镇化率30%、50%、70%作为三个拐点，在城镇化率低于50%的情况下，城镇化将以量的增长为主导，保持较快的发展速度，农村人口进城规模较大，半城市化现象等问题虽然显现，但不是城镇化发展的主要矛盾。城镇化率超过50%后，城镇化发展将进入下半场，由快速吸引农业转移人口进城转为推动农业转移人口完全市民化，由大规模增量建设转为存量提质改造和增量结构调整并重。

2014年以来，河南的城镇化发展经历了城镇化率50%的历史转折点。但是作为人口大省，无论是城镇还是乡村都拥有数千万人口，2023年常住人口城镇化率仍低于全国8.08个百分点，常住人口城镇化率与户籍人口城镇化率仍存在极大差距，这在客观上要求河南无论在城镇化的哪个阶段，都要做到既注重提高质量，又保持一定规模速度，坚持推动质与量双提升，统筹处理好质量、结构、规模、速度、效益、安全的关系。

河南推进以人为核心的新型城镇化能取得历史性成就，关键就在于把自身城镇化的个性特征和城镇化发展的一般规律相结合。在城镇发展方式上，坚持以人民为中心的根本立场，把农业转移人口市民化作为首要任务，加快新型城镇建设，实现城镇化质量变革；在城镇体系构建上，以提高城镇化质量为导向优化城镇空间布局结构，依托城市群和都市圈构建大中小城市协调发展格局，推进以县城为主要载体的城镇化，发挥大中小城市和县城各自比较优势，促进资源优化配置；在城镇绿色发展上，将生态文明理念融入城镇规划、建设、治理全过程，全面构建绿色生产方式、生活方式，使城镇成为人与自然和谐共生的重要载体；在城镇治理模式上，坚持以人民为中心的发展思想，贯彻"人民城市人民建、人民城市为人民"的发展理念，树立底线思维、系统观念，推动社会治理体系和治理能力现代化，使城镇化真正有利于人民生活品质改善。

四　实现分散推进向集聚集中推进的转变

建设城市群和都市圈是城市化发展进程中的一般性规律和普遍现象，由城市群和都市圈构成的城镇网络体系，能够放大中心城市的辐射能力、加深中心城市与周边中小城市的各方面联系，从而提高城市群、都市圈对区域或城乡协调发展的带动能力。近十年，随着新型城镇化的持续推进，人口等要素向都市圈、城市群、中心城市流动集聚的趋势更加明显。在此背景下，各地纷纷谋求依托中心城市建设都市圈、扩容都市圈，以带动区域整体能级提升，力争厚植应对区域竞争的新优势，牢牢把握竞争主动权。

2014 年以来，河南根据人口资源要素流动的新变化和区域竞争格局的新调整，加快了城镇化从分散推进到集中推进的转变，一方面积极推动郑州国家中心城市建设，努力做强核心增长极；另一方面充分考虑郑州集聚辐射带动能力相对不足的现实需求，积极谋划重塑郑州都市圈，进而以都市圈带动中原城市群，加快形成以城市群为主体、大中小城市和小城镇协调发展的区域经济一体化发展格局，支撑中部崛起。

河南推进以人为核心新型城镇化路径的转变，遵循"整体放缓、局部加快"的趋势，围绕平台载体、重点群体、产业动力、配套改革、政策体系等维度，加快建设大中小城市协调发展基础上的都市圈，推进中心城市非核心功能的有机疏散，推动城镇之间的特色化、差异化、专业化发展，缩小城镇之间的公共服务落差，通过解析、分工、协同、重组等过程，优化城镇职能布局，提升宜居、宜业、宜游价值，促进都市圈持续保持对农业转移人口和外来城镇人口的吸纳能力。按照人、产、城融合理念，以县级城市为重点，围绕产业配套设施、市政公用设施、公共服务设施、环境基础设施持续发力，大力发展劳动密集型制造业和生活性服务业，同步推进人口集聚、产业集中、土地集约。深入推进户籍管理、土地制度、资金保障、住房保障等领域改革，逐步消除制约城乡要素自由流动的制度障碍，为城镇化实现质量变革、效率变革和动力变革不断注入新动能。

五 实现地方队向国家队的转变

随着人口、资源等要素越来越向优势区域、城市集聚，部分区域和城市在贯彻落实国家战略意图、承担国家战略任务中的角色越来越重要，逐渐脱颖而出，先后有一批城市群、都市圈、中心城市晋级为国家队。城市群、都市圈、中心城市要从地方队升格为国家队，首先，必须具备强大的辐射带动能级。例如，国家中心城市必须具备比所在区域或者城市群范围内的其他城市更强大的能级，能够在全国较大区域经济、社会、文化、创新发展过程中发挥核心作用，是区域的经济中心、文化中心、管理中心、创新中心、金融中心、物流中心、对外交往中心，还可能是所在行政区的政治中心。其次，必须能够贯彻落实国家推动区域协调发展的战略意图。例如，国家级城市群中的珠三角城市群、长三角城市群、京津冀城市群是我国东部地区加快推进现代化的重要引擎，中原城市群、长江中游城市群是新时代促进中部地区加快崛起的关键支撑，成渝城市群、关中城市群分别是带动我国西北、西南地区大开发形成新格局的核心区域，哈长城市群是推动东北全面振兴取得新突破的主要载体。最后，必须能够依托"通道+枢纽+网络"形成区域核心增长极。例如，都市圈依托的中心城市，要将中心城市的生产能力、创新能力、服务能力等内容高效地传递到全国城镇体系或区域城镇体系中的其他节点城镇，才能带动整个区域高效发展。

2014年以来，河南在城市群、都市圈、中心城市三个空间单元上都实现了地方队到国家队的突破。2016年12月，国务院批复《中原城市群发展规划》，标志着中原城市群正式跻身国家级城市群行列。2016年12月，国家发展改革委正式印发《促进中部地区崛起"十三五"规划》，提出支持郑州建设国家中心城市。2023年10月，《郑州都市圈发展规划》获得国家发展改革委的复函，郑州都市圈已正式上升为国家战略，成为我国第10个国家级都市圈。

河南推进以人为核心的新型城镇化，实现地方队向国家队的转变，坚持把中心城市和都市圈作为经济和人口的主要承载空间形式，把城市群作为推进新型城镇化的主平台。以当好国家队、提升国际化为努力方向，加大郑州国家中心城市建设力度，积极承接国家重大生产力和创新体系布局，强化科技创新、枢纽开放、教育文化、金融服务等功能，提升城市集聚、辐射、带动能力，提升全球城市网络体系节点能级。推进郑州都市圈一体化发展，依据都市圈内各个城市的特色产业和功能定位，消除行政壁垒，优化资源配置，强化规划共绘、生态共保、交通共联、产业共建、文化共兴、服务共享，进而实现包括经济、社会、生态、文化等方面在内的都市圈总体效率最优化。

六 实现城乡二元向城乡融合的转变

在过去几十年的城镇化进程中，人口、资金、技术主要是从乡村到城市单向流动，在促进城市飞速发展、城镇化快速推进的同时，也导致了乡村空心化等社会问题。

2014年以来，河南遵循习近平总书记提出的县域治理"三起来"要求，即把强县和富民统一起来，把改革和发展结合起来，把城镇和乡村贯通起来①。推动城乡在空间布局、产业发展、资源要素、基础设施、公共服务等领域的贯通融合不断增强。坚持把国土空间规划"一张图"作为推动城乡贯通的先导性、基础性工作，加快建立健全城乡一体化、县域一盘棋的规划管理和实施体制。推进省市县乡同步编制，并按照"城市品质、乡村味道"的理念，以村庄分类与布局为基础，有序推进实用性村庄规划的编制，更加科学地进行城乡生产、生活、生态空间的优化。立足城乡资源要素禀赋差异，以县域为重点，以县城和小城镇为城乡产业融合的重要载体，围绕拓展农业多种功能、提升乡村多元价值，强化县域产业合理分工。锚定在畅通城乡要素流动上取得突破，以土地、资金、人才三要素为重点，促进更多资源要素向乡村流动集聚、在乡村得到优化配置。坚持"织线成网"，推动城乡基础设施联通化、网络化、均衡化。以"四好农村路"高质量发展交通强国建设试点为抓手，扎实建设连接城乡主要节点的产业路、旅游路、资源路，全省城乡交通运输一体化水平不断提升。着力完善农村寄递物流基础设施布局，不断完善县、乡、村三级物流节点体系，让农产品能够出村进城、消费品能够下乡进村，打通"最先和最后一公里"。突出"普惠共享"，着力推动城乡公共服务均等化。将文化下乡等举措作为城镇现代文明向农村辐射的重要路径和工作抓手，优化城乡文化资源配置，完善农村文化服务网络，开展多样化的新时代文明实践活动，让文化下乡润民心。聚焦群众急难愁盼问题，加快优质公共服务向农村、经济薄弱地区延伸，推进乡村公共医疗卫生体系建设和城乡教育资源均衡配置，完善城乡基本养老保险、基本医疗保险、大病保险制度和社会救助体系。2023 年河南城乡居民可支配收入比为 2.01，显著优于全国平均水平。

在中国式现代化建设的新征程中，河南作为人口大省、农业大省，面临着统筹推进新型城镇化和乡村全面振兴的双重历史任务，需要积极创新以城带乡举措，不断加大以工促农力度，持续把城镇和乡村贯通起来进行谋篇布局。首先，坚持规划引领发展。适应农业人口向城镇转移和乡村人口变化趋势，强化县域国土空间规划对城镇、村庄、产业园区等空间布局

---

① 刘道明等：《"平"添新气象"舆"跃新天地——平舆县抓牢"三园"建设助推县域经济高质量发展纪实》，《河南日报》2024 年 2 月 10 日。

的统筹，优化人口、产业、城乡布局。其次，坚持补短板、强弱项。从各地实际和群众需求出发，从着力解决城乡发展中的不平衡不充分问题出发，学习运用"千万工程"经验，推进农村基础设施补短板，完善农村公共服务体系，全面提升乡村建设水平。最后，坚持改革集成增效。创新乡村振兴投融资机制，创新乡村振兴人才支持计划，创新工业、城镇对农业、农村的反哺政策体系，努力推动形成工农互促、城乡互补、全面融合、共同繁荣的新型工农城乡关系，使现代化建设成果更多更公平地惠及城乡全体居民。

第三章　现代城镇体系加快形成

现代城镇体系是在一定地域范围内，由不同规模和功能的城市和城镇组成的有机整体，通过功能互补、优化空间布局、促进区域内部资源的合理配置，缩小地区发展差距，形成协同发展的格局，集中体现城镇化发展的高级阶段。河南省明确提出实施以人为核心的新型城镇化战略，推动中原城市群一体化发展，优化城市群空间布局，加快郑州都市圈聚势提质发力，推进大中小城市协调发展，促进区际省际邻接城市竞相协同发展，形成疏密有致、分工协作、功能完善的城镇化空间格局，助推现代城镇体系加快形成。河南省围绕人的全面发展，以提高居民生活质量为核心，提升城镇的综合承载能力和服务水平，注重公共服务的均等化，满足居民对美好生活的向往，推动形成绿色、低碳、循环的发展模式，提高新型城镇化质量。

第一节　现代城镇体系不断完善

党的十八大以来，河南省着力推动高质量发展，锚定"两个确保"奋斗目标，持续实施"十大战略"、推进"十大建设"，其现代城镇体系不断加速演进，正在向着更加合理、均衡、有序的方向发展，其城镇化质量和水平也不断提升，促进区域经济均衡发展，为加快中国式现代化建设贡献河南力量。

一　城镇规模等级结构日趋合理

河南省深入贯彻落实以人为核心的新型城镇化战略，不断优化城镇规模等级结构，引导大中小城市协调发展。郑州国家中心城市不断提质进位，洛阳和南阳副中心城市持续培育壮大，区域中心城市提级扩能，县城载体地位不断凸显，中小城市协调发展，城镇数量不断增加，城镇等级结构日趋合理，城镇功能日益完善。

2014 年，河南省深入贯彻落实《中共河南省委关于科学推进新型城镇化的指导意见》《河南省科学推进新型城镇化三年行动计划》《河南省新型城镇化规划（2014—2020 年）》等政策文件精神，推动城镇化发展由以往单纯追求速度转向速度和质量并举，城镇化进程不断加快，城镇化水平不断攀升。2017 年，河南省围绕打好新型城镇化这张牌，以中原城市群为主体形态，加快构建新型城镇化体系，大力实施百城建设提质工程，强化郑州核心带动作用，加快产城融合发展，持续提升城市规划建设管理水平，常住人口城镇化率首次突破 50%，标志着河南省这个传统农业大省跨入了历史性变革的新时代。2018 年河南省委、省政府将百城建设提质工程作为统筹城乡发展、推进新型城镇化的有力抓手，全面做好以水"润"城、以绿"荫"城、以文"化"城、以业"兴"城四篇文章，助推新型城镇化高质量发展行稳致远。

河南省牢记习近平总书记在 2014 年于河南考察时提出"发挥优势打好四张牌"的殷殷嘱托，高质量推进新型城镇化建设，促进人口向城镇集中，加快构建现代城镇体系，使城镇体系规模等级序列完整，现代城镇体系初步形成并日趋合理。2012～2022 年，河南省常住人口由 9532 万人增加至9872 万人，年均新增 34 万人，全省城镇常住人口由 4002 万人提高至 5633万人，年均新增 163.1 万人，城镇化率由 41.99% 提高至 57.07%，年均提高1.5 个百分点，比全国同期年均增幅高 0.3 个百分点。①

河南省城镇规模等级呈典型的"金字塔"结构，规模等级结构日趋合理，初步形成了特大城市和大城市引领、中等城市带动、小城市稳步提升的各具特色、竞相发展的现代城镇体系。总体而言，2013～2022 年，郑州作为国家中心城市提质进位，城市规模不断扩大，跃升为特大城市，强省会战略不断加持，人口和产业集聚效应更加明显，中心引领作用更加突出。省域副中心城市培育壮大，洛阳进入 I 型大城市名录，南阳城市规模等级不断提升。区域中心城市进一步提级扩能，II 型大城市数量由 2013 年的 8个增加至 2022 年的 13 个，开封、驻马店、许昌、焦作和周口由中等城市入

---

① 资料来源：2023 年《河南统计年鉴》。

围大城市。2013 年国务院批复设立郑州航空港经济综合实验区，郑州市"十四五"规划提出"东强、南动、西美、北静、中优、外联"的空间发展方向，新郑市在"南动"空间战略和郑州航空港经济综合实验区的带动下城市规模取得跨越式增长，2022 年进入百万人口的大城市阵列。50 万（含）~100 万人的中等城市数量由 2013 年的 7 个增加至 2022 年的 12 个，中牟、永城、禹州、邓州、林州、新密、长垣、巩义等县市进入中等城市行列，"金字塔"塔顶城市数量不断增加，中心城市"起高峰"效应不断涌现，进一步加快区域人口和产业空间集聚高效发展。20 万（含）~50 万人的 I 型小城市数量由 2013 年的 65 个增加至 2022 年的 73 个，20 万人以下的 II 型小城市数量由 2013 年的 45 个降至 2022 年的 20 个，随着以县城为载体的新型城镇化加快推进，县城规模不断扩大，百城建设提质工程初见成效，县域"高原"不断隆起（见表 3-1）。建制镇的数量和总体规模虽有变化，但受其服务职能和经济凝聚力较弱的影响，平均单个城镇的规模变化并不突出，小城镇对人口和产业集聚带动作用有待提升。

表 3-1　河南省城镇规模等级统计对比

单位：个

规模等级		常住人口	2013 年		2022 年		备注
			数量	城市名称	数量	城市名称	
特大城市		500 万（含）~1000 万人	—	—	1	郑州	—
大城市	I 型	300 万（含）~500 万人	1	郑州	1	洛阳	—
	II 型	100 万（含）~300 万人	8	洛阳、南阳、商丘、信阳、漯河、安阳、新乡、平顶山	13	南阳、商丘、周口、开封、安阳、信阳、新乡、许昌、漯河、平顶山、焦作、驻马店、新郑	—
中等城市		50 万（含）~100 万人	7	开封、焦作、驻马店、周口、濮阳、鹤壁、许昌	12	濮阳、鹤壁、三门峡、济源、中牟、永城、禹州、邓州、林州、新密、长垣、巩义	—

续表

规模等级	常住人口	2013 年		2022 年		备注
		数量	城市名称	数量	城市名称	
小城市	Ⅰ型	20 万（含）~50 万人	65	三门峡、济源市、新郑、永城、邓州、禹州、唐河、巩义、项城、新密、林州、固始、中牟、汝州、濮阳县、安阳县、登封、太康、淮阳、长葛、上蔡、郸城、沈丘、鹿邑、辉县、荥阳、偃师、潢川、杞县、镇平、临颍、夏邑、长垣、方城、灵宝、虞城、尉氏、息县、商水、滑县、许昌县、伊川、叶县、西华、沁阳、鲁山、淅川、平舆、泌阳、新蔡、襄城、武陟、西平、封丘、民权、兰考、新野、社旗、开封县、柘城、舞阳、郏县、汝南、睢县、光山	73	项城、汝州、固始、唐河、太康、登封、滑县、荥阳、濮阳县、辉县、长葛、夏邑、伊川、方城、沈丘、镇平、商水、虞城、杞县、兰考、潢川、鹿邑、郸城、上蔡、武陟、尉氏、民权、柘城、泌阳、平舆、临颍、襄城、原阳、灵宝、睢县、沁阳、淅川、西华、新蔡、新野、西平、封丘、宜阳、鲁山、叶县、内乡、新安、息县、光山、鄢陵、宝丰、西峡、社旗、淮滨、浚县、汤阴、正阳、嵩县、扶沟、通许、汝南、南召、罗山、卫辉、宁陵、温县、博爱、汝阳、清丰、郏县、获嘉、桐柏、舞阳	4 个县市撤县市设区，其中，许昌县撤县设立建安区、开封县撤县设立祥符区、偃师市撤市设立偃师区、淮阳县撤县设立淮阳区
	Ⅱ型	<20 万人	45	浚县、扶沟、淮滨、卫辉、内乡、西峡、鄢陵、罗山、新安、原阳、南召、博爱、宝丰、宜阳、汤阴、通许、商城、孟津、温县、正阳、舞钢、新乡、获嘉、孟州、内黄、桐柏、遂平、清丰、延津、嵩县、栾川、渑池、宁陵、义马、陕县、确山、淇县、范县、新县、南乐、汝阳、洛宁、修武、卢氏、台前	20	遂平、栾川、孟州、内黄、新乡、商城、安阳、舞钢、延津、南乐、渑池、范县、确山、淇县、洛宁、新县、卢氏、修武、义马、台前	不含建制镇；2 个县撤县设区，其中，孟津县撤县设立孟津区、陕县撤县设立陕州区

资料来源：2014 年和 2023 年《河南统计年鉴》。

二 城镇职能结构分工明确

城市职能结构体现的是城市在社会经济活动中所承担的不同角色和功能，它反映了城市在区域发展中的地位和作用，旨在通过城市的可持续发展和社会经济的全面提升，推动城市高质量发展。近年来，河南省持续实施以人为核心的新型城镇化战略，以优化城市功能、提升城市品质，推动城乡融合发展。河南省初步形成以郑州国家中心城市为引领、区域中心城市带动发展、县城为重要载体、小城镇为纽带的现代城镇职能等级体系。

河南省以中心城市引领带动，强化区域中心城市带动发展。重点提升郑州国家中心城市的功能，强化其在枢纽开放、科技创新、先进制造、教育文化、金融服务等方面的能力。强化洛阳作为中原城市群副中心城市，突出其国家重点文旅城市地位、彰显其先进智造基地和科技创新高地的优势。培育南阳为省域副中心城市，联合驻马店和信阳共同打造豫南高效生态经济示范区，凸显其交通枢纽城市地位、彰显其历史文化和中医药文化特色底蕴。突出与开封、许昌、新乡和焦作等城市的区域协同发展，尤其是强化其在郑州都市圈中增长极或门户城市的重要地位，强调与郑州中心城市在科技创新研发、智能制造、文化旅游交往、交通枢纽协作等方面协同共进。安阳、濮阳和鹤壁共同打造豫北跨区域协同发展示范区，强化区域中心城市职能，向北对接京津冀协同发展，巩固提升文化旅游、科技创新和新材料生产等方面功能。洛阳带动三门峡和济源培育豫西转型创新发展示范区，对接关中城市群，突出黄河生态文化旅游、生态宜居和高质量发展等功能。南阳联合信阳和驻马店共同构建豫南高效生态经济示范区，发挥自然生态优势，强化农产品生产、生态文化旅游和综合交通枢纽等方面功能。商丘和周口联合建设豫东承接产业转移示范区，一路向东对接长三角城市群，培育周口为国家区域中心港口城市，发挥商丘国家现代化综合交通枢纽优势，积极承接长三角产业转移，并彰显历史文化名城底蕴，提升城市品质。平顶山突出资源型城市转型发展，提升改造传统产业，培育壮大新兴产业，强化区域中心城市地位。漯河持续发挥国际食品名城优势，强化文化、生态宜居等方面功能。河南省辖市城市职能定位如表 3-2 所示。

河南省发挥县城连接城市、服务乡村的天然载体优势。加快县城产业培育、人口集聚、人居环境改造、公共服务设施和市政公用设施配套，持续推进城市更新行动，提升县城综合承载能力，培育一批经济发展水平高、产业支撑能力强、地域风貌独特的县域中心城市。例如，巩义市以工业为主导，是河南省重要的铝工业基地和装备制造业基地；长葛市打造以装备制造、无机非金属材料和生物医药为主的先进制造业基地；新郑市发展成为郑州市先进制造业基地和临空经济联动区等。

表 3-2　河南省辖市城市职能定位

省辖市名称	总体定位
郑州市	河南省省会、国际综合交通枢纽和开放门户、国家先进制造业基地、国家历史文化名城、国家中心城市
洛阳市	国家历史文化名城、国家重点文旅城市、中原城市群副中心城市、先进智造基地和科技创新高地，是贯彻实施中部地区高质量发展、黄河流域生态保护和高质量发展等国家战略的重要地区
南阳市	国家历史文化名城、全国性综合交通枢纽城市、高效生态经济示范区、中医药文化传承发展基地、省域副中心城市
开封市	国家历史文化名城、郑州都市圈主引擎组成部分、重要的科创智造基地、特色型消费中心城市
平顶山市	河南省区域中心城市、中原城市群重要经济增长极、国家中部能源和先进制造业基地、宜居宜业宜游的现代山水田园城市
安阳市	国家历史文化名城、知名的旅游目的地、豫晋冀省际区域中心城市、新型工业基地、国家交通物流区域性节点城市
鹤壁市	中原城市群高质量发展示范城市、区域性创新服务中心、山水田园文化名城
新乡市	先进制造业基地和科技创新高地、郑州都市圈北部门户、中原城市群山水宜居名城
焦作市	中原城市群和豫晋省际区域中心城市、郑州都市圈门户城市、国际知名文化旅游城市、宜居宜业生态文明城市
濮阳市	国家历史文化名城、新材料产业基地、豫鲁冀省际区域中心城市、幸福宜居生态园林城市
许昌市	郑州都市圈重要增长极、先进制造业基地、重要的交通物流枢纽、河南省历史文化名城、中原康养宜居名城
漯河市	国际食品名城、中华汉字文化名城、中原生态水城、豫中南地区性中心城市
三门峡市	晋陕豫黄河金三角区域中心城市、郑洛西高质量发展合作带支点城市、豫西生态屏障、黄河生态文化旅游名城
商丘市	国家现代化综合交通枢纽、国家历史文化名城、豫鲁苏皖省际区域中心城市、智慧美好现代品质之城、商贸物流中心

省辖市名称	总体定位
信阳市	区域中心城市、重要的交通物流枢纽城市、休闲康养旅游目的地
周口市	国家区域中心港口城市、河南省区域中心城市、历史文化名城
驻马店市	豫南区域中心城市、国际领先的农业产业化创新基地、生物医药创新产业基地、新兴先进制造业基地、知名的红色与生态文化旅游城市、区域性现代商贸物流与综合交通枢纽
济源市	黄河中游高质量发展样板、洛阳都市圈副中心城市、全域融合发展样板、生态宜居典范之城

资料来源：各省辖市国土空间总体规划批前公示稿和批复稿。

河南省强化小城镇纽带作用。发展特色鲜明、产城融合的小城镇，发挥小城镇在连接城乡发展中的纽带作用，增强其对周边乡村的辐射带动作用，对于促进区域均衡发展和实现乡村全面振兴具有重要意义。培育和发展一批具有特色的小城镇，形成产业特色鲜明、功能完善、环境优美的特色小城镇。加强小城镇的基础设施建设，包括交通、通信、供水、供电等，提高其对周边乡村的服务能力和吸引力。提升小城镇的教育、医疗、文化等公共服务水平，构建农村居民半小时生产生活圈，增强小城镇对乡村居民的吸引力。依托小城镇的资源和区位优势，发展特色产业，如先进制造、商贸流通、文化旅游等，促进产城融合。例如，许昌市神垕镇围绕"产业+文化+旅游"的发展理念，规划建设国际陶瓷小镇，集聚钧瓷企业，提升钧瓷文化品牌和古镇知名度；巩义市回郭镇依托电线电缆、铝加工工业基础，加快推动铝加工工业的转型发展，打造转型升级示范区、产城融合引领区和富裕文明首善区。

三 城镇空间结构支撑有力

城镇空间结构的演进是一个动态过程，随着经济社会的发展和政策导向的调整，城镇空间结构持续优化，以适应新的发展需求和挑战。近年来，河南省持续推进新型城镇化战略，注重城镇空间结构的优化升级，推动产城融合，发展智慧城市，提升城镇的综合承载能力和居民的生活质量。近十年，河南省城镇空间结构演变经历了"一极、两圈、三层、两带四轴"到"一核一副四轴四区"，再到"一主两副、四区协同、多点支撑"等重要阶段。

《河南省城镇体系规划（2011—2020年）》指出，在全省范围内构建以郑汴都市区为核心，沿主要交通通道联系外围城市的"圈层+放射"空间结构，形成"一极、两圈、三层、两带四轴"的城市群网络。"一极"指在郑汴新区建设的基础上，构建带动全省经济社会发展的核心增长极，即郑汴都市区，包括郑州和开封两市区域；"两圈"即内圈由南太行、伏牛东、商丘—周口等发展轴围合而成，与半小时时空圈相对应，外圈由长治—泰安、运城—襄阳、宁西、京九等发展轴围合而成，与一小时时空圈相对应；"三层"即中原城市群核心层、紧密层、辐射层，其中，核心层指郑汴都市区，紧密层包括洛阳、新乡、焦作、许昌、平顶山、漯河、济源等省辖市，辐射层包括安阳、鹤壁、濮阳、三门峡、南阳、商丘、信阳、周口、驻马店等省辖市；"两带"即京广发展带和陇海发展带，共同构成"十"字形城镇产业复合发展带；"四轴"是依托铁路和高速公路，以郑汴都市区为中心向外辐射的郑州—南阳—重庆、郑州—濮阳—济南、郑州—焦作—太原、郑州—周口—上海四条发展轴，均为城镇产业复合发展轴。通过"圈层+放射"的极化增长和轴带拓展空间引导，该城市群网络为河南省推进新型城镇化提供了坚实的空间支撑。

2017年6月，河南省委、省政府印发《河南省建设中原城市群实施方案》，明确提出构建"一核一副四轴四区"网络化、开放式、一体化发展的空间格局，形成核心带动、轴带发展、节点提升、对接周边的发展思路。"一核"即郑州大都市区，以郑州国家中心城市为中心，包括郑州市域和开封、新乡、焦作、许昌中心城区等四个次级中心。"一副"即洛阳中原城市群副中心城市。"四轴"即沿陇海和京广发展主轴，济南—郑州—重庆发展轴和太原—郑州—合肥发展轴。"四区"即豫北跨区域协同发展示范区、豫西转型创新发展示范区、豫东承接产业转移示范区和豫南高效生态经济示范区。构建双中心、轴带拓展、网络化、一体化的空间协同发展大格局，既聚焦主副中心城市高质量发展，又注重区域中心城市协同发展，为构建以城市群为主体、大中小城市和小城镇协调发展的现代城镇空间格局提供支撑。

河南省为确保高质量建设现代化河南、确保高水平实现现代化河南，顺应城镇化发展新趋势，持续强化中心城市辐射带动作用，转变城市发展方式，优化城镇化空间布局，推动城镇化高质量发展，2021年10月，河南省第十一次党代会提出实施以人为核心的新型城镇化战略，推动中原城市群一体化高质量发展，加快构建主副引领、四区协同、多点支撑的发展格局。强化龙头带动作用，加快郑州国家中心城市建设和洛阳、南阳副中心城市建设，推进豫西转型创新发展示范区、豫南高效生态经济示范区、豫东承接产业转移示范区、豫北跨区域协同发展示范区四大示范区协同联动发展，强化县域支撑新型城镇化发展的载体作用，这是立足新阶段对河南城镇化空间布局做出的重大调整和优化。

2023年，河南省常住人口城镇化率达到58.08%，与2022年相比提高了1.01个百分点。"一主两副"城市能级不断提升。2022年郑州、洛阳、南阳三个中心城市地区生产总值合计达到2.31万亿元，占全省经济总量的37.76%，比2021年占比减少了0.4个百分点；城镇常住人口总量达到1991.2万人，占全省城镇常住人口总量的35.34%，比2021年占比增加了0.03个百分点；常住人口总量达到2952.2万人，占全省常住人口总量的29.90%，比2021年占比增加了0.11个百分点。① 可以看出，三个中心城市的城镇常住人口、常住人口占全省的比例较2021年均有所上升，经济总量持平，其集聚人口的能力进一步增强。都市圈集聚带动能力不断增强。2022年，郑州都市圈地区生产总值达到3.62万亿元，比2021年增加了0.13万亿元；常住人口达到4673万人，常住人口城镇化率达到64.8%，比2021年增加了1.6个百分点，比全省常住人口城镇化率高7.73个百分点。郑州都市圈以全省35.5%的面积，集聚了全省47.3%的人口，贡献了59.0%经济总量，对全省的经济支撑和引领带动作用巨大。"四区协同"发展效应逐步显现。商丘、周口加速推进豫东承接产业转移示范区建设，积极"进圈入链"，实现与长三角、珠三角等发达地区更大空间、更高水平的对接合作。安阳、鹤壁、濮阳加快对接京津冀，在产业协同发展、科技创新合作、交通互联互通、文旅联动发展等方面加强合作，初步形成了《共建豫北跨区域协同发展示范区战略合作框架协议》，豫北跨区域协同发展示范区建设迈出坚实有力的步伐。南阳联动信阳、驻马店，以绿色资源为基础联动发展生态旅游、生态农业，努力构建绿色产业体系，共同推进豫南高效生态经

---

① 2021年和2022年郑州市、洛阳市、南阳市、河南省的国民经济和社会发展统计公报。

济示范区建设。洛阳、三门峡、济源联手在数字赋能和产业链、创新链、供应链同构等方面加强合作,推动豫西转型创新发展示范区提速融合发展。"多点支撑"作用不断彰显。加快县域经济高质量发展,把县城作为新型城镇化的重要载体,以县域治理"三起来"为根本遵循,推进"一县一省级开发区"战略落地,培育壮大主导产业,建设一批经济强县,推进县城扩容提质,培育中牟、永城、禹州、邓州、林州、新密、长垣、巩义发展成为中等城市,带动周边县区和小城镇快速发展。

第二节　以城市群为主体形态进一步优化

城市群是新型城镇化的主体形态,是支撑经济增长、促进区域协调发展、参与区域竞争合作的重要平台。随着新型城镇化战略不断实施,河南省经历了从"大版图"的中原经济区和中原城市群建设,到聚焦郑州大都市区和郑州都市圈等重要阶段,为全省新型城镇化发展提供了重要支撑。

一　中原城市群梯次推进融合发展

2011年9月国务院出台《关于支持河南省加快建设中原经济区的指导意见》,2012年11月国务院正式批复《中原经济区规划(2012—2020年)》,指出支持中原经济区探索不以牺牲农业和粮食、生态和环境为代价的新型城镇化、工业化和农业现代化协调发展的"两不三新"三化协调发展和以新型城镇化引领"三化"协调科学发展的路子。中原经济区的规划和发展,体现了核心集聚、轴带拓展、区域网络化的城镇发展规律,对于促进中部地区崛起、推动区域协调发展、保障国家粮食安全、加快新型工业化和城镇化进程具有重要意义。

2016年12月,《中原城市群发展规划》获批,标志着中原城市群建设正式上升为国家战略,这是继长江中游、长三角、成渝、哈长等城市群之后国家批复的第5个跨省级行政区域城市群规划。2017年6月,河南省委、省政府印发了《河南省建设中原城市群实施方案》,提出要构建"一核一副四轴四区"网络化、开放式、一体化发展的空间格局,这一方案的出台,为充分发挥中原城市群主平台作用、加速推进新型城镇化提供了行动纲领。河南把国家中心城市建设作为城镇化的突破口,以郑州为引领带动郑州大都市区建设，以中小城市和县城为重点实施百城建设提质工程。

一是做强核心增长区域。发展郑州大都市区作为提升中原城市群核心竞争力的首要突破口，强化郑州对外开放门户功能和全国资源配置中心地位，提升枢纽功能，集聚高端产业，完善综合服务，推动郑州与周边城市融合发展，形成带动周边、辐射全国、联通国际的核心区域。随着郑州建设国家中心城市目标的确定，郑州逐步形成"大枢纽带动大物流、大物流带动产业群、产业群带动城市群"的发展思路，已初步建成集铁路、公路、航空于一体的立体化交通网络。四通八达的交通系统是中原城市群引领郑州都市区新型城镇化发展的重要抓手，也是支撑都市区空间结构形成的重要力量。河南依托京广陇海、济南—郑州—重庆等铁路组成的"米"字形综合交通枢纽网络，规划了"米"字形城镇产业发展轴，推动省际毗邻地区中心城市联动发展，积极培育豫东承接产业转移示范区、豫西转型创新发展示范区、豫北跨区域协同发展示范区和豫南高效生态经济示范区。

二是推动城市分类发展。洛阳不断提升其中原城市群副中心城市地位，打造先进智造基地和科技创新高地；南阳主要发展新能源和装备制造业，打造全国高效生态经济示范市；安阳定位于打造豫晋冀省际区域中心城市、新型工业基地、国家交通物流区域性节点城市、国家历史文化名城；商丘主要建设豫鲁苏皖省际区域中心城市、国家现代化综合交通枢纽和商贸物流中心；平顶山、鹤壁、焦作、濮阳、三门峡、济源等资源型城市加快转型发展，建设中原城市群重要节点城市，实现资源开发与城市建设协调发展。河南围绕中心城市建设，大力发展小城市，使之成为联系城乡的重要纽带，充分发挥其在促进城乡物资交流、农业商品基地建设和乡镇企业发展等方面的积极作用，使小城市成为城市群中城乡互动的重要节点。

总之，河南将中原城市群建设作为一定时期内统领全省经济社会发展全局的整体性战略之一，按照核心带动、轴带导向、生态宜居、创新驱动、共享发展的基本思路，抓好城镇体系上下两头，通过做强核心、加快连通、梯次推进和融合发展，推动实现资源吸纳聚合、经济辐射带动和新型城镇化进程加速。

二 郑州都市圈聚焦聚势提质发力

国家发展改革委印发的《关于培育发展现代化都市圈的指导意见》指

出，都市圈是城市群内部以超大特大城市或辐射带动功能强的大城市为核心、通常以1小时交通通勤圈为基本范围的城镇化空间地域形态。由此可见，都市圈建设是推动高质量发展的重要支撑，是城镇化发展到高级阶段的产物。郑州都市圈的发展历史演进过程是河南区域发展策略的集中体现，从"郑州大都市区"到"郑州都市圈"，名称迭代带来的不仅是理念的更新，也是目标的进一步升级，这不仅体现了河南省对区域协调发展的战略考量，也反映了国家对中西部地区发展的支持和期望。综观中国经济版图，郑州都市圈是我国黄河流域、中部地区经济实力最强、发展速度最快的区域之一，为构建国内国际双循环、建设全国统一大市场发挥重要作用。郑州都市圈建设是推动中部地区崛起和实现"两个确保"、实施"十大战略"的重大举措。从城市单打独斗到抱团发展再到都市圈深耕细作，新型城镇化的形态在逐步演变。

1994年编制的《郑州市城市总体规划（1995—2010）》首次提出都市圈概念，并强调了郑州作为区域中心城市的作用。2016年12月，国务院批复的《中原城市群发展规划》明确提出"郑州大都市区"的概念，为郑州都市圈的发展奠定了基础。2019年8月，河南省委办公厅、省政府办公厅联合印发《郑州大都市区空间规划（2018—2035年）》，明确了郑州大都市区按照郑州、开封、新乡、焦作、许昌5座地级市的空间范围，推动开封、新乡、焦作、许昌与郑州的深度融合，打造"青山绿水间"和"铁路轨道上"的郑州大都市区。郑州大都市区不是简单地将中原城市群切小，而是要在更深层次上谋划郑州作为中原城市群核心龙头的发展框架，破解行政区划对"郑龙头"发展的制约，推动郑州与周边城市一体化发展，更务实地去推动功能布局的优化和区域要素的畅通流动，从而进一步增强其经济势能，引领带动中原城市群向具有国际影响力和竞争力的国家级城市群加速迈进。未来随着郑州发展空间轴向外延伸，城市区域结构将从"点—轴"结构向"城市—区域"的都市区化结构演变。

2019年10月，河南省中原城市群建设工作领导小组办公室印发《郑许一体化发展规划（2019—2035年）》和《郑新一体化发展规划（2019—2035年）》。2021年4月，河南省中原城市群建设工作领导小组办公室印发《郑州都市圈交通一体化发展规划（2020—2035年）》，将郑州大都市区演化为郑州都市圈，有力地推进了郑州都市圈发展。2021年10月，河南省第十一次党代会以前瞻 30 年的战略眼光和系统思维，做出推动中心城市"起高峰"、县域经济"成高原"的总体部署，加快郑州都市圈一体化发展，全面推进郑开同城化，并将兰考纳入郑开同城化进程。2021 年 12 月，郑州都市圈由原来的"1+4"拓展为"1+8"，将洛阳、平顶山、漯河、济源四个城市纳入其中。从"1+4"到"1+8"，范围增加带来的不仅是空间的拓展，也是潜力的提升、引领带动作用的增强，意味着发展步伐再协调、发展质量再提升，也意味着发展目标更高、发展前景更好。2022 年 2 月，《河南省新型城镇化规划（2021—2035 年）》出炉，提出到 2035 年，城镇化进入成熟期，郑州都市圈总体发展能级进入全国第一方阵，中原城市群深度一体化发展格局更加稳固，全省常住人口城镇化率达到全国平均水平。2022 年 8 月，《关于"1+8 郑州都市圈"住房公积金一体化协同发展有关事项的通知》明确提出郑州都市圈住房公积金实行互认互贷，各市住房公积金业务网点设立"跨域通办"服务窗口，加快都市圈内城市融合发展。2023 年 10 月，《郑州都市圈发展规划》正式获国家发展改革委复函，标志着郑州都市圈建设进入实质阶段。2024 年 4 月，河南省郑州都市圈建设领导小组办公室印发了《郑州都市圈产业协同发展规划》，规划明确了郑州都市圈产业协同发展的目标。郑州都市圈内 8 个城市联合发表《郑州都市圈城市产业招商合作宣言》，共同构建都市圈产业协同体系，共建跨区域高质量产业链，拓展国际视野，培育世界级先进制造业集群，打造具有较强国际影响力和竞争力的产业创新高地。同时，加强规划引导，构建以《郑州都市圈发展规划》为统领，以《郑州都市圈国土空间规划（2022—2035 年）》为基础，以郑州国家中心城市市域一体化发展、新阶段郑州航空港经济综合实验区高质量发展、郑开同城化发展等重点区域规划及都市圈交通、产业、公共服务、水利、能源、生态等专项规划为支撑，包含都市圈下辖的市域等相关规划的"1+1+3+N+X"都市圈规划体系，具有国际影响力的现代化都市圈发展蓝图逐步清晰。2023 年，郑州、开封、新乡、焦作、许昌 5 个城市以全省 8.7% 的面积，强势集聚了全省近 20% 的人口规模，贡献了超过 30% 的经济总量，有效带动了区域经济社会高质量发展，加快了区域要素合理配置，已成为各类发展要素在空间上聚集的主要载体，成了带动周边、辐射全国、联通国际的核心区域。

三　同城化一体化提速发展

在加快推进郑州都市圈建设的同时，以郑州为核心的周边城市积极谋划区域一体化战略，推进郑开同城化、郑许一体化、郑新和郑焦融合发展，外围的洛阳、平顶山、漯河和济源也与郑州建立战略合作关系，加强都市圈内协同联动发展。以郑州为核心的周边城市在中部地区崛起中奋勇争先、踔厉奋发，肩负起谱写新时代中原更加出彩绚丽篇章的历史使命。

（一）郑开同城化加速推进

2022 年 11 月，河南出台《郑开（兰考）同城交通优化实施方案》，提出高速公路指定站点间免费通行等一系列具体措施，以增强郑开（兰考）的交通互联互通。2023 年 5 月，"郑好办"和"汴捷办"的牵手，为两地居民提供了较多便捷实惠，推进郑开同城化快速发展。郑开两地探索设立郑开同城化示范区，编制郑开同城化发展规划。2023 年 8 月，郑州市和开封市制定了《两市共同推进郑开同城化发展合作备忘录》，谋划提出了轨道交通 K2 快线建设、复合型黄河生态廊道建设、兰考郑开同城特别合作园区建设、公共服务跨城通办等 10 项近中期标志性事项，郑州高新区与开封兰考县正式签署合作协议，推进"飞地园区"项目、农光互补中原氢能走廊兰考基地等顺利开展。郑开城际铁路开通运营，进一步增强郑开联系，对于打造郑开半小时经济圈有着举足轻重的作用。

（二）郑许一体化逐步成型

随着郑州航空港经济综合实验区上升为国家战略和郑州市区不断向东向南扩展，郑州对许昌的辐射带动作用显著增强。许昌积极谋划许（昌）长（葛）同城化示范区、多式联运物流枢纽基地和航空经济承接区，把郑许一体化作为高质量发展的龙头工程，积极对接省级规划、郑州航空港经济综合实验区规划，深入实施郑许一体化战略。2017 年，许昌市印发了推进郑许融合发展的一系列工作方案，指出构建"1+N"规划体系，推动郑许功能对接、交通衔接和产业协作等方面重大项目建设集聚成势，提出加快许（昌）长（葛）同城化发展，为有力推进郑许融合发展贡献许昌力量。2018 年初，"郑许一体化"战略正式写入 2018 年河南省政府工作报告，使

"郑许融合发展"的省级战略进一步提档升级为"郑许一体化"发展战略，郑州许昌协同发展进入高级阶段。2019年10月，河南省中原城市群建设工作领导小组正式批复了《郑许一体化发展规划（2019—2035）》，规划提出构建"一轴双核三区"空间格局，即郑许纵向发展轴，郑州中心城区和许昌中心城区"双核"，以及生态养生功能区、产业转型和都市体验功能区、生态物流融合功能区"三区"，并指出重点发展郑汴许"黄金三角区域"。2023年2月，河南省自然资源厅出台政策支持许昌高质量建设城乡融合共同富裕先行试验区，打造城乡融合发展典范，建设郑州都市圈"南花园"。2023年9月，许昌积极谋划建设郑州都市圈（许昌）综合联运物流枢纽基地项目，构建"公铁联运+中欧班列+数字货运+绿色配送"的商业运作模式，打造具备仓储配送、多式联运、物流通道、口岸通关的陆港物流枢纽。2023年底，郑许市域铁路开通，进一步拉近郑州与许昌两城市间的距离，促进郑许一体化深度融合，加强两地在经济、文化等方面的交流与合作，加快两地人流、物流、信息流、资金流的良性互动，为区域内的经济发展注入新的活力。2024年河南省和许昌市政府工作报告分别提出要提升郑州都市圈协同发展水平，深化郑许一体化发展。政策和制度的频繁出台为郑许一体化发展指明了方向，明确了实施路径。

（三）郑新融合发展渐入佳境

2019年10月，河南省中原城市群建设工作领导小组正式批复《郑新一体化发展规划（2019—2035年）》，规划指出构建"两中心三带六区多点"空间格局，通过打造郑新一体化发展产业承接区、共同发展区、创新引领区、物流枢纽区、生态涵养区等六类功能区，以平原示范区、原阳县城、新乡县城、获嘉县亢村等为节点，形成互促共进的发展格局，聚焦探索都市圈跨河发展新模式。为解决跨黄河交通衔接问题，推进郑新交通互联互通工程，提升两市间交通连接性、贯通性和便捷性，建成郑济铁路新乡段，加快推进郑州至新乡市域铁路、新乡至焦作城际铁路等项目，建成新晋高速、沿太行高速新乡段等，建成G107官渡黄河大桥、郑济铁路黄河特大桥等，规划研究多条跨黄河大桥。新乡市积极与郑州市加强空间对接，自2009年起规划和建设平原示范区，至2023年已建成30万人口的小城市，与郑州隔河相望，成为新乡与郑州实现无缝对接的重要节点，形成农业科技研发和动力电池等高科技产业集中的产业新城。2023年，为深入贯彻落实党中央、国务院及河南省委、省政府关于种业发展的战略部署，切实扛稳国家粮食安全重任，打造种业领域国家战略科技高地，河南省在平原示范区谋划建设"中原农谷"种业基地，打造国际一流农科"芯"城，成为郑新融合发展的科技创新支撑平台。在产业转移协作方面，获嘉县紧紧把握郑州产业转型升级、企业外迁的机遇，出台优惠招商政策，与金水区合作共建"飞地经济产业园"，共同打造金水（获嘉）产业新城，形成产业差异化优势互补，实现双方政府和企业多赢的良好局面。郑州市和新乡市围绕共建绿色魅力的都市圈，强化黄河流域生态保护和高质量发展，协同推进沿黄河生态保护修复。

（四）郑焦融合发展不断提速

随着郑云高速的开通、郑焦城际铁路的运行，郑州与焦作联系更加紧密，在基础设施建设、产业空间布局方面，都有了一定程度的融合发展。焦作积极将武陟打造成为郑焦深度融合首位节点城市，让其当好郑焦深度融合的桥头堡、先行区，通过谋划和建设产业新城，紧抓郑州市市内企业外迁的难得机遇，积极承接郑州产业转移，引进磨料磨具、机械装备和汽车及零部件等一批重点项目，吸引黄河交通学院落户武陟，提高产业转移承接能力，进一步促进人口集聚、促进区域产业协同发展。2016年，郑州市金水区与焦作市温县成功签订《金水·温县项目合作框架协议》，实现资源共享互补，推进两地产业结构调整，已成功搭建蜜雪冰城产品加工、仓储和物流供应链体系，为促进郑焦发展奠定了基础。自2018年9月起，焦作对豫A和豫V牌照小型ETC客车行驶武陟县嘉应观收费站至郑州绕城相关站点之间的通行费进行双向补贴，是郑州都市圈内首个出台与郑州相关的交通补贴政策的城市。2021年4月，河南省中原城市群建设工作领导小组正式批复了《郑焦一体化发展规划（2020—2035年）》，提出以郑焦一体化融合发展为方向，着力构建"一河通五轴、一带联两心、两山协两拳"的郑焦一体化发展总体布局。其中，"五轴"指依托重要的跨黄河交通干道——郑焦城际铁路、郑云高速、国道234、焦唐高速和省道237（国道207）形成的五条联通黄河两岸的郑焦一体化发展轴线，有力地保障了郑焦交通联系和区域要素畅通，加快推进郑焦融合发展。

第三节 大中小城市协调发展格局加快构建

大中小城市协调发展是现代城镇化进程中的重要目标。通过协调不同规模城市的发展，河南优化资源配置，提高资源使用效率，引导人口合理流动，提质进位发展国家中心城市、培育壮大副中心城市、提级扩能区域中心城市，避免人口过度集中在大城市而引起"城市病"。大中小城市协调发展有助于推动区域产业升级和创新，形成产业链上下游的互补协同发展；支持县城和特色中心城镇发展，提升中小城市竞争力，促进区域均衡发展；提高区域经济的抗风险能力，缩小区域和城乡差距，提升社会整体福祉，实现社会公平。大中小城市协调发展可以实现城镇化的健康、高效和可持续发展。

一 郑州国家中心城市提质进位

国家中心城市是指居于国家战略要津、肩负国家使命、参与国家竞争、代表国家形象、引领区域发展的现代化大都市，是国家城镇体系的最高层级，也被称为"塔尖"城市。国家中心城市建设是推动区域协调发展和城乡一体化发展的重要平台，是提升国际竞争力和影响力的重要窗口。

2016年12月，国务院批复同意《促进中部地区崛起"十三五"规划》，明确提出支持郑州建设国家中心城市。2017年1月，国家发展改革委制定出台《关于支持郑州建设国家中心城市的指导意见》，明确提出郑州市要努力建设具有创新活力、人文魅力、生态智慧、开放包容的国家中心城市。郑州国家中心城市作为河南省新型城镇化发展的龙头，紧紧围绕河南省委"当好国家队、提升国际化，引领现代化河南建设"总要求，推动经济发展全面向好、核心竞争力显著增强、龙头带动作用充分彰显，在引领中部地区崛起和服务国家发展大局中发挥了重要作用。

郑州加快区位交通优势向枢纽经济优势转化。郑州拥有航空港、铁路港、公路港等现代综合交通枢纽，有利于其加快构建现代综合立体交通体系，将交通区位优势转化为枢纽经济优势，为现代化建设提供有力支撑。加快综合交通基础设施建设。郑州已建成"米"字形高铁网，覆盖方圆1000公里的7亿多人口，形成辐射全省省辖市的1小时经济圈、高效连接周边省会城市的 2 小时经济圈，加快高速公路、普通干线公路、农村公路等公路网络建设，实现"都市圈 1 小时通达、市域范围内 15 分钟上高速"的目标，打造郑州都市圈高速公路环线，形成"两环多放射"高速公路网格局。建成以国道 234、新国道 310、国道 107 东移、北四环等围合而成的环城货运通道，将其与第二绕城高速组成双环货运通道，形成高效绿色的郑州城市货运配送格局。第五航权的开放带来了货物中转量的提高，郑州机场已吸引全球排名前 10 的货代企业中的 9 家入驻，航空货邮吞吐量年均增长 18.4%，机场货运运力、全货机航线的数量、航班量等均居全国第 5 位。郑州加密中欧班列开行频次，扩大货物集疏范围，推进铁海联运、公铁联运等多式联运，构建以郑州为中心的国际物流大通道，依托交通枢纽优势，发展高端制造、现代物流、商贸服务等产业，推动产业链上下游在郑州集聚，实现交通与产业、商贸、旅游等深度融合。

经济发展稳中向好、提质提速，"郑龙头"加速扬起。郑州经济持续增长，地区生产总值持续提升，成为推动区域经济发展的重要力量。2018 年，郑州常住人口超千万人，市域建成区面积超过 1000 平方公里，地区生产总值突破万亿元，人均生产总值越过 10 万元关口，成功跻身特大城市之列，开启郑州跨越式发展新阶段。2023 年，郑州地区生产总值达到 1.36 万亿元，同比增长 7.4%，增速在 9 个国家中心城市和河南省 18 个省辖市（含 1 个省辖县级市）中均居首位。郑州经济快速增长为人口集聚提供了基础，电子信息、汽车制造、新材料等产业具有明显优势，提供了大量的就业机会，郑州还出台了一系列吸引人才的政策，吸引了大量人才集聚。2023 年末，郑州常住人口 1300.8 万人，较上年末增加了约 18 万人，增量首次超过杭州，仅次于合肥，在全国排名第二。郑州辖区面积占全省的 4.5%，集聚了全省 13% 的人口，经济总量占全省的 22%，逐步成为河南对外参与竞争、对内引领发展的战略要地。随着郑州国家中心城市经济总量和人口持续增长，资本、技术等发展要素不断集聚，形成规模效应，进一步提高经济效率，催生了更多创新型和引领型产业。

科技创新引领，推动创新成果转化，串珠成链、聚链成群。郑州聚焦"四高地、一枢纽、一重地、一中心"和郑州都市圈建设，以科技创新为引领，树牢"项目为王"理念，大力推动传统产业转型升级、战略性新兴产业集群发展和未来产业抢滩布局，密集出台了《郑州市"十四五"战略性新兴产业发展总体规划（2021—2025 年）》《郑州市人民政府办公厅关于加快新一代信息技术产业发展的实施意见》等 6 个战略性新兴产业发展实施意见，以及《郑州市人民政府办公厅关于加快软件和信息技术服务业发展的实施意见》，进一步明确了产业发展方向、工作重点和政策措施，着力推动制造业转型升级。郑州以中原科技城为核心，积极推进省科学院、中原科技城、国家技术转移郑州中心"三合一"融合发展，打造创新体系；加快推动中部地区崛起、提升科技创新能力，优化创新生态；推动区域协作产业链和优势产业集群发展，为区域经济发展提供新动能。郑州前瞻布局未来产业，如区块链、人工智能、虚拟现实、量子信息、氢能与储能等，形成"研发+产业+应用"的链式推进格局。在电子信息、新能源汽车、新材料、节能环保等产业带动下，郑州战略性新兴产业发展迅速，已成为全市工业经济增长的重要支撑。2023 年，比亚迪、上汽动力电池、盒子汽车、创维汽车等新能源汽车产业在郑州投产及落地，推动郑州汽车产业链条进一步完善。电子信息产业稳扎稳打，特别是超聚变、惠科、上海合晶、光力科技等新力量将带动郑州产业高质量发展。食品产业正在实现优势再造，蜜雪冰城、锅圈食汇、巴奴等郑州新消费企业在全国乃至全球市场具有巨大影响力。2023 年，郑州市制定 20 条重点产业链三年行动方案，全年新签约亿元以上工业项目 238 个，签约额 2918.1 亿元，新兴产业项目占比78.2%；六大主导产业增加值增长 14.1%，占规上工业增加值比重达84.5%；战略性新兴产业、高技术制造业增加值分别增长 13.8%、13.6%；专精特新企业达到 3554 家，其中"小巨人"企业 122 家；智能传感器、汽车、现代食品与加工 3 个产业集群入选全国百强，郑州入围全国公共领域车辆全面电动化先行区试点。

二 副中心城市能级提升

（一）加快洛阳建设中原城市群副中心城市

洛阳作为中原城市群的副中心城市，与郑州错位发展以突出发展优势，建设区域经济中心、全国先进制造业基地、全国重要综合交通枢纽和国际人文交往中心。聚焦"建强副中心、形成增长极"，坚持以创新引领发展，4 家全国重点实验室重组入列、国家级创新平台达到 108 个、龙门实验室实现首年出成果、19 家产业研究院转化成果 188 项、突破核心技术 167 项，众多"大国重器"闪耀"洛阳创造"。2023 年洛阳新增各类创新平台载体 371 个，总数达到 3650 个，周山智慧岛、伊滨智慧岛加快建设，洛耐院、725 所等牵头组建省创新联合体，省科学院（瀍河）中原美谷、（嵩县）中原药谷挂牌运行，高新技术企业超过 1400 家，科技型中小企业超过 3000 家。

洛阳围绕打造全国先进制造业基地，聚焦先进装备制造、新材料、石油化工等主导产业，推动产业向中高端延伸，实现制造模式新变革，实施产业链链长和产业联盟会长"双长制"，精准打通供应链堵点、断点，畅通产业循环、市场循环，提升产业链水平。加快国家农机装备创新中心、河南省高端轴承产业创新中心等创新平台建设，强化关键共性技术支撑。实施高成长型企业提质倍增计划，培育专精特新、"小巨人"、隐形冠军企业，加强要素资源共享，推动大中小企业融通发展。

洛阳发挥文化优势资源，加强华夏历史文化传承保护和活化利用，致力于打造东方博物馆之都，建设国际文化旅游名城，支持创建国家文化和旅游消费示范城市。文旅融合"顶流"出彩，"汉服热"带动"洛阳热"，塑造了洛阳沉浸式文旅新名片；洛邑古城、应天门、老君山"出圈"爆红，打造了洛阳"盛世隋唐""伏牛山水"新 IP；《风起洛阳》《唐宫乐宴》《寻迹洛神赋》在移动端传播，激活了洛阳文旅流量新密码；大河荟、牡丹阁、元宇宙产业园，营造了洛阳文旅体验新场景；精品民宿热度攀升，升级了洛阳乡村旅游新模式。

（二）支持南阳建设省域副中心城市

2021 年，河南省第十一次党代会明确提出支持南阳建设副中心城市，与信阳、驻马店协作互动，建设豫南高效生态经济示范区。2022 年，河南省委、省政府出台了《关于支持南阳以高效生态经济为引领建设省域副中心城市的若干意见》，省住建厅、自然资源厅、农业农村厅等相关厅局相继出台了支持南阳副中心城市建设的意见。南阳市把贯彻党的二十大精神和习近平总书记视察南阳重要讲话的重要指示紧密结合起来，锚定"两个确保"，实施"十大战略""十大建设"，紧紧围绕"三区一中心一高地"城市发展定位，突出"以高效生态经济为引领"，坚持"绿色崛起、美丽富民""稳中求进、高效突破",省域副中心城市建设破题起势、乘势而上、激流勇进。近年来,南阳全力拼经济稳增长,主要经济指标增速总体保持在全省第一方阵,2022年南阳地区生产总值增长4.8%、规上工业增加值增长6.8%、固定资产投资增长13.2%、社会消费品零售总额增长2.3%,均高于全省平均水平。南阳认真践行习近平总书记视察河南、视察南阳的殷殷嘱托,抢抓发展机遇,实现了"盆地"变"高地"的跃升,为中原更加出彩的绚丽篇章做出了新的更大贡献。

南阳市坚持传统产业升级改造和新兴产业培育壮大齐头并进,全力调结构、育链群。南阳市强化集群集聚的发展理念,明确把七大集群17个重点产业链作为主攻方向,努力打造全省先进制造业高地。南阳市致力于传统产业转型升级,通过技术改造、智能化改造、绿色化改造等手段,提升传统产业的竞争力。2023年,南阳市高新技术和战略性新兴产业发展突飞猛进,新增高新技术企业146家、新增"瞪羚"企业35家,位列全省第三。主导链群迅速壮大,数字光电等9个产业主营业务收入超过百亿元,以中光学集团为龙头的光电产业链拥有300多家上中下游企业,绿色食品、装备制造、新材料产业集群规模分别达到1400亿元、840亿元、780亿元。南阳市新增国家"小巨人"企业2家、省级制造业头雁企业10家、专精特新企业66家,尤其是中南钻石等5家企业获评国家单项冠军企业,超硬及硬质合金新材料产业获评国家级特色产业集群。

科技创新步入快车道。南阳市把实施创新驱动、科教兴宛、人才强市战略放在重要位置,出台一揽子政策措施,推动创新链与产业链、人才链、资金链、政策链耦合发力。强化企业创新主体地位,推动科技型中小企业、高新技术企业、创新龙头企业发展。生物基运输燃料技术全国重点实验室战略重组获得批复,牧原实验室被纳入省实验室体系。南阳市成功引进多个院士团队建立院士工作站,同时新建多家中原学者工作站,强化人才支撑,新建成院士工作站1家,总量达到6家,位列全省第二,西湖牧原合成生物研究院、国际非开挖技术研究院、南水北调元宇宙研究中心、现代中药研发公共服务平台挂牌成立,获批省工程技术研究中心90家,新增省级中试基地2家,"双创"载体实现县市区全覆盖。南阳市支持企业与知名高校院所开展科技合作,组织实施科技成果转化项目。南阳市培育壮大技术转移示范机构,建成市级产业技术创新战略联盟,推进技术转移和创新。

加快绿色转型发展。南阳市作为豫南高效生态经济示范区引领城市，深入贯彻习近平生态文明思想，践行"绿水青山就是金山银山"的发展理念，坚持绿色转型发展，持续推进山水林田湖草系统治理，走山清水秀城美的绿色高质量发展之路。守好护水输水生命线，深入开展南水北调水质安全保障行动，持续推进中线工程防洪影响治理等后续工程建设，加快实施丹江口库区石漠化治理等重点项目，确保丹江口水库水质稳定保持在 II 类以上标准，确保工程安全、供水安全、水质安全。南阳市通过发展高效生态经济，推动了产业结构优化升级，重点发展了生态农业、生态工业和生态服务业，形成了绿色低碳产业体系。南阳市充分利用其丰富的自然资源和良好的生态环境，将生态资源优势转化为经济优势，推动了生态旅游、绿色能源等产业发展，合理发展光伏发电、风电等清洁能源。南阳市坚持生态优先，推进了"一河一策一图"的实践经验，该实践经验被生态环境部推广；推广了河长制考核，南水北调中线工程累计安全输水 610 亿立方米；创新推行了"林长+"机制，完成营造林 142.4 万亩，位列全省第一；成功创建了全国生态文明建设示范市，加强了与周边地区的合作，共同推进了高效生态经济的发展，实现了区域间的资源共享和优势互补。

三 区域中心城市提级扩能

2021 年，河南省第十一次党代会提出，推动中心城市"起高峰"。全省推进区域协调联动发展，加快构建"一主两副、四区协同、多点支撑"的空间发展格局，推动区域协调发展和新型城镇化建设。高品质建设区域中心城市，提升安阳市、商丘市等区域中心城市发展能级，完善城市功能、发展优势产业，增强要素吸纳集聚能力，积极对接融入国家重大区域发展战略，强化与京津冀、长三角等发达地区城市群协同联动，实现借势发展、错位发展。推动焦作市、濮阳市、周口市、信阳市、三门峡市、济源市等省际交界地区城市功能完善、产业聚能增效、基础设施和公共服务设施配套，加强省际区域中心城市参与省际产业协作、生态共保和交通互联互通的协同发展，提升省际区域中心城市服务能级。优化开封市、许昌市、平顶山市、漯河市、新乡市、鹤壁市等省域内部城市功能，加强省域内部城市与郑州中心城市联动，促进产业转型升级，加快农业转移人口市民化进程，推进城市综合承载能力提升，实施城市更新行动，补齐城市基础设施和公共服务设施短板，注重历史文化保护和活化利用，重塑城市特色风貌，增强城市发展活力，提高省内区域中心城市综合竞争力。

安阳市和商丘市紧紧围绕省际区域中心城市建设，不断强化新型城镇化引领作用。安阳市以红旗渠精神为引领，建设现代化区域中心城市，深化户籍制度改革，全面取消落户限制，基本实现"零门槛"落户，推动农业转移人口市民化，2022年城镇化率较2013年提高10.89个百分点。推动产业升级，发展战略性新兴产业，2022年，战略性新兴产业增加值增长11.2%，高新技术产业增加值占规上工业增加值比重超过30%，形成精品钢及深加工、新能源汽车及零部件、高端装备制造、文化旅游等主导产业。商丘市依托优越的区位条件和坚实的产业基础，形成食品加工、装备制造、纺织服装制鞋3个千亿元级产业集群，制冷、超硬材料等11个百亿元级产业集群。商周高速、商登高速建成通车，郑徐高铁、商合杭高铁相继建成，商丘市集高铁、机场、高速公路、水运于一体的综合交通枢纽雏形已现，将成为河南省继郑州市之后的又一个高铁十字枢纽。商丘市经济平稳快速发展，经济总量不断迈上新台阶，全市生产总值由2013年的1538.22亿元增至2022年的3262.68亿元，在全省排名由2015年的第12位前进到第7位，产业结构实现历史性转变，产业结构实现了从"二、三、一"向"三、二、一"的历史性转变。

周口市、信阳市和驻马店市不断夯实农业基础，借助淮河生态经济带建设机遇，加快内河航运等交通设施建设，完善基础设施和公共服务设施配套，高质量推进新型城镇化建设。周口市加快高速公路、高铁、港口和机场的建设，构建"公铁水空"四位一体的高效联运交通体系，利用港口优势，发展临港经济，打造内陆开放新高地；不断优化城市功能，通过城市空间更新和基础设施建设，完善公共服务设施配套，增强城市功能，提升城市形象和品质，提高居民生活便利程度和幸福感。信阳市牢记习近平总书记视察信阳提出"两个更好"的殷殷嘱托，[①] 积极争取建设鄂豫皖省际区域中心城市，推动城镇化进程，聚焦基础设施建设以增强振兴发展的支

---

① 《习近平在河南考察时强调 坚定信心埋头苦干奋勇争先 谱写新时代中原更加出彩的绚丽篇章》，中国政府网，2019年9月18日，https://www.gov.cn/xinwen/2019-09/18/content_5431062.htm。

撑能力，作为区域中心城市的地位更加凸显、区域影响力显著增强。驻马店市立足农业发展，打造国际农都，夯实农业发展基础，以农业结构调整促进农产品加工产业升级改造，省级农业产业化集群、国家现代农业产业园数量居全省第一，以农业现代化助推新型城镇化建设、加快农业转移人口就地市民化；坚持项目为王、产业为先的理念，不断加快经济发展，推动主要经济指标增速稳居全省第一方阵，全市地区生产总值排名由2013年的第11位前进到2022年的第8位，实现跨越式增长，经济实力大幅提升。

　　焦作市、平顶山市、济源市等能源资源基础较好的城市，践行"绿水青山就是金山银山"理念，加快资源型城市发展方式转型，由依赖资源开采转向发展多元化产业，使产业结构更加多元化，减少其对能源资源的依赖。推动传统资源型产业向高新技术产业转型，支持煤炭企业向清洁能源转型，加强科技创新，建设创新平台。通过产业结构调整，促进就业结构优化，不断吸引农业转移人口市民化，加强城市人居环境改造和综合承载能力提升，以资源型城市转型发展助推新型城镇化高质量发展。

　　许昌市、新乡市、漯河市等工业基础较好的城市加快产业高端化发展，由要素驱动向创新驱动转变，不断提高工业加工附加值，以新质生产力为导向推进新型工业化、引领新型城镇化，为新型城镇化注入新动能。许昌市坚持创新驱动发展战略，截至2021年，科技创新对经济增长的贡献率达到61%，国家高新技术企业达到300家，高新技术产业增加值占比达到48.6%，位列全省第一方阵；许昌市依托高新区打造电力装备、新一代信息技术产业创新链，支持大中型企业建立高水平研发中心，组建省级以上研发平台248个。新乡市推动能源结构改革，加快新能源项目建设，积极探索布局全链贯通的氢能产业体系，为产业发展提供新动能。漯河市发挥食品产业优势，争当食品产业高质量发展的领跑者；食品产业集群效应显著，品牌影响力增强；以打造全国有影响力的冷链物流基地为目标，推动冷链物流业发展；高标准建设运营中原食品实验室，打造高水平食品创新中心。科技创新为工业基础较好的城市推进新型城镇化提供新业态、新模式和新动能。

　　开封市、三门峡市、濮阳市、鹤壁市等区域中心城市立足自身发展基础，加快产业转型升级，推进农业转移人口市民化，完善城市设施配套，提升城市基本服务功能。开封市以郑开同城化和自贸区建设为契机，加快产业转型升级和城市功能提升，推进新型城镇化高质量发展，2022年开封市常住人口城镇化率达到53.53%，与十年前相比，城镇化率提升12.43个百分点；以自贸区建设推进文化产业国际化发展，孵化了2座税收超亿元的楼宇，贸易、物流类企业近2000家，汽车产业形成链条，奇瑞汽车河南生产基地成为全市第一个产值超100亿元的企业；以储能材料为核心，以全钒液流电池为起点，布局千亿元级产业集群，推动储能产业高质量发展。三门峡市加快新能源发展，推动风电、光伏、生物质等新能源项目建设；加强产业集群培育，培育了8个500亿元级产业集群；推动产业集群发展，赋能绿色发展，推动能源消费结构转型。濮阳市实施制造业倍增行动，推动制造业高质量发展，以产业带动就业。鹤壁市注重产业升级改造，主导产业实现扩容增效，引导企业进行技术改造，提升产品核心竞争力；现代"智造"动能强劲，以科技创新为主动力，加快科技创新平台能级提升，厚植发展新优势。

区域中心城市各地产业发展重点总体上看差异性是比较大的，但互补性较强，这正是中原城市群的优势。这种产业的异构性，有利于建立合理的产业分工、形成互补，从而有利于在区域协作发展中形成合力。

四 县城新型城镇化重要载体作用不断强化

郡县治、天下安，以县城为代表的中小城市是连接城乡、承上启下、促进城乡互动的天然纽带，是以城带乡、以工促农、统筹城乡发展的重要节点，是推进农业转移人口市民化的重要承接地。河南省一半城镇人口居住在县城，县城是农民低成本就近就地城镇化的首选地。

2014年3月，习近平总书记在河南调研指导工作时，提出了县域治理"三起来"的重大要求，即把强县和富民统一起来，把改革和发展结合起来，把城镇和乡村贯通起来。[①] 县域经济是区域发展的基石，是高质量发展的支撑，也是推动新型城镇化和乡村全面振兴的重要动力。河南省按照习近平总书记视察河南精神，积极落实县域治理"三起来"，推进县域经济高质量发展，促进县域发展要素高效配置，持续放权赋能激发县域发展活力，推动县域经济"成高原"。河南省认真践行县域治理"三起来"要求，深入

---

① 何言：《县域起高原》，《河南日报》2024年3月17日。

实施"四个倍增"计划,加快提升县域发展水平和形象。河南省公布了践行县域治理"三起来"示范县(市)名单,以示范引领的方式推动县域治理和城乡融合发展,如长垣市、新郑市、永城市等通过培育优势产业、提升发展效益、推进产业"倍增计划"等方式,实现了县域经济的高质量发展。河南省扎实推动开发区高质量发展,持续深化"三化三制"改革,强力推进开发区提档升级,支持各县市按照"专营店"模式集中打造主导产业,力争开发区营业收入增长10%以上,规上工业增加值占全市地区生产总值的比重达到75%。河南省深入践行县域治理"三起来"要求,县域经济底盘更加坚实,对全省经济增长的贡献率不断提高。

2015年2月,国务院印发了《国家新型城镇化综合试点方案》,洛阳市、兰考县、新郑市和禹州市作为国家级试点,承担了探索新型城镇化一系列相关改革措施的任务,比如探索建立城镇化投融资机制、农业转移人口市民化成本分担机制、城乡一体化发展机制等。2015年12月初,濮阳市和长垣县入选第二批国家新型城镇化综合试点名单,至此河南省国家级新型城镇化试点县(市)达6个,这也显示了国家对河南省城镇化试点改革工作取得成效的肯定。

河南省深刻认识把握新型城镇化发展的阶段性特征,把县级城市发展作为推进新型城镇化的重点,实施了百城建设提质工程。从2016年底开始,河南省研究出台《中共河南省委 河南省人民政府关于推进百城建设提质工程的意见》《2017年河南省百城建设提质工程实施方案》《河南省百城建设提质工程任务分工和工作推进机制》等一系列政策措施,以百城建设提质工程为抓手,深入开展县城补短板、强弱项工作,加快推动县城交通、供水、排水、电力、电信、热力、燃气、环卫等基础设施和教育、医疗、文化、体育等公共服务设施扩容提质,统筹城市修补、生态修复工程和文明城市创建工程,着力提升县级城市品质和综合承载能力。

2020年,全省持续提升县域经济发展水平,落实省委、省政府《关于推进县域经济高质量发展的指导意见》,以县域治理"三起来"为根本遵循,加快推进强县富民、改革发展、城乡贯通,推动县域经济高质量发展,实施有利于县域绿色发展和生态环保的财政、投资和土地政策;开展产业集聚区规划修编工作,推动产业集聚区"二次创业";大力发展"回归经济",鼓励科技人才回到县域开展创业服务,带动新兴产业发展。

2021年，河南省十一次党代会指出，要加快县域经济高质量发展。县域活则全盘活，县域强则省域强。要把县域治理"三起来"作为根本遵循，在融入新发展格局中找准定位、彰显特色，在创新体制机制中激发活力、破解难题。把"一县一省级开发区"作为重要载体，着眼国内国际市场大循环、现代产业分工大体系，培育壮大主导产业，建设一批经济强县。推进县城扩容提质，支持永城、林州、项城、长垣、新郑、禹州、巩义、固始、荥阳、邓州等发展成为中等城市。深化放权赋能改革，赋予县（市）更多经济社会管理权限，全面推行省直管县财政体制改革。

2022年，中共中央办公厅、国务院办公厅出台《关于推进以县城为重要载体的城镇化建设的意见》，2021年，河南省第十一次党代会明确提出推动县域经济"成高原"。根据第七次全国人口普查数据，2020年，跨省辖市流动人口占河南省内流动人口的比重为31.8%，省辖市内流动人口占省内流动人口的比重为68.2%。可以看出，省内流动人口以市内流动为主，进城人员更愿意选择离家较近、可以兼顾工作和家庭的县（市）安家落户，县域承载人口和就业的能力进一步增强，河南省就近就地城镇化特征明显。

2022年，河南县域地区生产总值达到3.67万亿元，位列全国第二，占全省经济总量的59.9%；县域常住总人口达到6740万人，占全省常住人口的68.3%。①县域经济"成高原"基础夯实，县城统筹城乡、区域协调发展，高质量推进新型城镇化的载体作用进一步凸显。河南以县城为重要载体推进新型城镇化建设，加强县城基础设施配置和公共服务设施配套，补短板、强弱项，促进城乡融合发展，强化县城安全韧性建设，提高县域综合承载能力，有利于更好地引导农业转移人口就近就地城镇化，加快形成城乡互补、共同繁荣的新型城乡关系。

五 小城镇"城尾乡头"纽带作用日益凸显

小城镇是城镇化的重要主体，是连接城乡的天然纽带，它既承担乡村综合服务职能，又承接农业转移人口就地城镇化的任务。2023年河南省常住人口城镇化率达到58.08%，已进入城镇化高速增长向高质量发展转型时

---

① 资料来源：《中国县域统计年鉴2023（县市卷）》《2022年河南省国民经济和社会发展统计公报》。

期，大中城市对人口的吸引基本处于稳定状态，不少县城常住人口呈外流态势，但部分小城镇人口却缓慢增加，小城镇成为农业转移人口就地城镇化的承接地，托起了新型城镇化的底盘，促进了新型城镇化高质量发展行稳致远。

河南省在小城镇建设方面，积极培育重点镇、中心镇和特色小镇，以示范城镇先行先试，带动全省小城镇快速发展。2015 年 8 月，省政府印发《河南省重点镇建设示范工程实施方案》，确定新郑市辛店镇、中牟县雁鸣湖镇、禹州市神垕镇等 68 个建制镇作为河南省第一批重点示范镇，加快推进建设，科学推进新型城镇化发展。争取将明港镇、回郭镇、水冶镇 3 个示范镇发展成为 10 万人左右的小城镇，使广武镇、大周镇、克井镇等 6 个示范镇镇区人口超过 5 万人，使之成为统筹城乡发展的重要节点、服务区域"三农"发展的重要载体，为小城镇发展积累经验，为全省小城镇发展提供示范。

在规划引导方面，河南省人民政府印发《河南省新型城镇化规划（2014—2020 年）》和《河南省新型城镇化规划（2021—2035 年）》，提出构建以中原城市群为主体、促进大中小城市和小城镇协调发展的新格局。《河南省新型城镇化规划（2021—2035 年）》指出强化小城镇连接城乡的纽带作用，因地制宜发展特色鲜明、产城融合、充满魅力的小城镇，增强小城镇对周边乡村的辐射带动作用。加强小城镇基础设施和公共服务设施供给，提高生活服务便利化程度，构建以乡镇政府所在地为中心的农村居民半小时生产生活圈。引导区位优势明显、资源禀赋独特的小城镇发展成为先进制造、交通枢纽、商贸流通、文化旅游等专业功能镇；促进远离中心城区的小城镇完善公共基础设施，发展成为服务乡村、带动周边的综合性小城镇。培育发展一批 3 万~5 万人的中心镇，按照小城市的标准进行规划建设，推动周边农民就近就地城镇化。聚焦先进制造、科技创新、创意设计、数字经济、商贸流通、文化旅游等产业类型，培育建设一批产业特而强、功能聚而合、形态小而美、机制新而活的精品特色小镇。

在政策机制建设方面，河南省为小城镇建设提供了规划引领、用地保障、整治工程和金融投入等一系列政策支持。强化规划引领和特色产业培育，依据城市总体规划、土地利用总体规划，根据发展潜力、产业特色、地形地貌和历史文化风貌，统筹推进小城镇产业发展、基础设施和公共服务设施建设，推动专业园区建设。不断挖潜土地空间资源，强化用地保障，深入挖掘用地潜力，提高土地集约节约利用水平，吸引社会资本参与镇区废旧厂房改造和荒地、废弃地开发利用。河南省对小城镇环境综合整治涉及的城乡建设用地增减挂钩指标给予专项保障，产生的增减挂钩节余指标优先用于小城镇建设，运用城乡建设用地增减挂钩政策、积极盘活存量用地，重点支持小城镇环境综合整治项目建设。河南省还积极培育资金投入增长机制。建立健全示范镇基础设施和公共服务设施财政投入增长机制，整合各类专项建设资金用于重点项目建设，全省各级通过统筹相关项目资金、利用基础设施配套费和土地出让收益、争取政策性贷款支持等方式加大对小城镇环境综合整治的投入力度，推动社会资本参与小城镇建设。鼓励示范镇积极争取社会资本投入，以多种方式参与基础设施、公共服务设施和产业园区建设。积极探索乡镇组织实施、全民动员参与的工作机制，建立政府、社会、居民三方共建、共治、共享机制。

2020年，为落实全国县域新型城镇化与小城镇人居环境整治工作，河南省以百城建设提质工程为载体，大力实施小城镇人居环境整治、共建共治共享等工程，实现了县域新型城镇化和城乡融合发展，探索推进乡村振兴的新路径。河南省百城建设提质工程工作领导小组办公室出台《关于开展小城镇环境综合整治的实施意见》，指出以开展小城镇环境综合整治为切入点，把致力于推进小城镇绿色发展作为主线，深化改革创新，通过加强规划设计，整治环境卫生、城镇秩序、乡容镇貌，完善基础设施和公共服务设施等工作任务的实施，着力补齐短板，增强服务功能，提升发展质量。

总的来说，河南省从建设国家中心城市、推进郑州大都市区建设到发展壮大区域中心城市；从建设重要节点城市到培育现代中小城市，再到发展特色小城镇，全省城镇发展体系的"脉络"越发清晰，有效实现了各级城市向心发展、错位发展、互动发展，初步形成了多点支撑带动全面发展的局面。

第四节　区际省际邻接城市竞相协同发展

推动区际、省际邻接城市竞相协同发展是实现区域一体化发展的重要途径，对于推动区域经济的高质量发展具有重要作用。邻接城市协同发展，有助于减少政策冲突，破除行政壁垒，形成统一开放的市场，形成有利于发展的区域发展政策环境；有助于人才、文化交流，促进资源在不同地区之间的合理分配和流动；有助于实现产业互补，优化产业链布局，提高整体产业竞争力；有助于促进基础设施共建共享，提高基础设施的利用效率，降低建设和运营成本；有助于形成统一的生态环境保护机制，共同应对跨区域环境问题，实现绿色可持续发展。

一 加快推进郑洛西高质量发展合作带建设

郑洛西高质量发展合作带是黄河流域生态保护和高质量发展国家重大区域战略下的重点建设区域，旨在助推区域经济高质量发展。2021 年 10 月，中共中央、国务院印发《黄河流域生态保护和高质量发展规划纲要》，明确提出建设郑（州）洛（阳）西（安）高质量发展合作带，确保合作思想统一、合作动力充足，健全区域间开放合作机制。郑洛西高质量发展合作带通过优化分工和产业链布局，强化中西部及北方地区承接产业转移的能力，无疑会促进区域城镇化高质量发展，完善我国高质量区域经济格局。坚持生态优先、绿色发展的原则，把生态保护和高质量发展放在首要位置，着力加强生态保护治理、促进全流域高质量发展；建设多层次、立体化、跨区域的互联互通基础设施体系，包括谋划省际跨区域高速铁路通道和城际铁路网，形成便捷通达的交通网络；依托丰富的黄河流域文化资源，整合郑州、洛阳、西安古都文化，打造世界文化遗产展示带，构建现代文化产业体系，共建世界知名旅游目的地；以创新驱动培育新质生产力，建立以企业为主体、市场为导向，产学研深度融合的技术创新体系，推动科技资源流动与开放共享，构建郑洛西国家级科创大走廊；依托各地经济实力、技术力量、产业基础，促进产业协同互补、强强联合，形成产业链协同平台，推动产业协同、功能分工，打造世界级先进制造业集群；推动数字经济发展，建设"数字郑洛西"，加快数字化新业态发展，推进数字政府建设，构建跨区域政务服务网络；积极参与共建"一带一路"，加快中欧班列扩量提质，深化与相关国家和地区的经贸合作和人文交流，打造内陆开放新高地；建立定期会商合作机制，健全政策制定协同机制和利益分配机制，破除行政和技术壁垒，联合打造区域经济高地。

二 深化晋陕豫黄河金三角区域经济协作

晋陕豫黄河金三角区域经济协作是中国区域经济协作的典型实践之一，该区域包括山西省运城市和临汾市、陕西省渭南市、河南省三门峡市，地处黄河流域重要地段，是中部地区崛起和西部大开发战略实施接合部和空间载体。加强晋陕豫黄河金三角区域合作，有利于促进黄河流域生态保护和高质量发展战略深入实施。自1986年晋陕豫黄河金三角经济协作区成立以来，三省四市积极探索实践、加强交流合作，合作领域不断拓展、合作机制不断完善。2014年4月，国务院正式批复了《晋陕豫黄河金三角区域合作规划》，为这一区域的合作发展提供了国家层面的全面指导和大力支持。

党的十八大以来，习近平总书记高度重视黄河治理和流域生态环境保护，在《黄河流域生态保护和高质量发展规划纲要》中指出"深化晋陕豫黄河金三角区域经济协作"，充分发挥晋陕豫黄河金三角承接产业转移示范区作用，提高其承接国内外产业转移能力。受国家级规划政策加持，在深入贯彻新发展理念的时代强风之下，晋陕豫黄河金三角区域合作迎来史无前例的快速发展机遇，在促进地方经济发展、推动区域一体化、实现资源共享和优势互补等方面取得了积极成效。

三省四市加快省际交界地区综合性交通枢纽建设，实现区域交通互联互通，随着大（同）西（安）高铁、浩吉铁路、运（城）灵（宝）高速、垣（曲）渑（池）高速等建成通车，初步形成了综合立体交通网络，构建了晋陕豫黄河金三角区域1小时经济圈，密切了交通经济联系。三省四市加强区域产业协作和产业承接能力，建立晋陕豫黄河金三角承接产业转移示范区，在有色金属、战略性新兴产业、现代物流、林果业、文化旅游等方面密切合作，合作共赢格局和发展红利不断彰显。三省四市生态共治共保，共同维护经济发展的生态基底，突出山水林田湖草沙一体化保护和修复，联合编制实施了《晋陕豫黄河金三角黄河流域生态保护促进区域高质量发展项目建议书》，组织开展黄河"清四乱"专项行动，建立黄河流域上下游、左右岸、干支流联动治理机制，让晋陕豫黄河金三角区域成为黄河的最美流域。三省四市公共服务共建共享，实现区域公共服务一体化，开通跨省公交、逐步落实政务服务"跨省通办"、不断深化医疗一体化改革、加快文化体育交往和文旅联合、实现三省四市"一证游",不断组建公共服务共享区域联盟。晋陕豫黄河金三角区域由点及面、重点突破,强化推进次区域合作,率先打造区域合作新样板,先行先试,积极推进湖滨—陕州—平陆一体化发展、潼关—灵宝—永济—芮城协同发展等次区域协同发展战略,逐步提升晋陕豫黄河金三角区域经济合作水平。

三　积极促进豫鲁毗邻地区合作

为贯彻落实黄河流域生态保护和高质量发展国家战略,强化区域协作,促进区域协调发展。豫鲁双方聚焦生态环境共保共治、产业协作互补发展、基础设施互联互通、毗邻地区城镇协同发展等方面进行深度合作,支持两省毗邻市县打破区域壁垒、整合优势资源、创新合作机制、拓展合作领域,共同打造中东部地区重要的装备制造业基地、区域性物流中心、区域合作发展示范区。2021年5月,河南省与山东省签订《黄河流域(豫鲁段)横向生态保护补偿协议》,共同推进黄河下游沿岸水环境保护治理,恢复提升水系生态功能。2021年10月,河南省与山东省在豫鲁毗邻地区共建黄河流域高质量发展示范区,并签署《共建黄河流域高质量发展示范区合作框架协议》,达成推动毗邻地区合作发展共识。

2024年初,鲁豫两省人民政府办公厅联合印发了《鲁豫毗邻地区合作发展实施方案》,聚焦黄河流域生态保护和高质量发展,重点在生态保护、防洪减灾、基础设施、产业发展、文化旅游、公共服务等领域,探索"流域+省际"区域合作新模式。加强基础设施互联互通,包括高铁、高速公路等,提升跨河通道能力,促进区域间的互联互通;促进产业协调联动,争创国家区域科技创新中心,鼓励化工、新材料等产业联动发展,打造高端化工产业集群和生物医药产业集群;强化生态保护治理,实施黄河下游防洪工程、蓄滞洪区治理提升工程,加强中小河流清淤治理,建立生态协同机制,开展黄河流域横向生态补偿,推动生态产品价值实现;进一步加强文化旅游合作,联合建设鲁豫黄河文化旅游协作区,打造文化旅游发展共同体;突出规划政策协同,强化国土空间、基础设施、生态环境等方面的规划衔接,建立协同编制、联合报批、共同实施的规划管理制度;制定鲁豫毗邻地区合作发展联席会议制度,加强统筹协调,营造良好合作氛围,推动区域协调发展、生态保护和高质量发展方面的共同努力和创新探索,打造省际毗邻地区合作发展新样板。

2019 年 4 月，习近平总书记在第二届"一带一路"国际合作高峰论坛开幕式上发表主旨演讲，提出基础设施是互联互通的基石，将支持各国企业合作推进信息通信基础设施建设，提升网络互联互通水平。[①] 2021 年 11 月，习近平总书记出席第三次"一带一路"建设座谈会并发表重要讲话，提到把基础设施"硬联通"作为重要方向，把规则标准"软联通"作为重要支撑。[②] 2024 年 3 月，为贯彻习近平总书记重要指示精神，豫鲁两省召开加强交通互联互通合作协议推进落实座谈会，进一步加强协同配合，合力推进雄商高铁等重大项目建设，协同推进鄄城至兰考、兰考至沈丘高速公路的豫鲁省界至兰考段等项目的前期工作，加快郓城至鄄城、濮阳至阳新高速公路等在建项目建设。2024 年底即将建成通车的国道 240 范县黄河公路大桥主桥和北跨大堤桥，将促进山东菏泽、河南濮阳经济一体化发展。豫鲁两省将持续推进基础设施建设、流域环境系统治理、传统产业转型升级、历史文化遗产保护、文化旅游联动发展等，当好共建黄河流域高质量发展示范区的先锋队，实现共享共赢合作发展。

四 推进淮河生态经济带高质量发展

为推进淮河流域生态文明建设，决胜全面建成小康社会并向现代化迈进，助推中部地区崛起，河南省与江苏省、安徽省、山东省、湖北省共建淮河生态经济带，推动淮河流域上下游协同发展，加强生态环境共建共治。2018 年 10 月，《淮河生态经济带发展规划》获国务院批复，淮河生态经济带由此上升为国家战略，以生态文明建设为核心，推动经济社会发展与生态环境保护相协调，打造生态文明建设示范带、特色产业创新发展带、新型城镇化示范带和中东部合作发展先行区。淮河生态经济带构建"一带、三区、四轴、多点"的空间发展格局，其中，中西部内陆崛起区包括蚌埠、信阳、阜阳、六安、驻马店、周口、漯河、平顶山、桐柏等市（县），积极承接产业转移，因地制宜发展生态经济，加快新型城镇化和农业现代化进

---

① 《习近平在第二届"一带一路"国际合作高峰论坛开幕式上的主旨演讲（全文）》，新华网，2019 年 4 月 26 日，http://www.xinhuanet.com/politics/leaders/2019-04/26/c_1124420187.htm。

② 《习近平出席第三次"一带一路"建设座谈会并发表重要讲话》，中国政府网，2021 年 11 月 19 日，https://www.gov.cn/xinwen/2021-11/19/content_5652067.htm。

程，优化生态安全屏障体系，促进沿淮集聚发展和流域互动协作；共同打造绿色生态廊道，加强生态保护和修复，节约和保护水资源，推进环境污染综合治理，共建跨区域环境保护机制；完善基础设施网络，打造畅通高效的淮河水道、健全立体交通网络、提升水利设施建设和构建现代信息网络，以安全韧性的基础设施保障新型城镇化高质量发展。通过近几年的发展，淮河生态经济带的"朋友圈"越来越大、合作领域越来越广、合作成果越来越实，为区域经济社会发展贡献了淮河流域智慧和力量。

2019 年 5 月，河南省人民政府办公厅印发《河南省贯彻落实淮河生态经济带发展规划实施方案》，以推动河南省 6 市 1 县（信阳市、驻马店市、周口市、漯河市、商丘市、平顶山市和桐柏县）的高质量发展。河南省构建"一区、两轴、两廊"的空间发展格局，要求加快沿淮市县国土空间总体规划编制，科学划定"三区三线"，筑牢生态安全屏障；加快交通基础设施建设，包括京雄商高铁、三洋铁路以及多条高速公路项目，推动普通干线公路提质改造，促进基础设施互联互通；支持具备铁路、港口优势的地方建设内陆港和发展铁海、河海联运，加快淮河干支线航运开发和港口建设，建成周口市、漯河市、淮滨县内河港口口岸查验区，支持建设淮滨临港经济区，增强开放平台功能；加快产业转型升级，推进开放平台建设，深化区域合作交流，支持 6 市 1 县建设境外经贸产业园、海外仓和能源原材料生产基地。

河南省发展改革委制定《2020 年河南省淮河生态经济带建设工作要点》，以引领推动淮河干流绿色发展带、中西部内陆崛起区建设；制定《河南省淮河生态经济带建设重大工程》，促进重大工程项目建设落地，推动区域生态保护、基础设施建设、水资源管理以及经济社会发展。同时，淮河生态经济带关联城市先后组织四次省际联席会议，共商协同发展大计，积极推进淮河生态经济带战略落地落实，从生态共建共保、基础设施互联互通、产业协作发展、体制机制改革、文化旅游合作、临港经济开放平台等多个角度提出许多有价值的建议和方案，共谋淮河生态经济带高质量发展新篇章。

第四章　扎实推进农业转移人口市民化

2024 年政府工作报告指出，"把加快农业转移人口市民化摆在突出位置，深化户籍制度改革，完善'人地钱'挂钩政策，让有意愿的进城农民工在城镇落户，推动未落户常住人口平等享受城镇基本公共服务"。农业转移人口市民化是一项复杂的社会系统工程，是城镇化的重要组成部分，需要通过政策引导、公共服务均等化、户籍和土地制度改革、配套机制建设等措施来实现。农业转移人口市民化能够使农业转移人口公平享受与城市居民同等的社会服务和权益，缩小城乡差距，实现社会公平。

第一节　户籍制度改革持续深化

户籍制度改革是实现新型城镇化、促进经济社会发展的重要举措。党的十八大以来，河南省持续深化户籍制度改革，不断降低城市落户门槛，推动有能力在城镇稳定就业和生活的农业转移人口及其他常住人口有序落户城镇，逐步解决长期进城农民工及其家属落户问题，切实保障进城农民的合法权益，不断扩大基本公共服务覆盖面，促进社会公平与和谐，提高新型城镇化质量。

一　不断出台户籍制度改革政策

2014 年 6 月，习近平总书记主持召开中央全面深化改革领导小组第三次会议，会议通过了《关于进一步推进户籍制度改革的意见》。[①] 推进城镇化需要加快户籍制度改革，这是涉及亿万农业转移人口的一项重大举措。

[①] 《习近平主持召开中央全面深化改革领导小组第三次会议》，中国共产党新闻网，2014 年 6 月 6 日，http://cpc.people.com.cn/n/2014/0606/c64094-25115311.html。

2014 年 11 月，河南省人民政府出台《关于深化户籍制度改革的实施意见》，为体现户籍制度的人口登记管理功能，取消农业户口与非农业户口性质区分，提出全面实施居住证制度，即居住证持有人以连续居住年限和参加社会保险年限等为条件，逐步享有与当地户籍人口同等的中等职业教育资助、就业扶持、住房保障、养老服务、社会福利、社会救助等权利。该文件还提出因地制宜地实施差别化落户政策，省会城市要建立完善积分落户制度，有序放开大城市落户限制，进一步放开中等城市落户限制，全面放开建制镇和小城市落户限制，优先解决进城时间长、就业能力强、适应城镇和市场竞争环境的人员进城落户问题。

2016 年 12 月，河南省公安厅印发了《关于进一步放宽户口迁移政策深化户籍制度改革的通知》，进一步深化户籍制度改革，积极引导农业转移人口和其他常住人口落户城镇，持续推进全省新型城镇化建设进程。河南省放宽户口迁移政策，允许在城镇有合法稳定住所（含租赁）的人员及其家庭成员在当地申请登记常住户口。进一步放宽农业转移人口在就业地落户政策，在省会郑州市参加城镇社会保险 2 年以上、在其他省辖市参加城镇社会保险 1 年以上、在省直管县（市）参加城镇社会保险的人员，本人及其共同居住生活的配偶、子女和父母可将户口迁入就业地落户。实行设立社区集体户口制度，可在就业所在地派出所社区集体户登记户口。

2017 年 3 月，河南省人民政府办公厅印发《关于实施支持农业转移人口市民化若干财政政策的通知》，围绕解决"三个一批人"新型城镇化问题，建立健全支持农业转移人口市民化的财政政策体系，加快实现基本公共服务向常住人口全覆盖。河南省坚持"一基本两牵动三保障"，大力推进农业转移人口市民化的相关改革，努力在户籍、居住证发放与管理、农村土地管理制度、拓宽投融资渠道、促进就近就地城镇化等方面推进综合配套改革，加速推进农业转移人口市民化。

2021 年，河南省有序推进农业转移人口市民化，不断降低门槛、简化程序、优化流程，促进农业转移人口等非城镇户籍人口在城镇便捷落户。全面放宽郑州市中心城区落户条件限制，探索推出郑州都市圈户口通迁和居住证互认政策，推进城镇基本公共服务常住人口全覆盖。落实基本公共服务标准，健全居住证持有者基本公共服务提供机制，提高农业转移人口享受教育、医疗、住房、就业等公共服务的质量。

2023 年 9 月，郑州市公安局印发了《关于进一步深化户籍制度改革的实施意见》，进一步放宽了郑州市中心城区落户条件：凡在郑州市中心城区具有合法稳定就业或合法稳定住所（含租赁）的人员，不受社保缴费年限和居住年限的限制，本人及其共同居住生活的配偶、子女和父母，均可在郑州市申请登记城镇居民户口。郑州市持续完善居住证制度，推进居住证持有人全面享有高质量教育、医疗、就业、文化、社保等基本公共服务，扩大基本公共服务覆盖面，推动更多非户籍人口在城镇落户发展。

另外，洛阳市在 2019 年全面放开了城镇落户条件，取消了城镇落户限制。凡是在洛阳市城镇实际居住（含租房）、就学、就业的人员，均可申请在洛阳落户。同时，洛阳市全面设立社区集体户，建立实际居住地和社区集体户相结合的户籍登记制度，无稳定住房人员可以在社区集体户登记户口；建立以居住证为载体的基本公共服务提供机制，全面落实和新增居住证权益保障，缩小或消除居住证和常住户口之间的待遇差别。南阳市加快推进户籍制度改革，与公安部推出的 26 项便民措施相衔接，全面放开城镇落户限制，只要本人在南阳市城镇实际居住或就业，即可申请迁移落户，不再设置房产等限制条件。南阳市完善财政转移支付、城镇建设用地新增指标与农业转移人口市民化挂钩政策，加强组织领导和宣传引导，努力实现农业转移人口市民化，推动新型城镇化建设。

河南省地级市户籍制度改革正全面推进，通过放宽落户条件、完善保障机制、加强组织领导等举措，促进农业转移人口市民化，推动新型城镇化建设。各地市加快农村产权制度改革，推进农村土地承包经营权、宅基地用益物权的确权、登记、颁证工作，逐步推动集体经济收益分配权量化落实到户。不断完善进城落户农业转移人口就业、住房、教育等保障机制，保障其合法权益。适度宣传引导，简化户籍审批手续，营造良好社会环境。

二 稳步提高进城落户便利性

2014 年，河南省人民政府出台《关于深化户籍制度改革的实施意见》，进一步调整户口迁移政策，提出合理确定省会城市落户条件，促进有能力在城镇稳定就业的人员进城落户，实施差异化落户政策，促进大中城市和小城镇协调发展。

2020 年，河南省深入推进户籍制度改革，全面取消郑州市中心城区之外的省辖市和其他市县落户限制。提高农业转移人口进城落户便利性，居民凭有关证件和申请材料在迁入地派出所即可一地办理完户口迁入和迁出手续，河南省利用大数据等技术，结合第七次全国人口普查数据，建立全省各城市城区常住人口、行政区城镇常住人口、行政区常住人口的常态化统计机制和系统平台。推动城镇基本公共服务覆盖未落户常住人口，推进全省统一的社会保险公共服务平台建设，方便社会保险关系转移接续、参保人员异地就医结算；提高农业转移人口职业技能培训质量。2020 年 9 月，河南省城镇化工作暨城乡融合发展工作领导小组印发《2020 年河南省新型城镇化建设和城乡融合发展重点任务》，明确提出推动实施郑州中心城区落实在城镇稳定就业生活的新生代农民工、建档立卡农村贫困人口、在城镇就业生活 5 年以上和举家迁徙的农业转移人口、农村学生升学和参军转业人口等重点群体零门槛落户。

2021 年 5 月，河南省委办公厅、河南省人民政府办公厅印发《关于促进劳动力和人才社会性流动体制机制改革的实施意见》，提出建设经济强省，筑牢社会性流动基础，要深入实施人才强省战略和创新驱动发展战略；要深化户籍制度改革，持续放宽郑州市落户条件，全面取消其他城市户口迁移限制；要高水平推进郑州国家中心城市和郑州都市圈建设，加快区域一体化建设，促进郑州都市圈内外部人口和人才交流有序畅通，为区域经济社会发展奠定储备人才基础。2023 年 9 月，郑州市公安局出台《关于进一步深化户籍制度改革的实施意见》，提出进一步放宽中心城区落户条件，凡在郑州市中心城区具有合法稳定就业或合法稳定住所（含租赁）的人员，均可在郑州市申请登记城镇居民户口。至此，全省基本实现零门槛落户。

全省城镇吸纳就业能力不断增强。2022 年全省城镇就业人员达到 2573 万人，与 2013 年相比增加 590 万人。2022 年全省三次产业就业人员分别为 1320 万人、1356 万人、2106 万人，全省三次产业就业结构为 27.6∶28.4∶44.0，全国三次产业就业结构为 24.1∶28.8∶47.1。2013 年全省三次产业就业结构为 40.1∶31.9∶28.0，全国三次产业就业结构为 31.3∶30.3∶38.4。① 虽然 2022 年河南第三产业吸纳就业人数的比重与全国比还相差 3.1 个百分点，但是与 2013 年相差 10.4 个百分点相比，第三产业吸纳就业比重

---

① 资料来源：2023 年《河南统计年鉴》《中国统计年鉴》。

的差距有所缩小，表明河南第三产业吸纳就业的能力在快速提升，第三产业作为吸纳劳动力就业最主要的容纳器和蓄水池，极大地促进了劳动力向非农产业和现代服务业转移，推动了全省农业人口向城镇加速转移。

三 突出解决长期进城农民工及其家属落户问题

自 2014 年 11 月河南省人民政府印发《关于深化户籍制度改革的实施意见》以来，大中小城市实施差别化落户政策，逐步解决长期进城农民工及其家属落户问题。郑州市建立积分落户制度，根据合法稳定就业、合法稳定住所（含租赁）、参加城镇社会保险年限、连续居住年限等指标，合理设置积分分值，直到 2023 年 9 月，省会郑州全面放开落户限制，全省基本实现零门槛落户。河南省在小城市和建制镇落户政策上实行全面放开，农民工只需拥有合法稳定住所（包括租赁），本人及其配偶、未成年子女、父母等即可在县政府驻地镇申请登记城镇常住户口，享受城市基本公共服务。

河南省在稳定进城农民工及家属落户问题上，也出台了一系列支持政策，保障农业转移人口进得来、留得住、能发展。对进城的农业转移人口，保留他们在农村的各项权益，解除他们的后顾之忧；同时，支持农民工等人员返乡下乡创业，带动农村发展、农民致富。2023 年新增农村劳动力转移就业 40 万人，返乡创业 15 万余人。在土地方面，河南实行"人地挂钩"的政策，地随人走，建立了城镇建设用地增加规模与吸纳农业转移人口落户具体数量相关联的机制，同时基本完成农村承包地确权登记颁证，积极探索农村宅基地"三权分置"，启动了农村房地一体的不动产登记工作，开展了农村集体经营性建设用地入市试点。在资金方面，建立了人员和资金挂钩机制，资金随着人员转移，以各地农业转移人口进城实际落户人数为核心因素，安排新型城镇化奖励资金，对吸纳农业转移人口较多的市县给予倾斜支持。

2013~2022 年，河南省常住人口呈缓慢增加趋势，由 2013 年的 9413 万人增长到 2022 年的 9872 万人，年均增长 51 万人左右，但各省辖市常住人口增减差异性较大，其中，郑州、洛阳、商丘和新乡四市常住人口规模有较大增长，郑州市常住人口由 2013 年的 987 万人增长到 2022 年的 1283 万人，增加 296 万人，年均增加 32.9 万人，人口的增长突出了强省会郑州的核心城市地位。2013~2022 年，洛阳、商丘和新乡常住人口年均增加 4 万人以上；南阳、信阳、三门峡和漯河四市常住人口呈减少趋势，这些省辖市常年外出务工人口较多，人口流失严重。

第二节　城镇基本公共服务均等化
水平不断提升

推进基本公共服务均等化是实现社会公平、促进共同富裕的重要途径，也是推进新型城镇化建设的重要组成部分。河南省不断强化公共服务供给，确保农业转移人口在内的所有城镇居民，无论其经济状况、社会地位和所处地理位置，都能公平地获得基本的公共服务，包括教育、就业、医疗卫生、养老、文化体育、社会保险和住房保障等多个领域。河南省不断出台相关政策制度，落实基本公共服务均等化，持续优化城镇化空间布局和形态，通过不断努力，缩小城乡、区域和不同群体之间的公共服务差距，让所有居民都能享受高质量的基本公共服务，提高农业转移人口市民化质量。

一　推进基本公共服务全覆盖

党的十八大以来，河南省积极推进新型城镇化高质量发展，推进城镇"补短板、强弱项"专项行动，以基础设施建设和公共服务设施配套提升为抓手，加快百城建设提质工程，为新型城镇化高质量发展提供有力支撑。河南省科学判断发展短板，修补公共服务能力短板，在基本公共服务向非户籍常住人口全覆盖方面取得了积极进展，提高了公共服务的普及性和均等性，增强了人民群众的获得感和幸福感。

2014年12月，为进一步提高城镇化质量、推进人的城镇化，着力破除制约城镇基本公共服务常住人口全覆盖的制度障碍和发展瓶颈，河南省人民政府办公厅印发《稳步推进城镇基本公共服务常住人口全覆盖工作方案》，明确提出以改革户籍制度、建立居住证制度为基础，根据居住年限等条件不断扩大服务范围，让暂时没有落户的转移人口能够逐步享受当地基本公共服务；以健全基本公共服务体系为支撑，以强化财政投入为保障，建立健全城镇基本公共服务常住人口全覆盖的体制机制，优先保障人民群众享受就业、教育、住房等领域的基本公共服务，不断扩大城镇基本公共服务覆盖面，为促进农业转移人口市民化打下坚实基础。河南省紧紧围绕以人为核心的城镇化，保障农业转移人口及其他常住人口享受城镇基本公共服务，让农业转移人口进得来、留得住、过得好；着重解决"农业转移人口进得来、落得下"问题，引导有能力在城镇就业和生活的转移人口逐步在城镇稳定下来，保障新落户居民与当地常住户口居民同等享有城镇基本公共服务。河南省还全面实施居住证制度；协调推进公共教育、劳动就业、保障性住房、社会服务、医疗卫生、计划生育、文化体育、残疾人等服务设施和服务平台建设，提高公共服务的可及性和便利性；扩大城镇基本公共服务面向社会资本开放的领域，鼓励和引导社会资本参与公共服务设施建设和运营管理，形成多元参与、公平竞争的公共服务格局。

河南省在"十四五"期间大幅增加了公共服务财政投入，提高了教育、医疗、养老等基本公共服务的供给能力。2013~2022年，河南省公共服务建设财政预算支出总体攀升，其中，科教文卫体等公共服务财政预算支出由2013年的1824.78亿元增至2022年的3596.27亿元，年均增长196.8亿元，年均增长率为7.8%；社会保障和就业财政预算支出由2013年的731.41亿元增至2022年的1791.76亿元，年均增长117.8亿元，年均增长率为10.5%。[①] 河南省公共服务均等化水平提升，推动基本公共服务资源向基层、农村、边远地区和困难群众倾斜，初步建成了广覆盖、保基本的公共服务体系；完善教育体系建设，实施学前教育普惠扩容工程，改善了义务教育设施；加强卫生健康服务体系建设，创建国家医学中心，引入国家级医疗资源，提升了基层卫生服务能力；提升公共文体服务体系建设，建成一批重大公共文化设施，形成了公共文化服务网络体系。城镇十五分钟生活圈基本建成，基本公共服务均等化初步实现。

二 推动基本公共服务均等化

河南省在推进农业转移人口市民化过程中，致力于保障未落户常住人口及其家庭能够平等享受城镇基本公共服务、促进社会公平和谐，制定了《稳步推进城镇基本公共服务常住人口全覆盖工作方案》等一系列政策措施，以破除制约城镇基本公共服务常住人口全覆盖的制度障碍，建立了以居住证为载体的基本公共服务提供机制，以保障农业转移人口公平享受城

---

① 资料来源：2023年《河南统计年鉴》。

镇基本公共服务，提高了城镇化质量，促进了农业转移人口市民化，为未落户常住人口提供了更加公平、全面的基本公共服务。

在住房保障方面，河南省出台了《河南省人民政府办公厅关于加快发展保障性租赁住房的实施意见》，明确了保障标准，主要解决新市民、青年人等群体的住房困难问题。河南省人民政府印发的《关于深化户籍制度改革的实施意见》指出，加快落实农业转移人口与城镇居民享受同等住房保障政策。将符合当地政府公布的住房保障标准的进城落户农业转移人口，纳入就业所在地住房保障范围。按照国家发展改革委发布的《保障性租赁住房中央预算内投资专项管理暂行办法》，保障性租赁住房以小户型为主，租金低于市场租赁住房，由当地政府确定具体条件和面积。河南省可以通过新建、改建、改造等多种方式增加供给，并引导多方参与，包括利用集体经营性建设用地、企事业单位自有闲置土地等，筹建保障性住房，用于解决进城农民在内的住房保障问题。

在基础教育方面，河南省完善农业转移人口随迁子女接受教育保障机制，保障农业转移人口及其他常住人口随迁子女平等享有受教育权利，将其义务教育纳入公共财政保障范围；统一城乡义务教育"两免一补"政策和城乡义务教育学校生均公用经费基准定额。河南省加大财政奖补力度，通过公建民营、民办公助、政府购买服务等措施支持普惠性民办幼儿园发展，按照"以流入地政府为主、以公办学校为主"的原则，完善公益性、普惠性学前教育政策，在居住地向随迁子女提供学前教育服务，创造条件使其逐步满足随迁子女入园需求；各级政府合理布局和科学编制中小学校建设规划，合理配置教育资源，优先保障义务教育阶段的中小学建设。同时，河南省教育厅自2021年起发布做好义务教育招生入学工作的相关通知，多次强调各地提高招生入学工作的规范化水平，确保公平入学，加快推进随迁子女在公办学校就读。

在就业服务方面，河南省人民政府办公厅发布《关于实施支持农业转移人口市民化若干财政政策的通知》，指出在完善基本公共就业服务的基础上，大力促进创业带动就业，完善就业失业登记管理制度，面向农业转移人口全面提供政府补贴、职业技能培训服务，加大创业扶持力度，促进农村转移劳动力就业。河南省持续推进"人人持证、技能河南"建设，提升农民工的就业质量和稳定性，促进农民工职业技能提升，推动农民工稳岗就业和返乡创业，将农民工培育成为重要的人力资源，同时保障其合法权益。2023 年 7 月，河南省出台《关于优化调整稳就业政策措施的通知》，提出加大转移就业和返乡创业支持力度。河南省还推动"豫字号"劳务品牌建设，对于省外务工农民，与相关地市加强劳务输出对接，开展"豫见·省外"活动，精准对接长三角、珠三角等务工人员集中输入地区，开展重点地区劳务协作；鼓励农业转移人口自主创业，设立省级农民工返乡创业投资基金，对农业转移人口创业项目择优扶持。同时积极做好省内异地就业，推进"一县一品牌"建设，提高劳动者就业能力。2023 年，全省新增农村劳动力转移就业 40 万人。

在公共文化服务方面，河南省致力于确保进城农民能够平等享受丰富多样的公共文化服务，提升他们的生活质量和文化素养。河南省制定了《河南省公共文化服务保障促进条例》，旨在加强公共文化服务体系建设、丰富人民群众精神文化生活，为进城农民平等享有公共文化资源提供法治保障。河南省组织群众性文化活动，丰富进城农民的文化生活，提高他们的文化参与度和满意度；推进城乡公共文化服务体系一体化建设，确保进城农民与城市居民享有均等的公共文化服务；通过完善公共文化服务体系，保障包括进城农民在内的所有居民享有基本公共文化服务；通过公共文化设施建设和服务提供，丰富群众文化生活，提高文化服务的普及性和便利性。

在公共卫生服务方面，为加快推进基本公共卫生服务均等化，河南省努力实现公共卫生服务在内的基本公共服务对常住人口的全覆盖，把农业转移人口和其他常住人口纳入社区卫生服务体系，重点做好未落户常住人口健康档案、健康教育、预防接种、传染病防控等基本公共服务和孕产妇及儿童健康管理工作。河南省加大基本公共卫生服务经费投入，改善基础设施，如疾病预防控制机构、卫生监督机构、传染病医疗救治网络等，确保城乡居民享受公平可及的基本公共卫生服务。完善城乡居民基本医疗保险和大病保险制度，实现基本医疗保险关系的接续和转移，以及异地就医结算。在一些县开展政府购买基本公共卫生服务试点工作，形成"政府购买、服务同质、合同管理、乡村一体、绩效支付"的服务模式。

在社会养老服务方面，河南省公布《城乡养老保险制度衔接暂行办法》，河南省城镇职工养老保险和城乡居民养老保险实现互转，将持有居住证人口纳入流动地基本养老保险范围，适时调整最低生活保障标准，逐步将符合城市低保准入条件的农业转移人口纳入城镇养老服务范围。河南省人民政府拟定《关于建立城乡居民基本养老保险制度的实施意见》，完善社会统筹与个人账户相结合的制度模式，巩固个人缴费、集体补助、政府补贴的资金筹集方式，完善待遇支付政策，建立激励机制和基础养老金正常调整机制，确保城乡居民养老保险制度的公平性、统一性和规范性，提高管理效率和服务水平，保障参保居民的基本生活。

三　强化住房和教育牵动

河南省在住房和教育方面为农业转移人口提供了更多的支持和保障，加快了他们的市民化进程，增强了他们的获得感和幸福感。2014 年 12 月，河南省人民政府制定《河南省全面建成小康社会加快现代化建设战略纲要》，突出强化"一基本两牵动三保障"，坚持产业为基、就业为本、住房和就学牵动，完善社会保障、农民权益保障、基本公共服务保障，推动具备条件有意愿的农业转移人口落户城镇，加快农村人口向城镇转移，全面实行城乡统一的户口登记制度，积极提升基本公共服务供给，为未落户的常住人口提供更加均等化的基本公共服务，扩大基本公共服务对常住人口的覆盖面。

在教育方面，河南省将进城务工人员随迁子女义务教育纳入公共教育体系并享受同等待遇，确保他们应入尽入，平等接受教育。全面清理取消不合规随迁子女入学证明材料及其时限要求，简化入学流程，确保随迁子女能够无障碍入学；促进教育资源均衡分配，通过义务教育集团化办学、中小学教师"县管校聘"和校长"职级制"改革，统筹区域内教育资源，采取"名校+薄弱校""名校+新建校"等模式，提升教育质量；加大财政投入，确保教育经费支出随义务教育阶段学生人数的增加而增加，提高教育公共服务水平。河南省还针对农业转移人口开展职业技能培训和职业教育，提高他们在城市稳定就业的能力，实施"学历证书+职业技能等级证书"制度。

在住房保障方面，把符合地方政府规定的保障性住房条件的农业转移人口纳入城镇住房保障体系覆盖范围。2017 年，河南省人民政府办公厅印发的《关于实施支持农业转移人口市民化若干财政政策的通知》指出，深入实施保障性安居工程，把符合条件的农业转移人口纳入城镇住房保障体系，与城镇居民同等享有政府提供的基本住房保障权利。省财政厅在安排保障性安居工程资金时，将各地吸纳农业转移人口和实际进城落户人口数量作为测算分配的考虑因素，特别是对城中村、城镇棚户区等改造任务重的地方给予重点支持。

第三节　成本分担机制逐步健全

农业转移人口市民化成本分担机制是指在农业转移人口转变为城市居民身份的过程中，涉及的各种成本由政府、企业和个人三方共同承担的制度安排。政府承担的公共成本，即政府需要为农业转移人口提供基本公共服务，包括教育、医疗、住房、就业、社会保障等，这需要政府投入相应的财政资金，构成了农业转移人口市民化的公共成本。企业在吸纳农业转移人口就业时，需要为他们缴纳社会保险费用，并提供必要的职业技能培训，这些支出构成了企业在农业转移人口市民化过程中的成本。农业转移人口在市民化过程中需要承担一定的生活成本，如住房租金或购房成本、日常生活消费、部分社会保险费用等，这就是个人承担的成本。

2014 年，河南省人民政府印发的《关于深化户籍制度改革的实施意见》指出，建立完善农业转移人口市民化成本合理分担机制。建立健全由政府、企业、个人共同参与的农业转移人口市民化成本分担机制。政府承担农业转移人口市民化在义务教育、就业服务、基本养老、基本医疗卫生、计划生育、保障性住房以及市政设施等方面的公共成本。企业要依法为进城落户农业转移人口职工缴纳职工养老保险、医疗保险、工伤保险、失业保险、生育保险、住房公积金等，落实同工同酬制度，加大技能培训服务力度。鼓励进城落户农业转移人口积极参加城镇社会保险、职业教育和技能培训等，提升融入城市社会的能力。建立完善财政转移支付同农业转移人口市民化挂钩机制，加大财力均衡力度，保障市、县级政府为进城落户农业转移人口提供基本公共服务的财力。

2017 年 3 月，河南省人民政府办公厅印发《关于实施支持农业转移人口市民化若干财政政策的通知》，要求建立健全支持农业转移人口市民化的财政转移支付制度。完善财力性转移支付办法，对于吸纳农业转移人口和进城实际落户人口较多且各项民生支出缺口较大的财政困难县级政府应给予财力倾斜保障。省财政厅建立农业转移人口市民化奖励机制，奖励资金根据农业转移人口实际进城落户情况、各地提供的基本公共服务水平情况，向吸纳农业转移人口较多地方和中小城镇倾斜，鼓励农业转移人口就地城镇化，防止劳动力人口外流。支持完善统筹城乡的社会保障体系，社会保障体系是居民安居乐业的基础，应完善城乡居民基本养老保险补助政策，尽职尽责，按照相关政策保障到位，做好将持有居住证人口纳入流入地基本养老保险工作，应对人口老龄化，各地应负责落实缴费补贴和待遇发放政策，让农业转移人口在内的城镇居民老有所依。河南省还建立激励和约束机制，鼓励和支持企业参与农业转移人口市民化，通过税收优惠、财政补贴等手段，加大对企业的扶持力度，减轻企业负担，激励企业和个人参与成本分担，强调企业也应加强自身管理、提高人力资源开发和利用效率。

第四节　进城落户农民的农村权益
得到有效保障

进城落户农民的农村权益保护是中国农村土地政策的重要组成部分，关系到农民的切身利益和新型城镇化质量。为保障进城落户农业转移人口合法权益，重点维护进城落户农业转移人口的土地承包经营权、宅基地使用权、集体收益分配权等原有权益，河南省出台了一系列政策制度，进行了一些积极有益探索，旨在平衡农民进城落户的需要与农村土地资源的有效利用，确保农民在享受城市生活便利的同时，其在农村的合法权益不受影响。

一　完善农村土地所有权、承包权、经营权"三权分置"

党的十九大提出，保持土地承包关系稳定并长久不变，第二轮土地承包到期后再延长三十年。河南省在土地承包经营权和土地经营权方面做了一些改革，出台了一系列政策文件，确保进城落户农民的土地承包权、宅基地使用权、集体收益分配权得到保障，让农民进城落户后，在一定时期内可以保留其在农村的土地承包经营权和宅基地使用权，切实保障了农民权益，促进了农业现代化和农村经济的持续健康发展。

2015 年 3 月，河南省人民政府办公厅印发《关于开展农村土地承包经营权确权登记颁证工作的实施意见》，指出土地承包经营权确权要坚持以确权确地为主，总体上要确地到户，从严掌握确权确股不确地的范围，坚持农地农用。对农村土地已经承包到户的，都要确权到户到地。在经济发达地方、城市近郊区，因实行土地股份合作、纳入城市发展规划、土地很少且地界早已打乱等原因不能确权确地到户的，要严格按照省有关部门制定的确权确股不确地的条件和程序，在农民群众自愿的基础上做出决定，切实保障农民土地承包权益，不得违背农民意愿，行政推动确权确股不确地。

2017年9月，河南省委办公厅、省人民政府办公厅印发了《关于完善农村土地所有权承包权经营权分置办法的实施意见》，为河南省探索"三权分置"配套改革、充分发挥"三权"各自功能和效用明确了目标任务。农民集体是土地集体所有权的权利主体，应充分发挥土地集体所有的优势和作用，引导集体经营性土地开发利用；严格保护农户承包权，任何组织和个人都不能取代农民家庭的土地承包地位，不论经营权如何流转，不得违法调整农户承包地，不得以退出土地承包权作为农民进城落户的条件，不得强制农民进城上楼；加快放活土地经营权，建立土地经营市场，发挥土地资源的经济价值，支持新型经营主体提升地力、改善农业生产条件、依法依规开展土地经营权抵押融资，变资源为资金，变资金为资本，鼓励采用土地股份合作、土地托管、代耕代种等多元化经营方式，建立城乡统一的土地要素市场，探索更多放活土地经营权的有效途径。

2018年1月，为加快郑州国家中心城市建设，郑州市人民政府印发了《关于完善农村土地所有权承包权经营权分置办法的实施意见》，从坚持集体所有权、稳定农户承包权、放活土地经营权三个方面来进行部署安排。一是强调坚持农村土地农民集体所有的地位必须得到充分体现和保障。二是严格保护农户承包权，依法依规维护承包户使用、流转、抵押、退出承包地等各项权能，让承包权落到实处。三是加快放活土地经营权，重点在大力培育新型经营主体、积极稳妥发展多种形式的农业适度规模经营、建立健全农村产权交易服务体系、建立工商资本租赁农地监管和风险防范机制、进一步完善政策扶持体系五个方面提出具体的措施和办法。

2023年11月，河南省第十四届人民代表大会常务委员会审议通过了《河南省实施〈中华人民共和国土地管理法〉办法》，指出县级以上人民政府及其有关部门应当依法深化农村土地制度改革，优化土地资源配置，落实集体所有权、稳定农户承包权、放活土地经营权，完善引导、规范土地经营权流转的相关制度，培育新型经营主体，促进农业适度规模经营，推进农业农村现代化，推动乡村振兴。

二　建立健全农村宅基地使用和退出补偿机制

河南省在农村宅基地使用权方面采取了一系列措施，促进了农村土地资源的合理利用，同时保障了农民的合法权益，推动了农村人口向城镇有序转移。河南省加快农村宅基地使用权确权，将宅基地上的住房等建筑物、构筑物纳入不动产登记制度建设，完成房地一体的农村宅基地使用权确权登记颁证工作。探索农村宅基地有偿退出机制，宅基地使用权所有人在有其他住宅的前提下，可以自愿将其合法农村宅基地退还或委托农村集体经济组织统一经营、租赁，以获取补偿、收益。

2021年1月，河南省人民政府印发《河南省农村宅基地和村民自建住房管理办法（试行）》的通知，规定一户村民只能拥有一处宅基地，原则上不超过三层。在宅基地申请审批方面，优先审批使用村庄空闲宅基地，严格控制新增宅基地。在尊重村民意愿的前提下，对闲置宅基地和住宅进行整理，因地制宜盘活利用，如建成开放绿地、休闲广场、公共服务和市政基础设施等。

在宅基地有偿退出机制建设方面，河南省重点从"资金库"建设、退出复垦标准、补偿方式和标准等方面抓好落实，推进宅基地有序退出，促进农业转移人口在城镇落户发展，维护农民进城的基本权益保障，使农民带资金进城，为其基本生活奠定经济基础。在探索制定河南农村宅基地有偿退出办法时，确保在尊重农民意愿的前提下进行，保障自愿退出农村宅基地的进城农民得到合理补偿。要求各地市建立农村宅基地退出"资金库"，对自愿退出宅基地且不再申请新宅基地的农民，给予一次性经济补助。退出的农村宅基地原则上复垦为耕地，耕地归村集体所有。腾退宅基地节余的集体建设用地指标，可根据国家城乡建设用地增减挂钩等试点政策规定，通过有偿交易平台流转使用。河南省允许进城落户的农村村民依法自愿有偿退出宅基地，鼓励农村集体经济组织及其成员盘活利用闲置宅基地。试点地区探索多种补偿方式，结合农民实际需要，采取永久退出、暂时退出、产权置换、货币补偿等多种方式，保障退出宅基地农户的居住权益。对于选择货币补偿的，探索通过村集体与农民自主协商、第三方评估、参照土地征收区片价格等方法，合理评估宅基地和农房价值，健全宅基地退出补偿机制。

长垣市是国家确定的农村宅基地制度改革试点县市，在国家要求建立健全"依法公平取得、节约集约使用、自愿有偿退出"的宅基地管理制度的基础上，探索宅基地有偿使用和有偿退出实施路径。针对长垣市存在的超占户数多、闲置现象多、一户多宅多、权属纠纷多和村庄布局乱等"四多一乱"问题，针对一户一宅面积超占的，一户多宅的，非集体经济组织成员收取宅基地有偿使用费、倡导房屋空闲或房屋倒塌的，实施宅基地退出策略。宅基地有偿使用费实行阶梯式收费，由村组集体负责收取，所收费用全部用于村组相关支出。超出法定宅基地规定面积的，每超 100 m²，超出部分加收 5 元/m²，针对贫困户、五保户，可经过村民会议或村民代表会议集体决议，给予减免，对超出面积大于 600 m² 的宅基地，鼓励村集体对超出未占用的部分实施有偿退出，重新为符合条件的集体成员规划新宅基地。对于集中供给的五保户用地，未经当地集体经济组织或村民委员会批准、违法建设的，宅基地划定后超过一年未建设的实施无偿退出；对于地面房屋状况良好，宅基地整宗自愿退出的，实行有偿退出。自愿退出的农户，可优先使用保障性住房，均实施有偿退出。

三　探索农村集体经营性用地产权流转和增值收益分配制度

河南省出台一系列政策，促进农村集体经营性建设用地产权流转，探索合理的增值收益分配机制。鼓励进城农民将土地承包经营权通过转包、租赁、互换、转让等方式进行流转，同时加强对农村土地经营权流转的管理与服务，建立农村土地流转市场体系。建立土地经营权规范流转服务体系，构建流转顺畅、保护严格的土地经营权市场交易体系，加快建设县级农村产权交易市场（平台），为流转双方提供服务。提供产权登记备案、信息发布、产权交易等服务。积极探索入市增值收益分配机制，在集体经营性建设用地入市过程中，综合考虑建立兼顾国家、集体、个人的土地增值收益分配机制，统筹考虑土地所有权和承包权，合理提高个人收益。河南省在增值收益分配方面存在一些问题，依据 2016 年财政部与国土资源部联合印发的《农村集体经营性建设用地土地增值收益调节金征收使用管理暂行办法》第6条第1款规定，调节金分别按入市或再转让农村集体经营性建设用地土地增值收益的20%～50%征收。长垣市参与增值收益分配的主体和比例存在一定争议，需要参考此法律法规明确规定入市增值收益分配的主体和比例。

2021年3月，河南省人民政府提出推进长垣、巩义、孟津、宝丰、新县全国农村宅基地制度改革试点，选择20个左右县（市、区）开展农村集体经营性建设用地入市试点，通过试点探路子、摸经验，推动取得一批实质性试点成果，探索实施农村集体经营性建设用地入市制度。各试点地区为打通农村集体土地直接入市渠道，制定农村集体经营性建设用地使用权入市管理办法、基准地价和入市流程。

2021年4月，河南省委、省政府发布《关于全面推进乡村振兴加快农业农村现代化的实施意见》，支持探索实施农村集体经营性建设用地入市制度。完善盘活农村存量建设用地政策，实行负面清单管理，优先保障乡村产业发展、乡村建设用地。根据乡村休闲观光等产业分散布局的实际需要，探索灵活多样的供地新方式。

2023年3月，河南省委、省政府印发《关于做好2023年全面推进乡村振兴重点工作的实施意见》，强调持续深化农村土地制度改革，引导土地经营权有序流转，发展农业适度规模经营。深化农村集体经营性建设用地入市试点。保障进城落户农民合法土地权益，鼓励依法自愿有偿转让。加强资本下乡引入、使用、退出的全过程监管，健全社会资本通过流转取得土地经营权的资格审查、项目审核和风险防范制度，切实保障农民利益。

这些政策措施的实施，有利于激活农村土地资源、提高土地利用效率、促进农村经济的发展和乡村振兴。同时，河南省通过试点探索，形成可复制、能推广的改革经验，为全面推进农村集体经营性建设用地入市提供政策支持和实践基础。

第五节　农业转移人口市民化配套
政策日益完善

农业转移人口市民化配套政策的完善有助于推动城镇化发展，保障教育、医疗、住房等基本公共服务供给，鼓励和吸引更多农村人口进入城市，提高农业转移人口的生活质量，促进区域间人口和资源的合理流动，推动区域经济均衡发展，加快实现城乡融合，促进社会公平正义和包容性增长。因此完善农业转移人口市民化配套政策具有重要的战略意义。

一 不断完善"人地钱"挂钩政策

河南省的"人地钱"挂钩政策是一系列旨在促进新型城镇化发展的政策措施，通过将城镇建设用地增加规模与吸纳农业转移人口落户数量挂钩，优化土地资源配置，提高土地利用效率，推动新型城镇化进程。

2017年3月，河南省人民政府办公厅印发《关于实施支持农业转移人口市民化若干财政政策的通知》，建立健全支持农业转移人口市民化的财政转移支付制度，加强对吸纳农业转移人口和进城实际落户人口较多且民生支出缺口较大的财政困难县级政府的财力保障，确保对财政困难地区转移支付规模和力度不减。建立农业转移人口市民化奖励机制，提高地方吸纳农业转移人口积极性，将奖励资金向吸纳农业转移人口较多的地方和中小城镇倾斜，加快农业人口向城市转移，引导农业转移人口就地城镇化，提高本地城镇化水平。

2017年11月，河南省国土资源厅、省发展改革委、省住建厅等6部门联合印发《河南省建立城镇建设用地增加规模同吸纳农业转移人口落户数量挂钩机制的实施办法》，提出实行差别化用地标准，根据城镇现有人均城镇建设用地水平，实行不同的建设用地标准。政策更加重视人的因素，以人定地，推动人口城镇化与土地城镇化协调发展。鼓励地方根据实际情况适当调整进城落户人口新增建设用地标准，幅度控制在10%以内。政策激励城镇建设用地指标向吸纳城镇新增农业转移人口较多、发展较快的地方倾斜，实现了土地和人口要素的有效挂钩。通过政策实施，河南省推动了新型城镇化综合试点改革，积累了有益经验，如濮阳、长垣农村土地制度改革试点取得了积极成效。

河南省选择新乡、洛阳和信阳三市作为省级人地挂钩试点，同时选择16个市县作为市级人地挂钩试点。试点主要内容是"两个挂钩"，一是城镇建设用地增加规模与吸纳农村人口进入城市定居规模挂钩，二是城市化地区建设用地增加规模与吸纳外来人口进入城市定居规模挂钩。在"人往哪里去，地从哪里来，钱从哪里出"等方面进行了有益探索，包括土地综合整治、节余建设用地指标流转、农民权益保障等。洛阳市作为试点城市之一，出台《洛阳市人民政府关于进一步深入开展人地挂钩政策试点工作的通知》，进一步规范节余建设用地指标的交易和有偿使用，收益要确保反哺农业和农村，复垦腾退的建设用地指标实行有偿使用，指标规模要与城镇人口增长相协调，且不得超过控制规模，指标主要用于当地工业化、城镇化用地，其中商业、旅游、娱乐、商品住宅等经营性用地必须使用该类指标。如有节余的指标，可用于跨市、县交易，价格不得低于人地挂钩指标最低保护价。腾退的建设用地指标价款收益集中到县级财政，依规扣除相关成本费用后专项用于农民拆旧补偿与建新补贴、拆旧区土地复垦、建新区基础设施建设等，具体的收益分配办法由市国土资源管理部门和财政部门共同研究制定。洛阳市的人地挂钩政策有效地保障了农民权益，缓解了城市建设用地供需矛盾，提高了城市建设用地集约利用水平。

2021 年 5 月，河南省委办公厅、河南省人民政府办公厅印发《关于促进劳动力和人才社会性流动体制机制改革的实施意见》，提出全面落实支持农业转移人口市民化的财政政策，加大财政资金支持力度，完善增加城镇建设用地规模同吸纳农业转移人口落户数量挂钩机制，促进城市吸纳人口能力，优化土地资源配置，提高"人地钱"挂钩配套政策精准度，引导农业转移人口市民化健康、可持续发展。

二 持续优化保障性住房和基础教育保障政策

党的十八大以来，河南省在保障性住房和基础教育方面政策不断优化提升，以加快推进农业转移人口市民化，通过提供适宜的住房保障条件和优质的基础教育资源，帮助农业转移人口更好地融入城市生活，提升他们的生活质量和幸福感。

2022 年 1 月，河南省人民政府办公厅印发《关于加快发展保障性租赁住房的实施意见》，将符合条件的新市民、青年人等群体纳入保障性租赁住房的对象。多渠道筹集房源、多主体投资建设，坚持"谁投资、谁所有"，鼓励利用集体经营性建设用地、企事业单位依法取得使用权的土地、产业园区配套用地、新供应国有建设用地进行建设和利用存量闲置房屋改建、改造等方式筹集房源。加大土地和资金支持，编制保障性租赁住房用地计划时实行单列，确保优先安排、应保尽保。优化租金和户型设计标准，规定保障性租赁住房的租金应低于同地段同品质市场租赁住房租金。新建和改建的保障性租赁住房，建筑面积在 70 平方米及以下的户型比例原则上不低于 70%。

2024 年 2 月，河南省委办公厅、省人民政府办公厅印发了《关于构建优质均衡的基本公共教育服务体系的实施方案》，推进义务教育学校标准化建设和师资配置优化，以满足居民对美好生活需求为目标，加快推进基本公共服务均等化，结合城乡生活圈配置要求，兼顾效率和公平原则，构建优质均衡的基本公共教育服务体系。加大教育经费保障，确保教育投入逐年递增，实现"两个只增不减"，即义务教育总投入和一般公共预算教育经费逐年递增。

三 建立健全就业和医疗等社会保障政策体系

河南省为推进新型城镇化高质量发展、加快农业转移人口市民化进程、巩固拓展脱贫攻坚成果、有效衔接乡村全面振兴，出台了一系列配套政策，旨在通过多渠道支持和保障降低人口城镇化成本，促进农业转移人口就地城镇化，提高居民的生活质量和经济收入。

在就业方面，河南省不断扩大社会就业服务范围和提升就业服务质量，完善就业政策法规咨询、职业介绍、职业指导等就业服务体系，为农业转移人口提供更多就业机会和更好的就业服务。加强就业服务体系建设，完善就业失业登记管理制度，建立公共就业服务综合信息服务网络和提供机制，提供就业需求和企事业单位用人计划对接服务，最大限度地提高实际就业率。开展职业培训与技能提升，整合劳动力培训计划，实施全民技能振兴工程，提供政府职能培训服务补贴。鼓励有技术能力和经营能力的农业转移人口自主创业，为他们提供创业培训、项目扶持、担保贷款及财政贴息等创业扶持政策。2023 年，河南省城镇新增就业人员 119.32 万人，城镇失业人员再就业 28.36 万人，新增农村劳动力转移就业 48.97 万人，新增返乡入乡创业 18.77 万人。

在医疗方面，河南省在推动农业转移人口市民化过程中，为扩大医疗服务的覆盖面并提高质量，实施了一系列措施以确保农业转移人口能够享受与城镇居民同等的基本医疗待遇服务，促使其更好地融入城市生活。为落实基本公共卫生服务均等化，将农业转移人口纳入当地社区公共卫生服务体系，免费提供健康教育、妇幼保健、预防接种、传染病预防等基本医疗卫生服务。推进乡村医疗卫生体系改革，加快健全适应乡村特点的医疗卫生体系，提升乡村医疗卫生服务能力和水平。实施县域医疗卫生服务均等化行动，推进基本医疗卫生服务均等化。推进健康乡村建设，完善城乡公共卫生设施，改善城乡健康环境。2013～2022年，河南省卫生机构由71464家增至81639家；卫生机构床位数由42.98万张增至75.09万张，增长率为74.7%；卫生技术人员数由46.91万人增至80.44万人，增长率为71.5%；每万人口拥有卫生机构床位数和执业医师数均增加66%以上。[①] 全省医疗卫生配套设施进一步完善，为农业转移人口市民化提供坚强的支撑。

---

① 资料来源：2023年《河南统计年鉴》。

第五章 新型城市建设成效显著

党的二十大报告提出打造宜居、韧性、智慧城市。新型城市是我国新型城镇化进入新时代，以人民为中心、顺应城市发展新趋势、加快转变城市发展方式、创造高品质生活的空间载体，具备宜居、韧性、创新、智慧、绿色、人文等品质。自习近平总书记于 2014 年在河南考察时提出"发挥优势打好四张牌"以来，河南结合实际、深入实践，扎实推进城市补短板、强弱项，厚植中原文化城市底蕴，守牢城市发展安全底线，着力提升城市竞争力、吸引力、凝聚力，新型城市建设取得了显著成效，有效发挥了现代化河南建设的主载体和创新引领作用。

第一节 产城融合深入推进

河南推进新型城市建设过程中，着眼城市功能突出短板、产业发展突出不足、产城发展突出矛盾，高度重视产业支撑和城市发展的辩证关系，坚持以产兴城、以城带产、产城融合、城乡一体，着力推进城市功能完善提升，加快完善优化城市产业体系，深入推动城市与产业互促共进、协调发展，极大提升了城市综合承载能力。

一 城市产业提质增效

郑州肩负当好国家队、提升国际化的国家中心城市使命，洛阳加速产业结构重塑，南阳加快优化营商环境，各区域中心城市发挥优势、突出特色，县级城市和重点镇、特色村镇聚焦细分领域、夯实发展基础，河南城市产业加快发展。

现代化产业体系完善提升。着眼基础零部件、基础元器件、基础材料、基础工艺、基础软件"五基"强化，着力新基建、新技术、新材料、新装备、新产品、新业态"六新"突破，河南加快"7+28+N"现代化产业体系（新材料、新能源汽车、电子信息、先进装备、现代医药、现代食品、现代轻纺 7 个万亿元级产业集群，超硬材料等 28 个千亿元级重点产业链，纳米材料、合成生物等多个专精特新细分领域）构建，已经形成以现代农业为基础，先进制造、现代文旅、枢纽经济加速崛起的现代产业发展格局。

生产活力充分展现。截至 2023 年，河南粮食产量连续 7 年稳定在 1300 亿斤以上，油料、食用菌产量全国第一，蔬菜、禽蛋产量全国第二；经营主体超过 1100 万户，居全国第四位，规上工业企业 2.5 万家。牧原、双汇等全球独占鳌头，宇通客车、中铁盾构、超聚变服务器成为中国制造的亮丽名片，蜜雪冰城、锅圈食汇等新锐异军突起，《唐宫夜宴》成为现象级文旅名片，"行走河南，读懂中国"凝聚"老家河南"吸引力。

综合实力显著提升。2013~2023 年，河南省地区生产总值从 3.21 万亿元增加到 5.91 万亿元，人均地区生产总值从 3.42 万元增加到 6.01 万元，三次产业结构从 12.6∶55.4∶32.0 调整为 9.1∶37.5∶53.4，常住人口城镇化率从 43.8% 提升至 58.08%。[①] 2023 年，全省五大主导产业、战略性新兴产业、高技术制造业增加值占规模以上工业增加值的比重分别达到 46.8%、25.5% 和 14.7%，对产业和经济社会发展支撑作用凸显。[②]

城市实力快速跃升。2013 年，地区生产总值超过 3000 亿元的城市只有郑州市和洛阳市，分别为 6201.85 亿元和 3140.76 亿元；2023 年，郑州市地区生产总值达到 1.36 万亿元，有 8 个省辖市地区生产总值超过 3000 亿元。2021 年郑州市常住人口突破 1200 万人、地区生产总值超 1.2 万亿元、人均地区生产总值超 10 万元，洛阳市和南阳市地区生产总值也分别在 2019 年和 2021 年超过 5000 亿元和 4000 亿元。[③]

二　城市功能日益完善

顺应城市发展规律，聚焦生产发展和居民生活需要，河南加快发展城市消费，持续提升中心城市发展能级、县级城市发展品质，城市功能明显

[①] 资料来源：《2013 年河南省国民经济和社会发展统计公报》《2023 年河南省国民经济和社会发展统计公报》《河南统计年鉴》。

[②] 资料来源：《2023 年河南省国民经济和社会发展统计公报》。

[③] 资料来源：2013~2023 年郑州市、洛阳市、南阳市国民经济和社会发展统计公报。

提升。

城市魅力不断释放。河南推动商旅文体融合、线上线下结合，深入推进郑州、洛阳国际消费中心城市建设，积极开展南阳等区域消费中心城市建设，持续增强集聚全球要素、配置全球资源能力，不断提升链接区域生产要素、匹配区域消费需求的能力，持续优化城市消费布局、提升城市消费品质、激发城市消费活力，展现河南城市生活魅力，增强河南城市生活吸引力。城市商业体系持续提升。郑州培育形成 10 个大型商圈，二七商圈入围全国示范智慧商圈；鹤壁、商丘、洛阳国家级一刻钟便民生活圈试点扎实推进；全省建成 104 家品牌消费集聚区，丹尼斯大卫城、胖东来、正弘城、"只有河南·戏剧幻城"、洛邑古城等成为时尚消费打卡地。县域商业体系加快建设，打造 12 个全国领跑县、45 个省级示范县，这些县城在促进县乡消费和农产品上行方面发挥了引领带动作用。沉浸式、体验式、互动式消费场景多元化、个性化发展，培育形成了南阳"宛美消费"、开封"汴地有礼"、平顶山"约惠鹰城"、洛阳"古都夜 8 点"等一批地方特色消费品牌，推出许昌、安阳、鹤壁、三门峡、焦作等"特色消费地图"及吃喝玩乐购一"图"索引精准消费攻略。2013～2023 年，河南省社会消费品零售总额从 1.24 万亿元增加至 2.60 万亿元。

城市发展能级品质持续提升。河南相继出台专门指导意见，支持郑州国家中心城市和洛阳、南阳副中心城市建设，郑州国家中心城市功能结构持续优化、综合实力显著提升。核心带动作用持续增强，洛阳中原城市群副中心城市和南阳省域中心城市作用初步显现。据初步核算，2023 年郑州、洛阳、南阳三个中心城市地区生产总值合计达到 2.37 万亿元，占全省 40.0%；城镇常住人口合计达到 2022.8 万人，占全省 35.5%，经济辐射带动作用和集聚人口作用明显。河南印发《中共河南省委 河南省人民政府关于推进百城建设提质工程的意见》《河南省深入实施百城建设提质工程推动城市高质量发展三年行动计划》等一系列文件，准确把握县城功能定位，发展壮大特色优势产业，完善公共基础设施，提高公共服务水平，接力推动县级城市扩容提质、分类发展、特色发展，县级城市面貌极大改善，综合承载能力持续提升。兰考、鄢陵、新安、南乐、新郑 5 个全国县城新型城镇化建设示范县（市）改革试点持续深化，长垣、禹州、固始、邓州等向中等城市发展目标积极迈进，长垣医疗器械、中牟汽车制造及后服务、林州建筑等成为全国细分行业、细分领域佼佼者。

三 产城关系更加协调

河南高度关注城镇化和工业化过程中产城协调问题，坚持以人为核心、产城融合发展理念，因地制宜、顺势应时，强化规划导向、交通导向、资源导向，持续推进开发区完善城市功能，加快推动城市优化提升产业布局，推动形成生态生产生活"三生融合"、宜居宜业宜创"三宜共生"城市格局。

一是城市新区、开发区基础设施和公共服务体系持续完善，由单一生产功能向城市综合功能转型。河南在城市新区、开发区建设发展中，高度重视基础设施和公共服务体系建设，在规划中注重"多规合一"，在建设发展中突出生活、商务、生态功能统筹布局，注重道路、环保、市政、地下管网、公共服务基础设施的合理布局和逐步提升。信阳豫东南高新区在规划起点上就突出产城融合，强调城市组团建设功能完备、"三生融合"、职住平衡的规划建设理念，以实现"以产聚人、以人兴城、产城联动"发展愿景。郑州市经开区坚持基础设施、生态环境、公共服务先行，加快推进核心板块内道路、桥梁、生态水系等基础设施建设，全面推进以教育、医疗为重点的公共服务设施建设，构建内部畅通、外部通达的交通体系，打造水清河美、人水和谐的生态景观，城市宜居宜业水平进一步提升。平顶山市城乡一体化示范区注重以城市品质提升吸引人口集聚，围绕完善公共设施、提升环境容貌、推进城市建设改造重点工作，加快构建城乡新发展格局和功能体系，推动教育、医疗、文化、旅游、体育等公共服务各类资源要素统筹配置。社旗县产业集聚区在建设中逐步完善职业高中、中小学校、幼儿园、医院、汽车站、保障性住房、广场游园等功能性设施，3年实现园区就业人数达到1.9万人。位于信阳市羊山新区北部的信阳国际家居产业小镇，总规划面积15.16平方公里，总概算投资350多亿元，在规划之初就设计了包括园区社会、市政设施在内的产城融合功能区。

二是城市产业向创新型、高端化、服务化迈进。科学实施旧城改造、城市更新，大力发展楼宇经济、总部经济、会展经济、消费经济、创新产业，积极推进中心城市、中心城区落后产业有序疏散，推动城市产业提档升级、优化布局，使城市产业发展与人才引进、人口集聚更加协调。郑州中原区作为老工业区，其工厂企业、科研院所等资源积淀深厚，在充分发挥优势的基础上，把握产业、城市发展规律，以城市更新项目为抓手，在老城区、老厂区实施"腾笼换鸟"，鼓励传统制造业企业"退二进三"，建设孵化器、加速器、双创中心，加快转型升级、新旧动能转换，芝麻街1958双创园、二砂文化创意园在全市率先开园，提升了郑州知名度、引领力。金水区把握产业发展脉络、城市更新方向，大力发展新经济、新产业、新业态，孵化了以 UU 跑腿、蜜雪冰城、锅圈食汇等为代表的平台经济，引入了中钢网、科大讯飞等一批行业领军企业，丹尼斯大卫城、正弘城、农科路酒吧街等成为郑州夜经济、时尚消费热辣滚烫的新密码，郑州记忆·油化厂创意园火爆出圈，国际金贸港、金科智慧岛产业园区、遇见山海文旅综合体等城市更新项目持续推进，2023 年金水区实现地区生产总值 2000亿元的历史性突破，晋级全国高质量发展百强区第 18 位、中国楼宇经济（总部经济）标杆城区第 10 位、全国创新百强区第 8 位、全国投资竞争力百强区第 9 位。洛阳老城区实施"文旅强区"战略，全区上下"大抓文旅、抓新文旅"，以颠覆性创意打造穿越场景、以沉浸式体验丰富文旅业态、以年轻化消费激发市场活力、以移动端传播构建营销格局，"汉服+洛邑古城"走出河南、火爆出圈、初步成势，老城区获评"全省文化和旅游消费示范区"，洛邑古城被中国旅游协会推介为 2023 年全国八大旅游产品创意案例之一。南阳卧龙区依托城市更新，着力打造卧龙岗文化园、360 商业综合体，努力构建武侯遗风环线和白河游船观光线，联袂打造南阳未来新的商贸文旅产业高地。

三是中心城区与新城区、开发区有机互动，城镇区域与开发区等有机互动、协调发展。郑州市着眼国家中心城市建设和郑州都市圈建设需要，立足特大城市特点，加快推进城市和城际立体化交通体系建设，"两环多放射"高速公路路网格局建成，实现"都市圈 1 小时通达、市域范围内 15 分钟上高速"；轨道交通"米字+环线"轨道交通线网布局正式成型，迈入大规模网络化运营阶段；郑许市域铁路开通、郑开城际延长线工程进展顺利，城市各组团间、城际之间联系更加紧密；郑州航空港经济综合实验区深入推进与新郑市等城市的产业联动、功能互补，强化核心区、联动区与协同区规划融合、交通互联、产业协同、服务共享，实现联动发展、一体发展，加快形成产城融合新格局。长垣市科学处理产业与城市发展的空间关系，统筹城市建设和产业发展、城市功能布局与产业分工布局有机衔接，加快优化主城区与产业集聚区功能布局，全面实现产业集聚区与城区之间路网、供水、供气、公交、污水处理、环卫、绿化、亮化、公共服务"九个一体化"的无缝对接，积极推进职住平衡，前瞻性、差异化布局一批人才公寓、商业、物流、文化、会展、教育、医疗等生活服务配套设施，形成以城区为核心，特色装备制造产业园区、健康产业园区、防腐蚀及建筑新材料产业园区、城市商务中心区"四区"依托环绕的发展格局。洛阳市深入研究孟津与吉利并区后产城关系、城市功能布局和融合发展路径，坚持南北两区"拥河发展"，形成"一城两区"融合发展新格局，提升基础设施、公共服务、人居环境一体化水平。内乡县按照"以城镇建设为平台，以产业集聚区建设为载体，着力提高平台要素集聚力、吸引力和承载力"的大城建发展思路，着力构建"一主五副多点"城镇体系，加速推进产城互动发展。

四　试点实践有效实施

自 2015 年国家发展改革委提出开展产城融合示范区建设以来，河南以济源产城融合示范区和洛阳、开封等产城融合试点市为实践重点，结合各地自主探索产城融合方式，扎实推进产城融合试点，取得明显成效。

2017 年 6 月，济源获批国家级产城融合示范区，坚持以"人的城镇化"为核心，按照工业强市、旅游富民、产城融合、城乡一体的发展思路，落实 30 多项国家级、省级改革试点任务，产业转型升级、城乡建设、民生事业实现突破性发展，持续深化改革，积极探索实践。经济总量连续突破 600 亿元、700 亿元，2023 年达到 788.61 亿元，接近 800 亿元的新临界点；2023 年，济源常住人口城镇化率达到 69.07%，济源居民人均可支配收入达 35963 元，城乡居民人均收入差距缩小到 1.62：1，在全省保持较高水平。济源深入实施"332"千百亿元产业集群培育工程、扎实开展"十百千"企业培育提升行动，工业化水平超过 70%，有色金属产业成为首个千亿元级循环经济产业集群，特种钢跻身中国优特钢第一方阵，省级以上创新平台已达 122 家。沿太行高速济源至焦作段、沿太行高速西延、沿黄高速、济源至新安高速等加快施工，智慧城市数据中枢平台建成投用，老旧小区、棚户区、城中村改造加快实施。森林覆盖率达 45.58%，黄河主河道济源段水质常年评价为"优"，居民出行"300 米见绿、500 米见园"。

各地结合实际、发挥优势，产城融合成效明显。洛阳坚持把产业高质量发展作为主攻方向，贯彻落实供给侧结构性改革，充分发挥制造业基础优势，着力推动传统优势产业改造升级，深化自创区、自贸区、高新区"三区融合"，加快创新驱动发展，持续深化改革开放，推进营商环境优化，经济实力、产业转型、科技研发、对外开放等得到明显提升。开封按照开放创新、简政放权、放管结合、优化服务的原则，以打造国家产城融合示范区、中部地区体制机制改革创新先行区、郑开同城化先行示范区为目标，坚持以现代职业教育为抓手，以"产城教研融合、园城校所共享"为理念，整体打造郑开同城化南部先行示范区，着力引进优质科研院所、高职院校、高端产业，一体化构建形成产城融合发展体系。

第二节　绿色发展全面深化

河南坚持以习近平生态文明思想为指导，深入学习贯彻党的二十大精神，认真贯彻习近平总书记视察河南重要讲话指示精神，全面落实党中央、国务院和省委、省政府关于生态文明建设的有关部署，统筹推进高质量发展和高水平保护，协同推进降碳、减污、扩绿、增长，持续探索生态大省、绿色强省的新型城市建设发展新路子，城市生态环境质量明显改善，城市生态、发展和城市生活绿色化水平持续提升。

一　城市环境明显改善

河南坚持打好"蓝天""碧水""净土"保卫战，通过印发一系列文件，实施生态文明建设目标评价考核和责任追究、环境保护"党政同责"和"一岗双责"等制度，以及河湖长制、林长制、生态补偿制度，出台35部生态环境地方性法规，制定（修订）26项生态环境地方标准，推进生态环境保护精细化管理，生态环境持续好转，城乡生态宜居水平持续提升。

一是主要指标呈现良好态势。2023年，大气、水、土壤环境主要环境指标良好。全省$PM_{2.5}$年均浓度45.3微克/米^3，优于国定目标；PM_{10}年均浓度73.8微克/米^3，优于省定目标；优良天数248.1天，较国定目标多5.7天，三项指标改善幅度均居全国前列。河南省坚持"增好水"、着力"治差水"、坚决"守饮水"，2021～2023 年，在国家考核的 160 个地表水水质监测断面中，优良水体比例从 79.9% 提高到 83.0%，消除了劣 V 类水质断面，受国家考核的 62 个城市集中式饮用水水源地取水水质全部达到考核要求。受污染耕地、重点建设用地安全利用率以及地下水质量稳定达到国家任务要求。

二是重要环境指标得到有效巩固提升。2023 年，河南省生态质量指数（EQI）值为 55.22，生态质量等级为"二类"。完成丹江口水库 529 个排污口溯源，64 个水源保护区水质安全隐患整治，南水北调中线工程水源地丹江口水库陶岔取水口及总干渠河南出境水质稳定保持在 II 类及以上。河南省坚持分类"管"、精准"控"、源头"防"，农用地土壤环境质量保持良好，重点建设用地安全利用得到有效保障。在全国 168 个重点城市空气质量变化排名中，同比改善排前 20 位的城市中河南占 9 个（分别为漯河市、驻马店市、鹤壁市、平顶山市、南阳市、新乡市、开封市、濮阳市、焦作市）。

三是部分居民感受明显、反映集中的环境问题得到有效解决。以城乡黑臭水体整治消除为引领，深入推进入河排污口排查整治，全面统筹城市更新、基础建设，推动不稳定达标河流水质改善向好。截至 2020 年底，河南省完成省辖市城市建成区 144 处黑臭水体治理任务，2023 年已全面消除省辖市建成区黑臭水体。郑州市针对周边居民反映强烈、油烟排放举报频发的餐饮服务单位，限期安装在线监控系统，实行重点监控，采取多种措施，努力消弭扰民因素。

四是加快创新实践。郑州市、开封市、洛阳市、鹤壁市入选全国区域再生水循环利用试点城市，为全国再生水循环利用探路寻径。郑州市在管理层面实现全国"三个率先"（率先联合印发地下水污染防治重点区划定方案，率先完成县级及以上集中式地下水饮用水水源补给区范围划定，率先将土壤、地下水环境监管重点单位纳入执法检查计划），形成可复制、可推广的水环境治理"郑州模式"。河南省在全流域率先实施《河南省黄河流域水污染物排放标准》，持续提高黄河流域水质水平。

二　城市生态有效提升

河南高度重视城市生态系统建设，突出抓好增加绿地、畅通风道、完善水系、保护湿地，着力打造绿量适宜、布局均匀、网络完备、结构合理、功能完善、稳定高效的城市生态系统，城市扩绿增湿成效明显，相关产业发展有序，生态文明创建取得明显成效。

一是城市扩绿增湿成效明显。河南大力开展园林城市建设，指导各地完成城市绿地系统规划编制。截至 2022 年底，河南城市建成区绿地面积 12.51 万公顷，拥有城市公园个数 681 个，人均公园绿地面积 15.6 平方米，比上年增加 0.52 平方米，做到城市建成区"300 米见绿、500 米见园"，有效解决群众身边公园绿化活动场地不足的问题。截至 2023 年底，郑州市建成区绿化覆盖率已达 41.6%，建成各类公园游园 1200 个，人均公园绿地面积 15.3 平方米，成为长江以北唯一获评"国家生态园林城市"的省会城市。① 洛阳连续开展冬季绿化精细化管理"百日会战"、春季绿化集中行动等，对市区 200 余条道路、公园游园、街角绿地的绿化进行微改造，形成春有花、夏有荫、秋出彩、冬有绿的高品质城市绿化景观。郑州北龙湖经土壤修复和湿地改造后形成的龙湖湿地公园，成为疣鼻天鹅的美丽家园，中牟县黄河湿地自然保护区大鸨成群，西流湖公园百鸟共生，高新区沉沙池野鸭戏水；三门峡黄河湿地范围内，每年到此越冬的白天鹅近 2 万只，"鸟中大熊猫"黑鹳以及白琵鹭、骨顶鸡等珍稀禽类成了这里的常客，三门峡市天鹅湖国家城市湿地公园让这座城市变成了国内外闻名的天鹅城。

二是相关产业发展有序。河南加快拓展生态产品价值实现渠道，扩大生态产品有效供给，推进绿色富民。豫西苹果、信阳茶叶、济源核桃、西峡猕猴桃、光山油茶、新郑内黄大枣、荥阳河阴软籽石榴、林州花椒等特色农产品，富了民众腰包、擦亮了城市名片；开封菊展、洛阳牡丹花会、南阳月季展、周口荷花节、鄢陵花博会每年都吸引大量国内外游客前来观光，成了展示城市特色的文化符号。

三是城市生态创建取得突破性进展。许昌、洛阳、郑州等 16 个省辖市（示范区）获得国家森林城市称号，巩义市、长垣市、新密市等 38 个县（市）获得省级森林城市称号。河南省共有 7 个县（市）被国家命名为"绿水青山就是金山银山"实践创新基地，19 个县（市、区）被命名为国家生

① 张建新、王延辉：《高昂龙头挑大梁（改革开放的河南实践之郑州篇）》，《河南日报》2023 年 11 月 21 日。

态文明建设示范区，45 个县（市、区）获得省级生态县命名。已创建成功的国家生态园林城市 2 个、国家园林城市 31 个，实现了省级园林城市全覆盖；郑州、许昌、洛阳、焦作、南阳等通过水利部验收，成为国家水生态文明城市。

三　城市发展低碳循环

河南省在城市发展中积极践行"双碳"目标，把绿色低碳和节能减排摆在突出位置，以资源的高效和循环利用为核心，推动城市绿色低碳发展，取得积极成效。

一是以能源革命为牵引，落实"双碳"目标。河南省印发《河南省人民政府关于加快建立健全绿色低碳循环发展经济体系的实施意见》《河南省碳达峰实施方案》等一系列文件，坚持先立后破、节约优先、安全降碳，注重源头治理，全面建立碳达峰"1+N"政策体系，推进能源低碳转型发展等 13 个专项行动，深化碳达峰试点、用能权有偿使用和交易试点，加快推动产业结构、能源结构、交通运输结构调整，河南省城市发展低碳化发展取得突破性进展，"双碳"目标取得积极成效。2023 年，河南省可再生能源发电装机容量由 2019 年底的 2256 万千瓦增长至 2023 年底的 6776 万千瓦，煤电装机占比降至 50% 以下，可再生能源发电装机历史性超越煤电，其中风光装机规模居全国第五、中部六省第一；全省可再生能源发电量近 1000 亿千瓦·时，约占全社会用电量的 1/4。加快推动洛阳洛宁、信阳五岳等抽水蓄能电站建设，建成投产南阳天池抽水蓄能电站项目，出台新型储能发展支持意见，编制印发氢能产业发展规划，建设郑汴洛濮氢走廊，构建绿色氨醇零碳产业体系，打造千亿元级能源高端装备产业集群。截至 2024 年 6 月，累计培育国家级绿色工厂 249 家、绿色工业园区 19 个、绿色供应链示范管理企业 34 家、工业产品绿色设计示范企业 22 家；省级绿色工厂 630 家、绿色工业园区 36 个、绿色供应链示范管理企业 72 家、绿色设计产品 75 项、工业产品绿色设计示范企业 22 家。[1] 2022 年 8 月，信阳市成为河南省唯一成功入选首批"国家气候投融资试点"名单的城市；2023 年 12 月，新乡市、信阳市入选碳达峰试点城市。

---

[1] 卫静：《我省发布年度省级绿色制造名单》，《河南工人日报》2024 年 7 月 24 日。

二是以"无废城市"建设为依托，推进循环发展。开展"无废城市"建设，是从城市整体层面深化固体废物综合管理、加快实现循环发展、推动可持续发展和绿色崛起的重要抓手，河南省高度重视相关工作。2019年，许昌市作为全国11个试点单位之一，在全省率先开展"无废城市"创建；进入"十四五"时期，河南省有12个省辖市和3个县积极申报国家"无废城市"，同时郑州市、洛阳市、许昌市、三门峡市、南阳市、兰考县等市县成功入选国家"十四五"时期"无废城市"建设名单。2023年2月，《河南省"十四五"时期"无废城市"建设工作方案》印发，系统部署、高效推进河南"无废城市"建设。2023年，新增省级以上绿色工厂和工业园区198个，规上工业单位增加值能耗下降4.5%，85家矿山纳入国家绿色矿山名录。河南省唯一GDP超万亿元、人口超千万人的特大城市郑州市建成区生活垃圾分类小区覆盖率98.6%，生活垃圾回收利用率38.2%，无害化处理率100%，建成"无废公园""无废学校""无废医院"等城市"无废细胞"约260个，"无废"特大城市中原样板初具规模。[①]

三是推进城市生活垃圾分类，垃圾分类覆盖率加快提升。河南省成立省级生活垃圾分类工作领导小组和市级生活垃圾分类工作领导小组，印发《河南省生活垃圾分类管理制度实施方案》等一系列文件，协同推进生活垃圾分类工作。2022年，河南省人民政府发布了《河南省城市生活垃圾分类管理办法》（2022年1月5日河南省人民政府令第209号），郑州市、平顶山市、新乡市、许昌市等省辖市均出台了《城市生活垃圾分类管理办法》，鹤壁市出台了《鹤壁市城市生活垃圾管理办法（暂行）》《鹤壁市城市餐厨垃圾管理办法（暂行）》，濮阳市出台了《城市生活垃圾处理费征收管理办法》，安阳市、焦作市、漯河市、南阳市、商丘市、周口市、驻马店市等在《城市市容和环境卫生管理条例》中对垃圾分类管理监督工作进行了明确分配，洛阳市《洛阳市城市市容和环境卫生管理条例》正在修订中，开封市、三门峡市、信阳市正在制订草案或征求意见中。

四是加强水资源利用，维护好城市发展生命线。水是生存之本、文明之源，是城市发展的重要生命线。河南省贯彻落实习近平总书记"节水优

---

① 裴其娟：《让生态绿色成为郑州最亮丽的底色》，《郑州日报》2023年12月20日。

先、空间均衡、系统治理、两手发力"的治水思路①，全方位贯彻"四水四定"原则，强化水资源刚性约束，加强用水总量和强度控制，精打细算用好水资源、从严从细管好水资源，取得了积极成效。2015~2023 年，河南省实现了万元 GDP 用水量从 47 立方米下降到 35.3 立方米，万元工业增加值用水量从 29.9 立方米下降到 12.3 立方米。② 农田灌溉水有效利用系数从 2015 年的 0.601 提高到 2020 年的 0.617。③ 郑州市、许昌市等 9 个城市成功创建国家节水型城市，其他缺水省辖市全部达到国家节水型城市标准，累计建成 86 所节水型高校。河南省用好再生水，2023 年全省再生水利用率达到 36.6%、全省再生水利用量达到 17.5 亿立方米，再生水正在逐步成为城市的第二水源，郑州市成为首批国家区域再生水循环利用试点城市。

四　城市生活绿色节约

绿色生活是推动实现城市绿色发展的重要一环，河南省积极完善绿色基础设施，大力倡导节约绿色生活方式，推动绿色理念进社区、进企业、进学校、进家庭。

一是积极完善城市基础设施。河南省积极开展"无废城市"创建、推动城市生活垃圾分类处理、推进建筑节能降耗，大力改善城市绿色出行条件。完善优化城市公共交通网络，鼓励绿色出行、低碳出行，新增及更新出租车中新能源汽车占比近 95%，城区公交覆盖率大幅提升，自行车道和步行道网络建设不断完善。在郑州市等 8 座城市开展公交都市创建活动，新乡市、许昌市被命名为首批国家公交都市建设示范城市。到 2022 年底，城镇新建建筑中绿色建筑面积占比达到 70%；2023 年，共设置生活垃圾分类投放点 4.6 万个，居民小区生活垃圾分类设施平均覆盖率达到 94.11%，覆盖居民用户 728 万余户，基本实现原生生活垃圾零填埋。

二是大力开展绿色宣传创建。鼓励园区、企业、社区、学校等基层单位开展绿色、清洁、零碳引领行动，组织推进绿色家庭、绿色社区、节约型机关等建设，引导干部职工及群众积极践行绿色消费、节水节能、垃圾

---

① 《论坚持人与自然和谐共生》，中央文献出版社，2022。
② 资料来源：2015 年和 2023 年《河南省水资源公报》。
③ 《河南：深入实施节水行动，破解水资源瓶颈》，中工网，2021 年 10 月 21 日，https://www.workercn.cn/c/2021-10-21/6832397.shtml。

分类等生活方式，直接参与生态环境保护实践，把建设美丽河南转化为全社会行为自觉。2023 年全省累计建设"无废机关""无废学校""无废公园"等十二大类别"无废细胞"1375 个。

第三节　智慧建设系统部署

河南省高度重视智慧城市建设在实施创新驱动、推动新型城镇化、全面建成小康社会中的重要作用，指导各地积极开展智慧城市试点，郑州、鹤壁、济源等入选国家智慧城市建设试点。2014 年，河南省成立了智慧城市规划与建设专业委员会，积累了大量实践经验。在前期实践探索基础上，着眼于统筹全省智慧城市建设、提升城市治理现代化水平现实需要，河南省先后印发《河南省促进智慧城市健康发展工作方案（2015—2017 年）》（2015 年 8 月）、《河南省人民政府办公厅关于加快推进新型智慧城市建设的指导意见》（2020 年 7 月）、《河南省数字政府建设总体规划（2020—2022年）》（2020 年 12 月）和《河南省加强数字政府建设实施方案（2023—2025 年）》（2023 年 4 月）等文件，统筹推进各项工作。各地在前期探索基础上，结合实际、因城施策、系统布局，构建起了丰富的应用场景，提升了城市治理数字化水平、方便了居民生活、支撑了相关产业快速发展、取得了积极成效。

一　基础设施完善提升

数字信息基础设施是支撑丰富新型智慧城市应用场景的基础条件，河南省大力推进数字信息基础设施建设，取得了积极进展。根据《数字中国发展报告（2021 年）》，河南省数字基础设施建设水平排名全国前 10。

一是信息网络基础设施进一步完善提升。2016 年 12 月 20 日上午，郑州国际通信专用通道正式开通运行，让郑州市拥有了通达国际互联网的直连高速通道。河南省完善"三纵三横"光缆干线网布局，持续推进河南移动、河南联通 5G 核心网大区中心建设，推动河南全光网搭建全省智慧城市的高速"神经网络"。截至 2023 年 11 月，郑州国家级互联网骨干直联点扩容总带宽达到 2720G，网内平均时延居全国第一、网间平均时延居全国第三。① 全省 10G-PON 及以上端口总数达到 114.3 万个，5G 和千兆光网实现乡镇以上全覆盖，郑州等 9 市获评全国"千兆城市"。河南联通、移动、电信公司 6 个大型数据中心建设加快推进，截至 2023 年 11 月，出口总带宽达到 68.69T。② 截至 2024 年 6 月，全省 5G 网络累计完成投资 456.7 亿元，5G 基站总数累计达到 19.97 万个，居全国第一方阵，预计 2024 年底将达 21.6 万个。

二是计算基础设施及应用基础能力进一步提升。河南省加快建设国家超级计算郑州中心，依托郑州大学搭建超算人工智能公共服务平台、数据标准公共服务平台、大数据创新人才培训基地，中原人工智能计算中心拥有每秒 10 亿亿次算力。河南省建成投用中原大数据中心、中国移动河南数据中心、中国联通中原数据基地、中国电信郑州高新数据中心等一批新型数据中心，截至 2023 年底，全省数据中心标准机架达到 13 万个。建成洛阳、新乡、漯河、许昌、安阳 5 个工业互联网标识解析二级节点，截至 2023 年底，接入 32 家企业节点，累计标识注册量 6368 万个。全国路网客户服务数据中心落地郑州，智慧高速通车里程居国内前列。

三是数字孪生基础设施深入建设。在前期各地探索基础上，2020 年河南省提出将郑州等 8 个首批省级新型智慧城市试点打造成全场景数字孪生城市，推动郑州实施"城市数据大脑"核心基础设施建设，促进济源产城融合示范区建成智慧济源时空大数据平台。推进智慧社区建设，加快许昌市魏都区国家智能社会治理特色实验基地建设，持续推动郑州市二七区人和路街道荆胡社区等 10 个省级智慧社区试点加快建设。持续开展县城智慧化改造试点，实施数字邓州、灵宝智慧城市等一批智慧县城项目，提高县城智慧化水平。

二　应用场景全面丰富

随着河南省智慧城市建设转入系统完善、体制优化阶段，智慧城市应

---

① 闫天端：《2024 中国算力大会在郑州开幕》，"大河财立方"百家号，2024 年 9 月 28 日，https：//baijiahao.baidu.com/s? id=1811416078708619344&wfr=spider&for=pc。

② 陈辉：《新时代 新征程 新伟业｜枢纽和中心的作用更加彰显——河南互联网发展观察之一》，河南省人民政府网站，2023 年 11 月 27 日，https：//www.henan.gov.cn/2023/11-27/2854088.html。

用场景进入了全面搭建、拓展的新阶段，数字化治理基础支撑更加扎实、数字化服务涵盖领域更加广泛、数字化治理水平愈加提升。

一是构建了坚实的数字化治理基座。截至 2023 年 11 月，河南省统筹整合省市各类政务云，打造了由 1 个省级政务云平台、19 个市级政务云节点、N 个部门行业云资源组成的政务云平台矩阵，已初步形成"1+19+N"政务云体系，实现了 2542 个政务信息系统上云部署，正在推进存量政务云及部门自建机房的深度整合和统一纳管；建设省市一体化政务大数据平台，按照"按需归集、应归尽归"的要求，将政务信息分类分级存入基础数据库、主题数据库和专题库，加快建立与"豫事码"对应的"一人一档""一企一档"精准画像库。

二是构建了丰富的数字化服务应用场景。截至 2023 年 11 月，河南省新生儿出生、企业开办等个人和企业全生命周期高频事项基本实现了"一件事一次办"，社保、医保、公积金查询等 7669 个事项实现了"掌上办"，涉企不动产登记等 129 个事项全省统一"免证可办""有诉即办"，群众诉求接诉响应率达 100%，连续两年在国家一体化政务服务能力评估中进入全国"非常高"组别。"豫事办""郑好办""洛好办"等省、市 App 和小程序，各类办事大厅、社区办事终端，在服务"人生大小事"、企业办事中发挥了重要作用。

三是提升了社会数字化治理水平。南阳智慧城管网格化实现了"多网合一、一网多能"、"人在格中管、难在格中解、事在格中办"和"小事不出社区、大事不出街道"的常态长效网格化城市管理新模式，经验成果荣获"2023 数字政府建设特色案例"。郑东新区智慧城市建设以"云—管—端"为基本模式，2022 年初已覆盖 1137 个 5G 基站、26 万个城市部件、2万多路视频监控、3000 多家商铺、57 个安置小区、2276 部智能电梯、161家消防重点单位系统、105 个微型环境监测站等，为城市高效、精准管理和运行提供了支撑，智慧城市管理中心项目荣获 2022 年全国数字孪生技术应用潜力案例。新密市利用"密小智"社群微治理平台，累计对社区 600 余个微社群、20 余万名城区居民完成了文明城市创建宣传推广覆盖，让共建、共治、共享理念落地生根。潢川县将数字化城市管理区域划分为单元网格 2994 个、责任网格 29 个，将城市管理类问题的发现、立案、派遣、结案四个步骤形成闭环，实现了数字化全覆盖管理。

三 数字产业加快发展

河南省在城市经济发展中，高度重视数字化赋能经济转型发展，大力实施数字化转型战略，加快数字经济核心产业培育、传统产业数字化转型，数字化引领作用凸显。

一是数字经济快速发展。2022年，全省数字经济规模突破1.9万亿元，同比名义增长10.6%；数字经济占GDP比重超过三成，达到31.5%，较上年提升1.8个百分点。其中，产业数字化规模突破1.59万亿元，同比名义增长9%，占数字经济的比重超过八成。[1]

二是数字化转型带动成效明显。截至2023年，河南在推进实现新型工业化等目标过程中，打造了7个万亿元级的模块，与18个重点产业链进行了对接，目前应用项目达到了2556个，已经渗透国民经济的18个行业大类和90个细分的行业，5G应用规模居全国第一方阵。[2]

三是数字核心产业取得突破发展。截至2023年底，全省互联网增值企业已突破1万家，总数居全国第三，拥有超聚变、黄河信产、郑州浪潮、龙芯中科中原、紫光股份等一批龙头计算企业扎根河南，在先进计算、智能终端、智能传感器等领域逐渐形成优势产业集群，初步构建形成以郑州为核心，许昌、鹤壁为重点的计算产业发展格局。

第四节 创新能力稳步提升

河南省把创新摆在发展的逻辑起点、现代化建设的核心位置，实施以创新驱动、科教兴省、人才强省战略为首的"十大战略"，城市创新的结构布局、载体体系、成果成效、体制机制等持续优化、加快提升。

一 创新格局初具形态

河南省以打造国家创新高地和重要人才中心为目标，成立省科技创新

---

[1] 《〈河南省数字经济发展报告（2023）〉发布 河南数字经济发展有何新特征》，中国新闻网，2023年11月17日，http://www.ha.chinanews.com.cn/news/toutiao/2023/1117/49715.shtml。

[2] 《新型工业化 ｜ 看见数字中原——5G智慧之花盛开河南千行百业》，"通信世界"搜狐号，2023年12月14日，https://www.sohu.com/a/744150554_128075。

委员会，统筹协调、整体推进、督促落实全省科技创新领域重大工作，高密度渐进式研究科技创新重大事项，形成"两城一谷"三足鼎立科技创新大格局。

一是中原科技城、中原医学科学城、中原农谷"两城一谷"加快推进。一体推动河南省科学院重建重振与中原科技城建设、国家技术转移郑州中心建设"三合一"融合发展，河南医学科学院、中原医学科学城、生物医药大健康产业集群形成"一院一城一产业集群、医教研产资五位一体"融合发展格局，中原农谷高端开局、立法工作有序推进。

二是强力推动"7+28+N"产业链群建设。每个产业链由1名省级领导担任链长，以1个省直部门为责任单位，以1个盟会长单位为重点依托，按照党政机关、重点企业、专家学者"三三制"共同参与原则，一体推进短板产业补链、优势产业延链、传统产业升链、新兴产业建链，逐链编制"一方案四图谱六清单"。

二　创新主体不断壮大

河南省坚持企业创新主体地位，加快促进各类要素向企业聚集，着力推动企业在创新发展中发挥更大作用。

一是推动全省规上工业企业研发活动全覆盖从"有形覆盖"向"有效覆盖"转变。截至2023年底，全省规上工业企业研发活动有研发机构、有研发人员、有研发经费、有产学研合作"四有"覆盖率从2019年的24%增长到56.19%，增幅居全国首位。

二是强化健全"微成长、小升规、高变强"创新型企业梯次培育机制。推动高校、科研院所参与企业研发活动，建设体系化、任务型、开放式的创新合作组织和利益共同体。截至2023年，依托龙头企业建设28家创新联合体，"瞪羚"企业454家，国家级科技型中小企业备案2.6万余家。《2023河南企业100强发展报告》显示，2023年河南企业100强共投入研发费用435.27亿元。

三是完善科技金融服务体系。截至2022年末，"专精特新贷"累计实现放款485.7亿元，支持企业1236家（次）；全省高新技术企业、科技型中小企业贷款余额分别为3956.9亿元、884.7亿元。成立河南省中原科创风险投资基金、河南省郑洛新国家自主创新示范区科技成果转化引导基金、郑洛新国家自主创新示范区创新创业发展基金等 3 只基金，截至 2022 年底已用基金投资 92 个项目，培育了 2 家上市企业、4 家上市在辅导企业；省级政府投资基金达到 23 支，涉及规模 2203.7 亿元。河南省成立中原再担保集团科技融资担保有限公司并将其作为省内唯一的服务科技型中小微企业、战略性新兴产业的专业化融资担保机构，截至 2023 年 3 月底，已累计支持企业突破 10000 家，在保余额 68 亿元；支持科技型中小微企业 1300 多家，在保余额 13 亿元。

四是加快发展双创载体。标准化推广"智慧岛"双创载体，全省布局 24 个智慧岛，已经实现省辖市、济源示范区和郑州航空港经济综合实验区全覆盖。建设省级以上双创孵化载体 516 家，其中国家级 153 家。北京"中关村 e 谷"等专业化双创运营团队相继被引进，1700 多位创新创业人才、1000 多家科技型企业、200 多家基金机构集聚河南，河南数字经济产业创新研究院等新型研发机构加快创新。在 2021 年国家孵化器考核中，河南省孵化器优秀评价率居全国第二。

三　创新载体日益完善

河南省主动对接、深度嵌入国家战略科技力量体系，围绕重大战略需求，整合优化全省创新资源，创新载体高水平建设，"国字号"平台载体竞相落地，实验室体系重塑优化，各类载体平台快速发展。

一是开发区高水平发展。郑洛新国家自主创新示范区改革发展成效显著，自成功获批以来，制定并落实《郑洛新国家自主创新示范区条例》，率先实施开发区"三化三制"改革，2023 年核心区地区生产总值达到 1026.12 亿元，成为全省创新驱动发展的核心增长极。高新区高质量发展取得新成效，2024 年 1 月，全省培育建设高新区总数增至 66 家，其中国家高新区 9 家，居全国第五位；省级高新区 42 家，实现了省辖市全覆盖。截至 2023 年 12 月初，在全省 36 个营业收入超过 400 亿元的国家级开发区中，有 20 家是高新区，占比 55.6%；全省 8 个国家级创新型产业集群均位于高新区。[①]

二是"国字号"载体平台竞相落地。国家超级计算郑州中心、国家农

---

① 尹江勇：《我省高新区建设又添新军》，《河南日报》2024 年 1 月 4 日。

机装备创新中心、国家生物育种产业创新中心、郑州国家新一代人工智能创新发展试验区等"国字号"平台载体落户河南。重组入列 7 家，新建全国重点实验室 6 家，新建省重点实验室 16 家。[①]

三是省实验室体系加快重塑重构。批复建设嵩山、神农种业、黄河等省实验室 20 家，组建科研团队 190 个，形成以省实验室为核心、优质高端资源协同创新的"核心+基地+网络"创新格局。[②]

四是各类载体平台竞相发展。2014~2023 年，河南省省级及以上企业技术中心从 1021 个增加到 1768 个，其中国家级企业技术中心从 74 个增加到95 个；省级及以上工程实验室（工程研究中心）从 325 个增加到 1072 个，其中国家级工程实验室从 32 个增加到 50 个；省级及以上工程技术研究中心（工程实验室）从 789 个增加到 3852 个。截至 2023 年末，河南省有省级新型研发机构 140 家，省级中试基地 36 家，省级技术创新中心 24 家。[③]

四 创新成效显著提升

高水平科研课题、科研成果取得突破，产学研融合更加紧密，科技成果带动产业创新发展和转型升级，支撑经济社会发展更加强劲有力。

一是科研水平成果明显提升。2021 年以来，河南省共获国家重点研发计划立项 76 项，启动实施省重大科技专项 72 项，3253 个项目获国家自然科学基金资助，支持经费 16.73 亿元。2023 年，全省共获国家科学技术奖15 项，其中主持 7 项、参与 8 项，取得历史性突破。

二是关键核心技术突破对产业创新发展和转型升级形成明显带动作用。截至 2023 年末，河南省有效发明专利 83127 件，全省规模以上制造业企业生产设备数字化率达到 53.6%。高效高密度电机系统、高集成度动力传动系统、焊接工艺工程化应用难题、"地铁车辆轴箱轴承的研制"、"特高压柔性直流输电关键技术研究与装备研制"、数据中心光互连芯片、5G 用铜合

---

① 《图说｜河南科技创新这 3 年》，河南省人民政府网站，2024 年 6 月 28 日，https://www.henan.gov.cn/2024/06-28/3014623.html。

② 张文豪：《河南建设省实验室体系助推创新发展》，《人民日报》2024 年 7 月 25 日。

③ 《2014 河南省国民经济和社会发展统计公报发布》，河南省人民政府网站，2015 年 3 月 3日，https://www.henan.gov.cn/2015/03-03/349188.html；《2023 年河南省国民经济和社会发展统计公报》，河南省人民政府网站，2024 年 3 月 30 日，https://www.henan.gov.cn/2024/03-30/2967853.html。

金材料等方面的关键技术、装备项目和应用产品获得实现突破。玉米新品种"郑原玉432"推广面积超1300万亩，居我国籽粒机收夏玉米推广面积第一位。

三是科技成果转化对产业创新发展和转型升级起到明显支撑作用。2022年，河南省研发经费支出达到1143.26亿元，同比增长12.2%，连续7年增速超10%。全省已培育188家省级以上技术转移示范机构，其中国家级6家。2021年以来，共吸纳省外6000余项先进技术成果在河南落地转化。2023年签订技术合同2.49万份，技术合同成交金额达1367.42亿元。

五　创新人才加快汇聚

河南省持续优化人才政策，加大人才引进力度，加强人才梯队培养，释放人才活力，完善人才服务体系，营造"群贤毕至、近悦远来"的人才生态，增强创新人才吸引力、竞争力，创新人才云集、创新团队不断壮大。

一是以服务"三足鼎立科技创新体系""高等教育三个调整优化""七大产业集群"为重点，大力实施"1+20"一揽子人才引进政策，打造常态化引才载体，高端引领、精准引进。2021年以来，累计引进顶尖人才30人、领军人才387人、博士及博士后1.6万人，全省人才总量超过1410万人。一批行业领军人才先后受聘河南高校，为河南高等教育加快发展注入强劲动力。

二是聚焦青年人才培育难题、把握青年人才培育规律，推动各类人才计划和科研项目对青年人才倾斜支持，释放青年人才活力，支持青年人才发展。"中原英才计划"遴选支持749名高层次人才，先后有70人获得国家杰青、优青资助。首批省自然科学基金杰青、优青项目中，26人入选国家级人才计划，81人获批国家级项目资助。

三是完善人才服务，加大放权赋能力度。打造"一站式"人才服务平台，出台高层次人才医疗保健实施细则、子女入学实施办法。开展"一站式"服务，在省、市政务服务大厅设立人才服务窗口，在省政务服务网站、"豫事办"App上设立人才综合服务平台。推进人才计划优化整合和人才评价"破四唯"治理，省属事业单位实现六个自主，建立以信任为基础的人才使用机制。

第五节　人文底蕴愈加彰显

建设人文城市是立足城市文化背景，保护和传承传统文化，满足人民对更高品质城市文化的需要；是以文凝心、以文聚魂，壮大城市文化产业、增进文化认同，实现文化强省、文化富民的必要路径。河南立足厚重的城市文化底蕴，坚持以黄河文化为引领，传承创新发展优秀传统文化，以文塑旅、以旅彰文，推动文化和旅游融合发展，用优秀文化塑造城市精神，人文城市建设取得明显成效。

一　城市人文特色日益彰显

河南城市历史悠久，文化深厚、资源丰富。中国有八大古都，4个在河南，河南拥有国家级历史文化名城8座、省级历史文化名城15座，又是中国工业化、城镇化的重要区域。聚焦"行走河南·读懂中国"主题，通过整合文化资源、创新文化形式、提升城市文化品牌、加强文化宣传，河南城市人文特色进一步彰显，文化凝聚力和吸引力明显提升。

一是树立了中华文化超级IP。推动甲骨文文创开发、数字应用、交流传播等，举办"中国功夫"品牌全球推广系列活动，面向全球近40个国家宣发"中国节日"系列节目，开展创意驱动、美学引领、艺术点亮、科技赋能活动，把老家河南、天下黄河、华夏古都、中国功夫、殷墟甲骨文等打造成中华文化超级IP。

二是展示了中原文化魅力。以"欢乐春节"全球活动启动仪式、中国（郑州）国际旅游城市市长论坛、世界大河文明论坛、世界古都论坛、世界研学旅游大会、黄帝故里拜祖大典、诗歌文化节等重大文旅活动为依托，向世界展现大河文明、华夏古都、中华文字、早期中国的中原文化魅力，传递中华文化自信。

三是塑造了城市品牌，提升了城市形象。聚焦"年轻郑、文化郑、国际郑、科技郑"，塑造郑州融通古今、联通内外的国际文化形象；聚焦"古今辉映、诗和远方"，树立厚重文明的洛阳城市旅游形象。依托"中国洛阳牡丹文化节""中国开封菊花文化节""南阳月季文化节""中国云台山国际旅游节""三门峡黄河文化旅游节""中国茶都·信阳国际茶文化节"

"禹州钧瓷文化旅游节"等节庆活动,打造各地亮丽城市名片。

四是诠释了城市新内涵。洛阳坚持颠覆性创意、沉浸式体验、年轻化消费、移动端传播,推动应天门、洛邑古城等"大遗址"穿越千年变身为时尚亮丽的"主舞台",跻身全国文旅"顶流"。郑州油脂化学厂、瑞光印刷厂等工业遗址华丽转身为文创园区、网红地标,郑州海昌海洋旅游度假区、万达文旅小镇等成为郑州城市形象新内涵的重要载体。开封、安阳、信阳等地大力推进标志性城市文旅项目,以文化和旅游诠释城市发展的新内涵。

二　城市文化事业更加繁荣

河南以新时代文化和旅游新需求为导向,创新实施文化惠民工程,积极拓展文化和旅游主客共享服务新空间,城市公共文化事业稳步发展。

一是大力拓展城市公共文化服务空间。南阳卧龙岗文化园、中国文字博物馆续建工程、河南省科技馆新馆、河南省图书馆郑东分馆等文化场馆逐渐开园、开馆,省博物馆群、省美术馆新馆、省非遗馆等重点项目积极推进。截至2023年底,全省建成1200余个城市书房,布局基层文化空间、公共阅读空间、美丽乡村文化空间、商圈文化空间、文博艺术空间、跨界文化空间6大类3000多个文化驿站新型空间。坚持以人为本、全民共享,持续推进"智慧图书馆""公共文化云"等数字化工程。

二是丰富城市公共文化活动。举办中国豫剧艺术节、中国杂技艺术节、中国诗歌节、"艺术点亮演出季"、"黄河之声"系列音乐会等赛事展演活动,举办2023年中国图书馆年会等大型展会,扩大河南"艺术声量"。组织"舞台艺术送基层""中原文化大舞台"等文化惠民活动,丰富群众文化生活。

三是打造文化创作精品。创作推出豫剧《大河安澜》、曲剧《鲁镇》、民族歌剧《银杏树下》、交响音诗《红旗渠》等舞台艺术精品,展现"文艺豫军"力量。《唐宫夜宴》展现了河南精品文创力量,展示了中原文化形象。越调《华佗》、豫剧《张良》获得国家艺术基金2023年立项资助。

三　城市文化产业持续壮大

河南依托丰富文化资源,整合优化旅游景区、旅游线路,创新展示、体验形式，支持旅游载体打造、主体壮大发展，城市文化产业愈加强大。

一是文旅产业主体加快培育。河南省人民政府办公厅出台《关于推动金融支持文旅产业发展的意见》，举办文旅投融资大会，推动省文化旅游投资集团、中原出版传媒集团等骨干企业重点布局文创产业，扶持中小微文创企业发展。截至 2024 年，规模以上文化及相关产业法人单位数量达 2894 个，银基文旅集团、建业文旅集团、洛阳文旅集团等进入"全国文旅集团品牌影响力百强榜"。

二是文旅产业资源有效整合。围绕"聚焦一条线，突破四座城，点亮 N 颗星"，全力塑造"行走河南·读懂中国"研学旅行品牌体系，推出"华夏文明探源之旅""老家河南寻根之旅"等 9 条主题旅游线路，形成"四季河南""跟着诗词看河南""博物馆之旅"等特色主题线路，发布河南十大研学旅行精品线路。[①]

三是新产业新业态深入发展。发布 100 个文旅消费新场景、100 家露营基地，加强对文旅新产品的培育和打造。三门峡天鹅湖国际旅游度假区、5A 级旅游景区鸡公山等新文旅产品不断涌现，云台山、老君山等传统景区推出新玩法、带来新体验。

四是精品资源持续打造。银基国际旅游度假区、"只有河南·戏剧幻城"、清明上河园、建业·华谊兄弟电影小镇等景区景点成为吸引客流、促进文旅发展的重要力量，河荟、洛邑古城、隋唐洛阳城成为沉浸式体验的旅游热点，《大宋·东京梦华》《禅宗少林·音乐大典》《黄帝千古情》《唐宫乐宴》等节目长演不衰。

五是载体建设日益完善。获认定国家级旅游度假区 3 家，省级旅游度假区 49 家。[②] 打造国家级夜间文化和旅游消费集聚区 12 家、省级夜间文化和旅游消费集聚区 45 家，洛阳"古都夜八点，相约洛阳城"、开封"夜开封·欢乐宋"等知名夜游品牌已经成为相关城市的重要文化名片。[③] 全省认

---

① 《"全面贯彻党的二十大精神 奋力推进中国式现代化建设河南实践"主题系列新闻发布会（第九场）》，河南省人民政府网站，2023 年 11 月 28 日，https://www.henan.gov.cn/2023/11-28/2855075.html。

② 王莹莹：《跻身旅游度假区"国家队"河南还有哪些"潜力股"》，《河南商报》2024 年 6 月 26 日。

③ 张文豪：《市井街巷间 古城韵味长》，《人民日报》2024 年 8 月 16 日。

定 12 个文化和旅游消费示范县，建成 58 个智慧旅游沉浸式体验新空间。

四　历史文化遗产保护传承明显提升

按照"文旅文创融合战略"要求，河南以建设文物强省、考古强省为目标，持续加强城乡历史文化遗产保护传承，创新传统文化转化发展，不断提升城市软实力和特色魅力。

一是文明探源取得突破性进展。14 个考古项目入选"中国百年百大考古发现"，53 个考古项目入选国家年度十大考古新发现，均居全国首位。河洛古国的发现是填补中华文明起源关键时期、关键地区的关键材料，二里头遗址考古最新成果填补了都邑布局和手工业考古的空白，殷墟考古与甲骨文研究最新进展展现了中华文明早期发展阶段殷商时代的辉煌成就。

二是历史文化遗址得到系统性保护。河南切实围绕大遗址考古发掘研究、专项立法建设、保护规划编制、保护展示工程实施、遗址博物馆建设、考古遗址公园建设等重点内容开展相关工作，建成开放二里头夏都遗址博物馆等 14 座考古遗址博物馆，还有大河村遗址博物馆新馆等 5 座遗址博物馆正在建设中。渑池仰韶村、偃师二里头、郑州商都 3 处国家考古遗址公园开园迎客，全省国家考古遗址公园挂牌和立项总数达到 17 处，位居全国第一。河南以郑州、洛阳、南阳等为重点，建设一批特色彰显、富有魅力的博物馆群，规划布局世界级文化创意园区、国际艺术社区。

三是历史文化资源得到科学开发利用。河南省共有国家级历史文化街区 25 片、历史建筑 2473 处。统筹老旧小区、老旧厂区、老旧街区和城中村改造提升，加强历史文化街区等保护修缮和基础设施建设，已对 13 片历史文化街区进行保护修缮，使 55% 的历史建筑得到活化利用。郑州、洛阳、安阳等名城依托历史文化街区、历史建筑、老工业园区等资源，通过"小规模、微改造"的方式，打造了二砂文化创意园、芝麻街、仓巷街等一批保护利用示范项目；浚县历史文化名城保护项目获得国家人居环境范例奖。

第六节　发展韧性不断增强

城市是高密度聚集、高强度开发区域，需要应对在特定自然和经济社会条件下可能集中呈现的各种风险矛盾，保障安全和发展。2021 年"7·

20"郑州特大暴雨,充分暴露了城市在灾情面前的脆弱性,全国各地发生的火灾、夺命井盖等事件也对公共设施治理提出了更高要求。聚焦重大风险防控薄弱领域,河南省完善体制机制和防灾减灾设施,加快提升城市抵御灾害冲击、应对突发事件、消除各类隐患等的能力,保障城市正常运转和人民生命、财产安全,稳步提升城市发展韧性。

一 顶层设计逐步完善

河南省突出城市韧性建设,以国土空间规划为引领,在都市圈建设、新城区建设、老旧城区改造、城市更新、城市基础设施建设等规划中着力优化城市空间布局,完善综合防灾减灾基础设施和应急避难场所,强化城市规划、建设和管理与韧性城市理念深度融合。

一是进一步强化国土空间规划综合防灾减灾管理。在省、市、县国土空间总体规划中,科学开展综合灾害风险评估,严格主要防灾基础设施和应急避难场所布局原则和要求,确保城市安全保障和韧性应急能力。在《郑州都市圈国土空间规划(2022—2035年)》编制中,严控城市建设密度和建筑高度,有序推动主城区功能和人口有机疏解,推进城市"留白增绿",留足开敞空间、绿地及公共服务设施建设用地。

二是加快推出专项规划和方案。河南省在《河南省新型城镇化规划(2021—2035年)》《河南省"十四五"城市更新和城乡人居环境建设规划》中设置建设韧性城市专项任务,印发《河南省城市防洪排涝能力提升方案》《河南省城市燃气供水排水供热管道老化更新改造实施方案(2023—2025年)》《河南省城镇燃气管道设施"带病运行"专项治理实施方案》《河南省城市公共区域窨井盖专项整治三年行动方案(2021—2023年)》等专项方案。

三是进一步完善各类标准规范。贯彻落实《安全韧性城市评价指南》《城市和社区可持续发展 韧性城市指标》等国家标准和《国土空间规划城市体检评估规程》《城市工程系统抗震韧性评价导则》等行业标准,颁布实施《河南城市地下综合管廊工程人民防空设计导则》《城镇道路地下病害体探测技术标准》《河南省城市生命线安全工程建设指南(试行)》等,进一步完善韧性城市规划、建设和评估,以及生命安全线工程建设的标准规范。

二　基础设施水平有效提升

把安全理念贯穿城市规划建设管理全过程各环节，更加重视"里子工程""避险工程"，深入开展城市基础设施建设补短板，强化重要设施、重点部位、重点场所安全防护，超前布局城市生命线，全面提高防御灾害和抵御风险能力。

一是有效补齐基础设施短板。河南城市供水普及率、燃气普及率、污水处理率、生活垃圾无害化处理率分别从 2013 年的 92.16%、81.98%、90.84%、90.04%，提升至 2022 年的 99.30%、98.21%、99.53%、99.68%，城市安全的公共设施保障基础进一步提升。河南城市建成区面积从 2013 年的 2289.08 平方公里增长至 2023 年的 3521.11 平方公里，建成区排水管道密度、绿化覆盖率和绿地率分别从 2013 年的 7.99 公里/公里^2、37.60% 和 32.93%，提升到 2022 年的 8.96 公里/公里^2、40.30% 和 35.52%，城市安全的保障空间明显拓展。[1]

二是扎实开展生命线工程建设。聚焦日常生活中容易被忽视的重大危害风险，以燃气管网、交通物流、供电供水、信息通信、电力系统、热力管网等工程为重点，着力消除隐患，增强安全韧性。2021~2022 年建设改造水气暖管网 4200 公里，2021~2023 年累计整治窨井设施 75 万座。[2] 2023年，改造燃气、供水、排水、供热管网共 5100 多公里，整治窨井 28 万座，安装"智慧井盖"27597 座，加装居民燃气安全装置 1100 万户。[3] 郑州、开封、洛阳等城市已将智慧燃气监管平台介入数字城管和综管服平台，实施市政基础设施恢复重建项目 801 个，已完工项目 741 个，完工率 92.5%，完成投资 148.7 亿元。

三是日益完善洪涝防治体系。充分汲取"7·20"郑州特大暴雨等教训，坚持外防进水、内防积水，统筹推进城市防洪排涝设施建设和海绵城

① 资料来源：2014 年和 2023 年《河南统计年鉴》。
② 《对省政协十三届一次会议第 1310767 号提案的答复》，河南省住建厅网站，2023 年 7 月 28日，https://hnjs.henan.gov.cn/2023/07-28/2787034.html；《对省政协十三届一次会议第1310371 号提案的答复》，河南省住建厅网站，2023 年 7 月 28 日，https://hnjs.henan.gov.cn/2023/07-28/2786982.html。
③ 郭北晨、刘琦：《城市提质 向"新"而行》，《河南日报》2024 年 2 月 6 日。

市建设。提升城市内涝防治标准和城市地下空间排水防涝标准，实施城市排水防涝能力提升六项工程。2022年，全省实施排水防涝能力提升项目522个，改造市政基础设施洪涝灾害隐患161个；新建改造雨水管渠约1200公里，完成城市内河水系治理220公里。① 各地城市排水防涝牵头部门与同级水利、应急、气象、公安部门全面开展内涝风险隐患排查、管网清淤疏浚和普查检测，绘制完成"内涝风险一张图"，655项内涝风险隐患台账均已按计划实施整改。郑州、开封、信阳、周口等13个城市在清淤疏浚的基础上开展城区管网普查检测，建立了排水管网地理信息系统（GIS），其中郑州、开封等9个城市已建设完成排水防涝智慧指挥平台。

三　典型城市韧性建设成效凸显

随着河南省新型城镇化深入推进，城市安全问题在不同城市和领域日益凸显，各地城市和相关领域在深化韧性城市建设中取得了积极进展，如郑州市韧性城市综合规划建设地下综合管廊、海绵城市建设等呈现了鲜明特色和明显成效。

郑州市是河南省唯一的特大城市，也是在"7·20"特大暴雨中损失最为惨重的城市。为更好应对全球气候变化带来的极端气象灾害影响，郑州市强化系统思维，坚持系统治理、综合施策，统筹推进城市内涝治理工作，整合流域区域、城市排水防涝工程、超标应急管理三大体系，"蓝、绿、灰"多措并举，构建区域洪涝统筹一体、管网河网两网融合、高中低区三区设防、源排蓄管四案并进的排水防涝规划体系。为了更好实现城市韧性，编制《郑州市韧性城市规划纲要》，明确安全韧性评估、强化城市空间韧性、统筹流域防洪治理、完善生命线工程建设、提升交通服务可靠性、加强房屋建筑隐患治理、完善应急保障设施、健全应急救援体系、提升城市韧性"软实力"九项任务，系统部署城市韧性建设。

建设海绵城市是通过新一代城市雨洪管理适应城市水环境变化、应对城市水灾害的重要途径。河南省系统化全域推进海绵城市建设，出台《河南省人民政府办公厅关于推进海绵城市建设的实施意见》，发布《河南省海

---

① 《对省政协十三届一次会议第1310767号提案的答复》，河南省住建厅网站，2023年7月28日，https://hnjs.henan.gov.cn/2023/07-28/2787034.html。

绵城市建设系统技术标准》等文件，推动鹤壁、信阳、开封、安阳 4 个城市创建国家海绵城市建设示范城市，在许昌、濮阳等 8 个城市开展省级试点。截至 2023 年 7 月，全省海绵城市达标面积达 1300 平方公里①。

地下综合管廊是在地下建造集电力、通信、燃气、给排水等于一体，统一规划、设计、建设和管理的地下空间，是有效管理重要城市基础设施和保障城市安全生命线的重要途径。2015 年，河南在郑州经济技术开发区建成第一条地下综合管廊示范段。2016 年 4 月，河南省人民政府办公厅出台了《关于推进全省城市地下综合管廊建设的实施意见》（豫政办〔2016〕39 号）。2022 年底，河南已建城市地下综合管廊 168.08 公里、新建城市地下综合管廊 174.55 公里。各城市新区、园区和开发区按照新建道路各自不同的功能要求，建设适合该地区需求的城市地下综合管廊系统。

---

① 《对省政协十三届一次会议第 1310767 号提案的答复》，河南省住建厅网站，2023 年 7 月 28 日，https://hnjs.henan.gov.cn/2023/07-28/2787034.html。

第六章　城市治理水平显著提高

推进城市治理现代化是推进国家治理体系和治理能力现代化的重要内容。2019 年 11 月，习近平总书记在上海考察时指出，推进城市治理，根本目的是提升人民群众获得感、幸福感、安全感。① 十年来，河南城镇化进程不断加速，城区人口大幅增加，人民群众对美好生活的追求、对城市治理的需求不断增长，河南省委、省政府深入贯彻习近平总书记关于人民城市建设的重要讲话精神，高度重视城市治理工作，制定《河南省新型城镇化规划（2021—2035 年）》《河南省“十四五”城市更新和城乡人居环境建设规划》《河南省人民政府办公厅关于加快推进新型智慧城市建设的指导意见》等一系列促进城市发展提质增效的政策文件，合理规划和利用城市资源，协调不同利益群体的关系，加强城市安全管理和应急响应能力，提升城市的整体功能和品质，为城市居民提供更加舒适、便利、安全的生活环境。通过持续不断的努力，河南省城市治理体系不断完善，治理能力现代化水平显著提升，为建设符合现代化社会发展要求、满足人民群众美好生活期待的城市奠定了坚实的基础。

第一节　城市空间治理持续优化

十年来，河南省在城市规划与城市空间治理上迈出了坚实的步伐，不断完善城市规划，以城市体检推动城市更新。同时，积极开展土地综合整治，提高土地利用效率，注重土地的节约集约利用，实现了土地利用模式从粗放型向集约型的转变。在空间布局方面，河南省注重提升城市空间的功能性和便捷性，构建了 15 分钟便民生活圈，极大地提升了居民生活的便

---

① 《在浦东开发开放 30 周年庆祝大会上的讲话》，人民出版社，2020。

利性和舒适度。这一系列城市规划与空间治理措施，不仅提升了河南省的城市形象，也为构建现代化、和谐、生态的河南提供了有力支撑。

一　城市规划体系逐步完善

持续加强城市规划数字化。从数字化到智能化再到智慧化，城市规划现代化水平不断提高，智慧国土空间规划实现"可感知、能学习、善治理、自适应"。首先，河南在城市规划改革创新过程中，通过构建国土空间全域覆盖的"一张图"，综合运用先进技术，搭建智慧城市时空数据底座和实施监督系统的业务平台，服务于城市规划的编制、审批、实施、监督全生命周期管理，为城市发展的规划决策、建设实施与协同治理提供战略性基础支撑，实现"数字城市与现实城市同步规划、同步建设"。其次，河南持续推进国土空间规划实施监测网络建设，建立健全跨层级、跨地域、跨部门的业务协同制度与机制，服务于高质量发展的规划调控需求，构建与治理相协同的规划实施体系。最后，在民生回应上，以政务服务、教育教学、医疗卫生、养老康健等领域和智慧社区、数字乡村等单元为主要内容，完善更为满足多元化需求的应用；在政府管理上，以应急安防、交通运输、水务气象、能源保障为重点领域，突出更为韧性高效的保障；在经济发展上，以数字产业化、产业数字化和产业创新生态为发展方向，实现更为高质的功能承载。

定期开展城市体检评估。城市体检评估是空间规划治理的一项创新制度，旨在通过定期分析和评价研究，从改善人居环境品质出发，在保障基本公共服务需求的基础上，进一步提升百姓生活的舒适性和便利性。2021年，自然资源部出台了《国土空间规划城市体检评估规程》，提出了"一年一体检，五年一评估"的城市体检方式。2022年，南阳市被选为河南省级城市更新试点，按照"先体检后更新、无体检不更新"的原则，已高质量完成《南阳市2022年城市自体检报告》《南阳市2023年城市自体检报告》（初稿），形成了具有南阳特色的城市体检工作体系，助力城市更新提质。①

---

① 《河南省南阳市体检先行　摸清"城市病"助力城市更新提质增效》，"中国质量新闻网"百家号，2024年3月29日，https://baijiahao.baidu.com/s?id=1794829165868529862&wfr=spider&for=pc。

2023 年，许昌市被列为河南城市体检试点城市，河南省住建厅出台《关于支持许昌市实施城市更新推动高质量建设城乡融合共同富裕先行试验区的实施意见》，指导许昌市对标宜居韧性智慧城市建设标准和指标体系，开展城市体检工作。许昌市已出台 2023 年城市体检工作方案，构建了符合许昌实际的"61+N"特色指标体系，通过开展多源数据采集和社会满意度调查，对城市进行多维分析，分类研判"城市病"，并分档提出治理清单和体制机制建议，最终形成城市体检报告。2024 年，河南印发《河南省城市体检工作实施方案（试行）》，提出城市体检工作采用"全面体检+重点体检"方式，从住房、小区（社区）、街区、城区四个维度开展城市体检工作，全面建立各维度的底图、底数，大城市利用 3~5 年时间、其他城市利用 2~3 年时间逐步实现住房、小区（社区）体检全覆盖。

适时调整行政区划。随着城镇化加速推进、人口持续流动，原有的行政区划已经不能满足城市发展的需求。一是撤县设市。2016 年以来，全省多数县城的空间范围已经突破所在地镇的范围，县城内存在多个乡镇分散管理的现象，市县同城问题尚未得到根本解决。河南积极推动具备行政区划调整条件的县有序改为市，对吸纳人口多、经济实力强的镇赋予同人口和经济规模相适应的管理权。2019 年 8 月，国务院批准撤销长垣县设立县级长垣市，也是河南"县改市"尘封 20 年来，首次将地方经济中心由县改市，这个举措能更好地发挥区域带动效应。长垣市由省直辖、新乡市代管，以原长垣县的行政区域为长垣市的行政区域，职权、财权和城市定位都发生了变化。二是撤县设区。2014 年，开封市将龙亭区和金明区合并成新的龙亭区、开封县变更为开封市祥符区；2015 年，撤销陕县，设立三门峡市陕州区；2016 年，撤销许昌县，设立许昌市建安区；2019 年，撤销淮阳县，设立周口市淮阳区，扩增了周口市辖区面积，拉大了城市框架，优化了城市的总体布局。2021 年，撤销县级偃师市，设立洛阳市偃师区；撤销孟津县、洛阳市吉利区，设立洛阳市孟津区，这些措施优化了洛阳城市新布局。

二 城市土地利用更加高效

盘活城镇存量建设用地。河南批而未供和闲置土地面积存量较大，亟待盘活利用释放发展空间。十年来，河南出台了《河南省人民政府关于加强和改进土地资源保护利用推动现代化河南建设的意见》《河南省自然资源厅关于进一步严格落实"增存挂钩"机制的通知》等文件，创新构建了"1+N"节约集约用地政策体系。自 2022 年 8 月以来，河南各地市深入开展批而未用土地盘活利用专项行动，提出利用三年时间（2022～2025 年）全面清查、深入整治全省批而未供和闲置土地，以盘活存量，实施挖潜增效、"增存挂钩"机制，坚持"以存定增"，妥善解决历史遗留问题，对于闲置土地，充分考虑基层可操作性，按照闲置土地成因，分别制定了处置原则和措施。截至 2022 年底，河南盘活批而未供和闲置土地 54.98 万亩，基本完成零散土地整治及历史遗留问题用地手续完善，全面建立工业用地"标准地"出让和全生命周期管理制度。2023 年全省处置批而未供和闲置土地面积分别为 46.84 万亩、7.26 万亩，相当于河南以往两年建设用地批准量，有效缓解了全省建设用地供需紧张的矛盾，形成了一批可复制可推广的土地高效利用经验。其中，长葛市金葛高科技环保制造产业园项目用地全部为盘活利用存量工业用地，用地规模 633 亩，容积率 1.2，投资强度 7100 万元/公顷，产业园亩均税收高于全省平均水平。2022 年许昌市长葛市金葛高科技环保有限公司盘活利用存量工业用地案例成功入选自然资源部组织编制的《盘活存量用地保障工业项目落地典型案例》。

推进城镇低效用地再开发。河南省人民政府印发《关于加强和改进土地资源保护利用推动现代化河南建设的意见》，指出河南要制定推进城镇低效用地再开发、促进城市更新的实施办法，分类引导旧工业区（老厂区）、老旧住宅区（棚户区）、旧商业街区、城中村、历史风貌地区、整体外迁高校老校区等各类功能区域有序更新。各地市按照产业集群、企业集聚、职住平衡的原则制定城区企业"退城入区入园"规划，采取土地置换等方式引导企业"退城入区入园"，将城区退出工业用地纳入城镇低效用地再开发范围。同时，新增工业项目原则上要在开发区选址布局，政府对先进制造业、战略性新兴产业和未来产业科技园区，优先给予用地保障。[①] 2024 年初，洛阳为盘活开发区低效用地，出台《洛阳市开发区低效用地严格管控和盘活利用激励措施》，制定一系列开发区低效用地的管控措施，组织开展低效工业用地调查，建立低效用地清单，实施差异化政策管理，对列入低

---

① 《河南省人民政府办公厅关于实施开发区土地利用综合评价促进节约集约高效用地的意见》，《河南省人民政府公报》2023 年第 9 期。

效用地台账的企业，原则上不纳入政策性资金扶持范围，凡被认定为土地低效利用又不主动配合整改的企业，不再享受各级财政扶持和奖励政策。

拓展建设用地立体开发利用。河南制定建设用地使用权地上地表地下分层设立、分层供应、分层登记政策，推进建设用地"一变三"立体开发利用。① 一方面，推广多层标准厂房建设，推动用地从"以平面利用为主"向"以立体利用为主"转变。② 2023 年，河南出台《河南省开发区多层标准厂房规划用地管理办法》《河南省人民政府办公厅关于实施开发区土地利用综合评价促进节约集约高效用地的意见》，对工业企业在符合规划、不改变原用途的前提下利用存量土地新建工业厂房或增加原厂房层数的，不再增收土地价款，推动多层标准厂房应进尽进，引导建设用地高效利用。漯河市建设多层标准化厂房超 40 万平方米，形成了企业集聚、产业集群，为"三个一批"项目早落地、早投产、早达效提供了强力支撑。③ 另一方面，河南积极引导开发利用地下空间。地下空间的开发利用使土地得到多重利用，能够有效节约土地资源，因此也是城市和社会可持续发展的主要途径。十年来，河南各地市相继出台关于地下空间开发利用的制度和办法。2018年，郑州市出台了《郑州市城乡地下空间开发利用管理暂行规定》，有效期3 年，在施行过程中，强化地下空间开发利用规范有序管理取得了一定的成效；2021 年到期后，基于前期施行过程中的经验和问题，制定了《郑州市地下空间开发利用管理暂行规定》，修改完善地下空间的规划建设的政策规则，结合实际合理降低地下空间用地成本费用，并指出优先发展地下交通、地下停车场，积极鼓励和引导地下空间开发利用。此外，南阳市地标性建筑"三馆一院"（博物馆、图书馆、文化馆、大剧院）的建设项目是城市立体空间高效利用的一个典型案例，地上布局合理，采取地上地下联动的办法，建成居民防空应急疏散避难场所，地下建有 800 多个停车位，以及 80

---

① 《河南省人民政府关于加强和改进土地资源保护利用推动现代化河南建设的意见》，《河南省人民政府公报》2023 年第 23 期。
② 杜美丽、王星：《以高水平土地保护利用支撑高质量发展》，《河南经济报》2024 年 3 月 26 日。
③ 《漯河市创新标准化厂房建设模式 助推"三个一批"项目提质提速提效》，河南省人民政府网站，2022 年 2 月 16 日，https://www.henan.gov.cn/2022/02-16/2399886.html。

多个电动汽车充电桩，空间开发力度大，利用效率较高。①

三　城市空间布局合理调整

优化城市总体布局。首先，河南各地市在国土空间规划引领下，科学划定"三区三线"，持续优化城市总体空间格局。郑州市印发《郑州市总体城市设计实施导则》，构建市域空间形态骨架，包括环嵩山风貌带、沿黄魅力区、"一主九辅"轴线地区、蓝链沿线地区、历史文化街区和传统风貌古城等特色魅力区，以及各县市总体城市设计划定的重点片区。其次，河南省各地市在优化城市空间总体布局过程中，注重完善城市功能，提升城市品质。通过加强城市基础设施建设、改善生态环境、提高公共服务水平等措施，河南省各地市的城市功能得到了不断完善和提升。再次，各地市还注重发展文化旅游业、现代服务业等新兴产业，为城市的发展注入了新的活力。再次，河南省各地市在优化城市空间总体布局过程中，注重调整产业布局，推动产业转型升级。通过引进和培育新兴产业，改造和提升传统产业，实现了产业结构的优化和升级。最后，注重加强产业协作，形成了一批具有竞争力的产业集群，提高了城市的经济实力和竞争力。

打造一刻钟便民生活圈。十年来，河南各地市全面推进一刻钟便民生活圈建设工作，在生活圈内，建设了功能齐全的社区服务设施，包括社区综合服务中心、日间照料中心、小型游园、幼儿园、小学等，确保居民步行 15 分钟即可到达这些设施。另外，生活圈还包含高效的医疗和养老服务，可以让居民享受社区卫生服务以及全托养老服务，提高了医疗和养老服务的覆盖率。此外，各地市在一刻钟便民生活圈内建设了购物中心、大型商超、体育场馆、城市公园等各类生活服务设施。不仅能够满足居民的基本生活需求，还提供了丰富的文化体育活动，增强了居民的幸福感和归属感。鹤壁市自 2020 年开始启动一刻钟便民生活圈建设，一年内累计投入资金 31 亿元，建成首批 24 个试点社区一刻钟便民生活圈，直接惠及群众 6 万户 20 余万人。2021 年 9 月 3 日，鹤壁市入选全国首批城市一刻钟便民生活圈试点地区，也是河南唯一入选的城市。另外，洛阳在部署一刻钟便民生活圈

---

① 《河南省南阳市——地标性建筑地下空间利用高效》，河南省国防动员办公室、河南省人民防控办公室网站，2023 年 12 月 8 日，https：//rfb.henan.gov.cn/2023/12-08/2862135.html。

建设时提出,让修鞋、配钥匙等"小修小补"规范有序回归百姓生活,让适老化服务、休闲娱乐等设施更加丰富,使居民生活消费更便利,结合邻里中心建设、城市提质工作和全市社区商业发展实际,出台《洛阳市一刻钟便民生活圈建设试点实施方案》,全面推进一刻钟便民生活圈建设三年行动。截至2023年底,全省已有鹤壁、商丘、洛阳三市入选全国(国家级)城市一刻钟便民生活圈试点地区(城市),首批12个省级城市一刻钟便民生活圈试点区(县)名单也正式确定。

推动新老城区协调发展。优化中心城区用地布局,促进新老城区联动发展,十年来,河南一方面推进老城区有机更新,另一方面推动新城区提质发展。以郑州市为例,郑州市提出鼓励二七区、中原区、管城回族区、惠济区、上街区等老城区改造升级,大力发展楼宇经济,布局创意、设计和咨询等生产性服务业,结合旧城改造、城市更新,支持老城区与高等学校、科研院所联合打造创新创业社区,全面推动中心城区现代服务业和都市工业发展。管城回族区是郑州市老城区和主城区,依托商代王城遗址、管城经开区、郑州南站枢纽产业园3大核心板块,打造主城区文化地标,激发产业发展活力,推动"古都新生"。① 此外,郑州记忆·油化厂创意园是老厂区经过改造升级实现有机更新的典型案例之一。创意园的前身是原油脂化学厂,2006年工厂停产,厂房废弃。随着工业旅游、文化创意产业的蓬勃发展,金水区政府抓住了这一契机,通过政府引导、市场运作共同发力和持续多年的改造,老厂房修旧如旧,引入娱乐、餐饮、文旅等业态,成为一个新的夜经济中心,吸引大量年轻人前往打卡、参观、消费,如今郑州记忆·油化厂创意园已是郑州市的新地标。

第二节　城市社会治理效能显著提高

党的二十大报告指出,完善社会治理体系,健全共建共治共享的社会治理制度,提升社会治理效能,建设人人有责、人人尽责、人人享有的社会治理共同体。十年来,河南持续深化社会治理改革,不断创新治理理念

---

① 范光华、王思俊、卢文军、史治国:《加快重点片区建设 串起城与人的"美美与共"》,《郑州日报》2023年8月20日。

和方法，通过加强党建引领充分激发基层自治活力，增强了居民参与社会治理的意愿和能力，积极培育和发展了各类社会组织，拓宽了社会参与的渠道，形成了政府与社会协同共治的良好格局。同时，通过智能化、信息化手段的应用，公共服务水平大幅提升，极大地提升了市民的获得感、幸福感和安全感，推动城市治理体系和治理能力现代化。

一　基层治理能力大幅提升

坚持党建引领。在河南省的社会治理实践中，党建这一核心要素被赋予了极其重要的地位。全省各地深入贯彻以党建为引领的社会治理理念，坚持将党的建设作为社会治理工作的总抓手和主心骨，着重强调基层党组织的战斗堡垒作用，着力推动治理重心下移、力量下沉、资源下倾。具体而言，通过创新实施"全员、全域、全程、全面"的四全党建新模式，河南省实现了治理模式从串联向并联的重大转变。在这种模式下，党组织不再是孤立的串联角色，而是成为引领全社会共同参与、协同行动的核心纽带。这种转变不仅增强了治理的连贯性和效率，而且提升了整体治理效能。郑州市管城区委社治委发挥党建引领作用，推进了城乡社区建设，探索形成了社区治理和服务创新模式，有效应对了社区人群结构和生活方式的变化，满足了群众多元化和个性化的需求。新乡市红旗区完善"党建+大数据+全科网格"治理模式，构建了以党建为统领、智治为支撑、网格为平台、自治法治德治并举的共建共治共享基层治理体系。此外，各地还积极开展"五星"支部创建活动，以党建工作为统领，通过党建引领，将党的领导优势转化为基层社会治理效能。安阳市把"五星"支部创建作为构建党建引领乡村振兴、全面提升基层治理能力的重要抓手，实现了人居环境改善、产业兴旺发展、基层治理成效增强、群众幸福指数提升。2023年，全省农村创成"五星"支部1110个，"三星"及以上支部占比达55.49%。通过创建活动，强化了党支部的政治功能和组织功能，为乡村振兴提供了坚强的组织保证。这一系列举措有力地推动了河南省基层社会治理体系的现代化进程，实现了从"串珠成线"到"聚心成网"的治理格局跃升，为构建和谐稳定、充满活力的社会环境奠定了坚实基础。

加强智治支撑。河南省积极响应数字化时代的需求，充分利用大数据、互联网、云计算以及人工智能等现代信息技术手段，全面推进智慧政务和智慧城市建设进程。通过搭建统一、高效的数字化公共服务平台，成功实现了政务服务事项的线上办理和"一站式"服务，使民众能够享受便捷、高效、透明的政务服务。具体实践中，河南省成功建成了"5G+智慧"办税服务大厅，借助 5G 网络的高速率和低时延特性，提升了税务服务的质量与效率，让纳税人可以在数字化环境下获得更快捷、更精准的税收咨询服务以及线上申报、缴税等一系列服务。此外，河南省还大力整合各类民生热线平台，将分散的资源进行有效整合，形成了统一的政务服务平台，进一步方便了群众的生活，提高了政务服务的整体效能。同时，通过建设智慧城市，河南省实现了城市治理的精细化和智能化，利用物联网、大数据等技术手段，对城市资源进行全面感知、实时分析，从而优化城市管理流程、提升公共服务水平、改善市民生活质量。例如，在基础设施建设和公共服务设施建设中，物联网技术的广泛应用实现了城市公共设施的智能化管理和服务，包括智能交通信号灯、智能垃圾分类回收站、智能能源管理系统等，使城市运行状态能被实时监控、精准调度。大数据分析则通过对海量数据的深度挖掘和智能解析，为城市规划、建设和管理提供科学决策依据，如依据人口流动、车流物流等信息优化交通路线设计、提高城市运行效率。

筑牢平安建设根基。河南各地以"三零"（零上访、零事故、零案件）单位创建为抓手，推动基层社会治理体系和治理能力现代化建设。具体而言，各地通过加强分类指导，针对不同地区、不同行业、不同单位的特点，制定有针对性的创建措施。细化创建措施包括完善预警机制、强化矛盾纠纷排查调处、提升公共服务效能等，确保"三零"单位创建工作落到实处。同时，各地市还积极推进"数治"建设，借助现代信息技术手段，探索建立"三零"单位创建信息平台，实现了对社会治理数据的实时采集、精准分析和高效利用，提高了基层社会治理的信息化水平，进一步推动了社会治理资源的整合共享和科学决策。鹤壁市在社会治理领域，尤其是在"三零"单位的创建过程中，积极引入现代信息技术手段，搭建了一个功能强大的"三零"创建数据平台，能够实现对全市各类创建主体的全面摸排、动态监测和精细化管理。此外，鹤壁市不断完善数据收集汇总、分析研判、指挥调度、督导考核等功能应用，确保平台能够真正发挥实效，为"三零"创建工作提供有力支持。自该平台正式运行以来，鹤壁市的"三零"创建工作取得了显著成效，达标率大幅提高，为社会治理的信息化、实战化水平提升做出了积极贡献。郑州市委政法委开发的"三零"平安创建信息平台横向打通了公安、信访、应急等多个部门的"三专班"和"十五个工作组"信息平台,实现了信息的共享和互通;纵向打通了市、县、乡、村直至网格的数治平台,构建了一个全面的信息化管理体系。① 除了"三零"平安创建信息化平台,郑州市还积极推进了其他数字化、信息化手段在社会治理中的应用。例如,推广使用"人民法院调解"平台,为群众提供诉讼引导、在线调解、司法确认等"一站式"服务,有效减轻了法院的工作压力,提高了纠纷解决的效率。郑州市在"数治"建设和"三零"单位创建工作方面取得了显著成效,为河南省乃至全国的社会治理提供了有益的借鉴和参考。

二 社会组织活力不断激发

社会组织数量快速增加。社会组织是我国社会主义现代化建设的重要力量,主要是指以促进国家经济和社会发展为己任,不以营利为目的、属于非政府体系的正式组织形式,其主体为社会团体、基金会和社会服务机构。新时期以来,河南经济社会快速发展,社会组织数量快速增加,规模日益扩大,呈现较为快速的增长趋势。2020年以来,河南陆续出台《河南省民政厅关于大力培育发展社区社会组织的实施意见》《河南省培育发展社区社会组织专项行动实施方案(2021—2023年)》等政策文件,提出到2023年,每个城市社区平均拥有不少于10个社区社会组织、每个县(区)拥有不少于1个社区社会组织支持平台的目标。此外,从2021年起用3年时间,在全省范围开展培育发展社区社会组织专项行动,通过实施一批项目计划和开展系列主题活动,进一步提升质量、优化结构、健全制度,重点培育生活服务类、公益慈善类和居民互助类社区社会组织。从数量来看,2013年底至2023年9月,河南登记注册的社会组织数量由23577家增至50760家,增长率高达115%。其中,社会团体由10896家增至14290家,增长率为31%;民办非企业单位由12583家增至36319家,增长率高达189%;基金会由98家增至151家,增长率达54%。从质量来看,河南省各

① 赵红旗、赵海益:《郑州"三零"创建融入网格筑牢平安防线》,《法治日报》2023年2月21日。

级民政部门坚持质量优于数量的发展原则，通过改革制度、扶持培育、加强管理监督等方式提升社会组织自身能力，使社会组织在志愿服务、社会捐赠、清廉建设等方面取得显著成绩，推动社会组织发展质量不断提升。

社会组织管理体制改革稳步推进。近年来，河南不断在社会组织管理体制改革方面进行创新、探索与尝试，成效十分显著。一是推动社会组织登记管理改革。在社会组织事项办理地点方面，推进 44 项相关政务服务事项入驻省政务服务中心，为社会组织提供"一站式"服务，提升了社会组织工作人员办事的便利度，实现了"数据多跑路、群众少跑腿"。在社会组织行政审批方面，对服务进行了优化，对社会组织的行政许可、行政处罚等事实依据进行了明确，对办理时限进行了规定与压缩，缩短了办事时长、提高了服务效率。在社会组织年检方面，实行社会组织网上年检并在网上提供指导，为社会组织工作人员提供了便利，有效解决了社会组织"来回多次跑"的问题，减少了社会组织工作人员的工作量，提高了年检的工作效率。二是有序开展行业协会商会与行政机关脱钩改革。2016 年，河南省委办公厅、省政府办公厅出台《行业协会商会与行政机关脱钩实施方案》，明确规定各级行政机关、参照公务员法管理的单位要与其主办、主管、联系、挂靠的行业协会商会脱钩，实行机构分离、人员分离、资产分离、职能分离、党建外事分离等。目前，行业协会商会脱钩改革全面完成，政社分开、权责明确、依法自治的社会组织体制已经初步建立。脱钩后，行业协会商会获得了更多自主权，自身活力得到了激发，市场化运作能力和服务能力得到了显著提升，自身优势和功能作用日益显现，脱钩改革在对外合作、复工复产等方面发挥了极其重要的作用。

社会组织功能发挥日渐突出。一是多措并举助力脱贫攻坚。河南省社会组织通过开展产业扶贫、组织脱贫技术培训、提供教育医疗服务、开展消费帮扶等方式参与了脱贫攻坚工作，为河南全面打赢脱贫攻坚战做出了重要贡献。2017 年，省本级公益性社会组织共捐赠 17.92 亿元款项和物品，在贫困地区开展的各类扶持救助活动使 20 万名群众受益。[①] 2018~2020 年，河南省共有 8552 家社会组织投入脱贫"战场"，开展将近 7000 个扶贫项

---

① 《河南省民政厅：聚合社会组织力量 助力脱贫攻坚》，河南省人民政府网站，2018 年 7 月 24 日，https://www.henan.gov.cn/2018/07-24/664912.html。

目，投入 50.77 亿元扶贫资金与 80.7 万人次帮扶人员。① 二是发挥优势助力乡村振兴。脱贫攻坚战取得全面胜利后，河南省社会组织发挥自身优势，参与乡村振兴实践。组织河南省物流协会等 71 家社会组织与嵩县、台前、卢氏和淅川四个县结对子，开展帮扶活动，助力实现乡村振兴等。2023 年，河南省共有 4578 家社会组织参与乡村振兴，实施公益项目 1393 个，投入款物折合人民币约 5 亿元，2800 多万人次受益。② 三是积极担当发展公益事业。河南省社会组织通过募集公益资金、聚集众多志愿者参与活动等方式，助力公益事业发展。在"7·20"郑州特大暴雨灾害防汛救灾中，6800 多家社会组织参与防汛救灾工作，共计出动救援力量 18 万人次，捐赠物资百万余件，捐款将近 100 亿元。③

三　基本公共服务明显改善

城市教育实现高质量发展。河南把创新驱动、科教兴省、人才强省战略作为"十大战略"之首，深化教育综合改革，全面推进教育现代化，为河南城市教育高质量建设提供了有力支撑和保障。首先，河南教育普及程度全面提升，学前教育毛入园率、义务教育巩固率、高中阶段毛入学率、分别由 2013 年的 75.43%、92%、90.2% 提高到 2023 年的 92.46%、96.3%、92.9%。普通高中顺利实施了新课程、使用了新教材，为高考综合改革打下了坚实基础。另外，2013~2023 年，河南普通高校数量由 127 所增至 156 所，高等教育毛入学率由 30.10% 提高到 57.54%，郑州大学、河南大学进入国家"双一流"建设行列，7 所高校 11 个学科"双一流"创建工作稳步推进，提升了河南省高等教育的整体水平和竞争力。④ 河南职业教育提质培优，专业点覆盖国民经济各领域，通过"百校万企结对发展行动"，加强产

---

① 《社会组织如何精准助力乡村振兴》，河南省人民政府网站，2023 年 3 月 21 日，https://www.henan.gov.cn/2023/03-21/2710639.html。

② 王向前、侯文举：《去年我省 4578 家社会组织参与乡村振兴》，《河南日报》2024 年 1 月 12 日。

③ 邓欢：《2023 年河南省社会组织发展现状及对策研究》，载李同新、陈东辉主编《河南社会发展报告（2024）：增进民生福祉》，社会科学文献出版社，2023。

④ 《2013 年河南省教育事业发展统计公报》，河南省教育厅网站，2014 年 4 月 3 日，https://jyt.henan.gov.cn/2014/04-03/1702222.html；《河南省教育概况》，河南省人民政府网站，2024 年 4 月 2 日，https://www.henan.gov.cn/2024/04-02/2972813.html。

教融合，促进校企合作，提供实践平台，为现代制造业、战略性新兴产业和现代服务业提供了大量一线从业人员。其次，河南推动教育领域综合改革，考试招生制度、高校管理体制、教育督导体制、教师管理体制等改革加快推进，同步推动信息技术与教育教学深度融合，建设智慧学习空间和学习体验中心，提升教育服务供给的普惠化、便捷化和个性化水平。最后，河南不断完善入学政策，让流动人口子女享受平等的教育机会。2023 年，义务教育阶段随迁子女在校生 92.45 万人，占义务教育阶段在校生总数的 6.28%，其中，小学 63.03 万人、初中 29.42 万人，随迁子女入公办学校就读比例为 93.27%；进城务工人员随迁子女 66.03 万人，占随迁子女总数的 71.42%，其中，小学 45.03 万人、初中 20.99 万人。[1]

城市公共卫生水平稳步提高。一是夯实公共卫生体系基础。河南通过持续加大对公共卫生体系建设的投入力度，使疾病预防控制、卫生监督、医疗救治等领域的基础设施得到了全面改观。河南省已经实现了对市区居民基本公共卫生服务的"全覆盖"，对 1613 个社区卫生服务机构和 2084 所乡镇卫生院进行全面建设改造。截至 2023 年末，河南 17 个省辖市和济源示范区疾病预防控制局全部挂牌，143 个县（市、区）疾病预防控制局完成挂牌，12 个省辖市和 112 个县（市、区）完成疾控中心和监督所整合重组，传染病医疗救治网络基本完善。二是提升公共卫生服务能力。市辖区医疗卫生机构数占全省的比例与常住人口比例基本一致，群众的基本医疗需要得以保障；医院数、医生数、注册护士数占全省的比重显著高于全省平均水平，三甲医院基本分布在市辖区，高水平医疗机构较为集中，医疗资源富集效应明显；全省市辖区每万人拥有的医生、护士数分别为全省的 1.43 倍和 1.61 倍。另外，河南省不断提升应对重大疫情和突发公共卫生事件时的应急处置能力。通过建立健全分级应急响应机制，构建集中统一、上下协同、运行高效的应急指挥体系，确保在突发公共卫生事件时能够迅速、有效地做出响应。三是优化公共卫生服务机制。河南省在构建强大公共卫生体系的同时，不断优化公共卫生服务机制，提升服务公平性、可及性和优质服务供给能力。通过完善预防控制体系、慢病防治体系、支撑保障体

---

① 《河南省教育概况》，河南省人民政府网站，2024 年 4 月 2 日，https://www.henan.gov.cn/2024/04-02/2972813.html。

系等，确保人民群众能够享受到更加优质、高效的公共卫生服务。另外，河南不断加强基层公共卫生服务体系建设，提升基层医疗卫生机构的服务能力和水平。通过培训社区卫生服务机构公共卫生人员、加强基层医疗卫生人才队伍建设等措施，保障基层医疗卫生机构能够提供更加专业、高效的公共卫生服务。

城市公共文化服务体系日臻完善。十年来，河南城市公共文化服务的建设成就显著，不仅为市民提供了丰富多样的文化服务活动和文化产品，还促进了城市文化的繁荣和发展。一是公共文化服务体系建设方面，出台一系列政策文件和实施意见，引领全省公共文化建设事业健康有序发展。二是公共文化服务设施不断完善。河南省财政厅专门设立"政府购买公共文化专项资金"，大力推动公共文化场馆建设，包括城市书房、新型文化空间等公共文化载体，推动公共文化服务进景区、进工厂、进社区，开展"嵌入式"服务。截至 2023 年底，全省共建成各级公共图书馆 177 个、文化馆 202 个、博物馆 398 个。三是文化活动丰富多彩。为了满足人民群众多样化的文化需求，河南各级公共文化事业单位立足实际，开展丰富多彩的群众文化活动，包括具有地域特色的节庆活动、艺术赛事活动以及文化下乡活动等，如"春满中原""欢乐中原"等文化活动品牌深受市民喜爱。另外，还持续开展"舞台艺术送农民""高雅艺术进校园"等演出活动，让更多人享受到高质量的文化艺术表演。四是数字惠民工程扎实推进。全省各级图书馆都实现了数字化资源建设，形成了省、市、县、乡、村五级联动网络格局。通过建设电子阅览室、数字图书馆等数字化平台，为市民提供了更加便捷、高效的文化信息服务。同时，这些数字化平台也促进了文化资源的共享和传播，推动了文化事业的繁荣发展。五是打造具有人文关怀的公共文化空间。河南通过支持并引入社会力量，按照规模适当、布局科学、业态多元、特色鲜明的要求，打造了一批外在形式"美"、功能服务"好"、理念模式"新"的新型公共文化空间，不仅满足了市民的文化需求，还成为展示城市文化软实力和形象的重要窗口。

第三节　城市应急治理持续增强

经过十年的发展，河南构建了一套高效、快速的应急管理体系，为防范和应对突发事件奠定了坚实基础。河南始终坚持"预防为主、综合治理"的原则，强化了灾害风险的全面排查与治理，加大了安全检查和执法力度，有效遏制了重特大事故的发生。同时，加强了应急救援队伍建设，实现了跨部门、跨区域的协同作战，提高了灾害应对和救援能力，确保了在面对突发事件时能够迅速行动、科学救援，应急能力显著提升，保障了人民群众的生命财产安全，为城市的可持续发展提供了坚实保障。

一　应急管理体系逐步健全

完善应急管理制度方案。党的十九大以来，河南省应急管理事业发展进入新的历史时期，持续健全应急管理体系。2019 年，河南发布了《河南省人民政府关于改革完善应急管理体系的通知》，明确指出要完善应急管理体系，包括建立应急管理标准体系、组织体系、责任体系、预案体系、服务体系五大体系。2020 年，出台《河南省应急管理体系和能力建设三年提升计划（2020—2022 年）》，以推进应急管理体系和本质安全能力建设为主线，补短板、强弱项、填空白、破难题，结合河南"十大战略"，着力完善应急管理体系。2021 年 6 月，河南省委办公厅、河南省人民政府办公厅印发《关于加强基层应急管理体系和能力建设的意见》，围绕健全完善基层应急管理组织体系、管理责任体系、管理防控体系、救援体系、管理保障体系五大体系，进行统筹规划部署，加快推进基层应急管理体系和能力建设。2023 年，出台《河南省"十四五"应急管理体系和本质安全能力建设规划》，着眼于推动"十四五"乃至更长时期应急管理事业发展，确定了七大任务和六大工程，提出到 2035 年，基本实现应急管理体系和能力现代化。党的十九大以来，河南已建成应急管理责任体系、法规体系、预案体系、指挥体系、救援体系、保障体系、联动体系、考评体系八大体系，全面推进应急管理体系和应急能力现代化建设，对标大安全大应急格局和中国式现代化要求，为应对各类突发事件做好有力支撑和保障。

创新应急管理工作模式。河南在应急管理工作中，积极探索并创新了一系列工作模式。一是"领导+专家+记者+纪检监察"工作模式。通过领导挂帅、专家指导、记者监督、纪检监察保障，形成了科学决策、高效执行、全面监督的良性运行机制，使应急管理工作更加精准、科学、有序。二是"5678"执法模式。这是河南应急管理工作的一大创新举措，该模式以"五必到、六必访、七必问、八必做"为核心，要求执法人员在执法过程中，必须做到程序严谨、公正公开、处罚适度、教育先行，从而确保了执法工作的规范性和公正性。三是"红黄蓝"三级安全监管模式。根据生产经营单位的风险等级进行分类，采用不同频率的监管和检查策略。这种模式使监管部门能够更有效地分配资源，对高风险单位进行更严格的监管，同时也给予低风险单位一定的自主管理空间。四是"公众参与+媒体监督"模式。通过宣传教育和媒体曝光等方式，引导公众参与应急管理工作，发挥社会监督作用。同时，媒体可以对应急管理工作进行及时报道和反馈，促进问题的整改和工作的改进，提高了应急管理工作的针对性和实效性。同时，加强了应急管理宣传教育，提高了公众的应急意识和能力，增强了社会对应急管理工作的关注度和参与度。

二　防灾减灾能力显著增强

灾害防御能力明显提升。河南持续落实综合防灾减灾措施，地震监测预报预警基础进一步夯实，地质灾害专群结合监测网络覆盖率大幅提高，防洪除涝工程和抗旱水源工程全部落地，气象预报预警水平显著提升，全社会防灾减灾意识和能力不断增强。"十三五"时期，创建全国综合减灾示范社区277个；与"十二五"时期末相比，因自然灾害死亡人数、倒塌房屋间数分别下降2.2%、37%，森林火灾起数和受害森林面积分别下降75.7%、90.7%。① 2022年，河南印发《河南省气象防灾减灾能力提升方案（2022—2025年）》，立足防大汛、抗大洪、抢大险、救大灾，加强统筹协调、加密会商研判，提升全社会气象防灾减灾风险防范意识和能力，筑牢气象防灾减灾第一道防线。另外，在低温雨雪冰冻天气，河南着重突出城市运行、交通出行、弱势群体救助等重点领域建设，落实隐患排查、预置队伍物资、快速救援救助等应对措施，有力保障人民群众安全温暖过冬。2023年，气候变化极不寻常，防灾减灾形势极其严峻，共发生自然灾害27次，雨雪冰冻、山洪内涝、地震地质等自然灾害轮番交替，

---

① 《河南省人民政府关于印发河南省"十四五"应急管理体系和本质安全能力建设规划的通知》，河南省人民政府网站，2022年2月23日，https：//www.henan.gov.cn/2022/02-23/2403410.html。

特别是台风"杜苏芮"造成的极端强降雨给防汛形势带来严峻考验。① 各地市完善"1+15+N"省级防汛预案体系，市县两级修订各类防汛预案3324个；储备防汛抗旱物资22.65亿元，同比增加100%以上；有效应对17次全省大范围降雨过程。② 在森林防灭火方面，2023年全省森林火灾起数、受害森林面积与前10年同期平均数相比分别下降86.4%、44.0%，未发生重特大森林火灾，森林防灭火形势持续稳定。③

全面完成自然灾害综合风险普查。一是普查工作全面完成。河南省按照国务院的统一部署，从2020年8月开始，经过三年的努力，全面完成了省、市、县三级自然灾害综合风险普查工作，覆盖了地震灾害、地质灾害、气象灾害、水旱灾害、森林火灾五大类致灾因子，以及人口、房屋、基础设施、公共服务体系、产业、资源、环境等承灾体风险要素信息。通过全省30多万名普查人员，包括基层社区（村）人员、志愿者的参与，普查数据经过严格的质量检查和汇总，形成了全面、准确、可靠的灾害风险信息数据库。二是多部门协同配合。在普查工作中，河南省应急管理、自然资源、住建、交通、水利、气象、林业、地震等多个主要涉灾部门以及其他行业部门，充分发挥各自的专业优势，协同配合、共同推进普查工作深入开展。同时，组建省本级12个技术支撑单位，合计344名专业技术人员的省级技术队伍核心力量，并邀请河南大学、华北水利水电大学、河南理工大学等本地院校作为技术参与单位，增强普查技术力量，为普查工作的顺利进行提供了有力的技术保障。④ 三是普查结果广泛应用。河南省在全面完成自然灾害综合风险普查工作的基础上，积极推进普查成果的广泛应用。通过普查数据的分析评估，形成了省、市、县三级综合评估区划报告175份，为各级政府制定灾害防治规划、应急预案和风险管理措施提供了科学依据。同时，普查成果在灾害风险监测预警、灾害防治工程建设、灾害应急应对等方面也得到了广泛应用，有效提高了河南省的自然灾

① 孟媛：《2023年河南安全生产和防灾减灾形势总体稳定》，大河网，2024年1月15日，https://news.dahe.cn/2024/01-15/1700410.html。
② 《安全生产形势总体稳定 河南提升应急应战能力护航安全发展》，河南省人民政府网站，2023年11月27日，https://www.henan.gov.cn/2023/11-27/2854616.html。
③ 孟媛：《2023年河南安全生产和防灾减灾形势总体稳定》，大河网，2024年1月15日，https://news.dahe.cn/2024/01-15/1700410.html。
④ 王战龙：《全省安全生产形势总体稳定》，《郑州日报》2023年11月28日。

害防治能力。

三　安全生产形势日益向好

安全生产状况持续稳定。"十三五"以来，河南省对《河南省安全生产条例》进行了修订，制定了一系列政策措施和实施细则，不仅扎实推动了安全专项整治工作，还积极推动了安全生产双重预防机制的构建，进一步完善了安全生产责任体系，并持续提升了全民的安全意识。在淘汰落后产能方面，重大灾害防治工作效果显著；非煤矿山企业的关闭退出力度持续增强，地下矿山的六大系统建设全面展开；危险化学品企业的退城入园步伐加速，对重大危险源的监测预警全面覆盖；烟花爆竹企业已整体退出，有效地控制了重大风险。此外，道路交通安全的综合整治深入开展，公路安全生命防护工程建设取得成效。建筑施工安全整治全面推进，各行业领域的本质安全水平得到显著提升。河南省应急管理事业现已迈入新的发展阶段，全省生产安全事故起数、死亡人数以及较大事故起数连续五年均实现了"三下降"。2020年，在疫情影响、全面复工复产风险严重、洪涝灾害叠加的严峻形势下，河南各类生产安全事故起数、死亡人数同比分别下降15.7%、14.2%，较大事故起数下降15.6%。[①] 2022年，面对经济下行压力加大和疫情反复冲击的严峻考验，全省应急管理系统牢牢守住不发生群死群伤灾害事故"金标准"，生产安全事故起数、死亡人数同比下降8.6%、9.4%，其中较大事故起数、死亡人数同比下降59.1%、53.3%，创历史最大降幅。[②] 2023年10月底，全省各类生产安全事故起数同比下降10%，未发生重特大事故，全省安全生产形势总体稳定。[③]

安全生产向事前预防转变。一是建立双重预防体系。河南全省，特别是在23个行业领域和4.6万家规模以上企业中，建立了安全风险辨识管控和隐患排查治理双重预防体系，确保了安全生产的系统化、规范化，有效地提升了事前预防的能力。河南制定出台38个地方标准，并选聘专家对规模以上企业的双重预防绩效进行评估，推动了体系建设的质量提升和有效运行。二是扩大预防体系覆盖范围。河南不仅在大中型企业中推行双重预防体系，还选择 10 个县区进行小微企业双重预防试点，并积极向党委政府、各类园区、公共服务机构延伸拓展。这一操作全面提升了安全风险防控的整体能力。三是推进信息化建设。通过将企业双重预防接入省应急信息平台，河南实现了数据共享和互联互通，推动了双重预防的常态长效开展，为安全生产监管提供了有力的技术支持。截至 2023 年底，危化、非煤矿山和重点工贸企业已经接入企业监控室，大的企业实现了集团公司内部联网，省级平台注册企业达到了 60787 家。此外，电气焊联网监管也在积极推进中，"豫智焊"平台已经上线，逐渐实现全省电焊作业以机管人和在线监控。四是开展专项整治和巡查。河南以安全生产专项整治为抓手，严格按照"全覆盖、零容忍、严执法、重实效"的总体要求，各地采取部门联合执法、交叉检查、专家指导、跟踪督办等方式，聚焦重点领域和薄弱环节，加强风险管控和开展重大隐患排查整治，截至 2023 年底，全省共检查企业 70.84 万家，整改率达 99.7%；受理各类安全生产举报信息 4910 件、发放奖励资金 143.77 万元。① 五是加强责任落实和监管执法。河南在夯实安全生产基础的同时，也加强了责任落实和监管执法。通过实施安全监管组织力提升工程、安全生产责任体系建设工程和安全监管执法能力建设工程等措施，全面提升了安全生产的监管水平。

四　应急救援体制机制持续深化

完善应急救援体系。河南城市应急救援体制机制在过去十年的建设中取得了显著成效，形成了统一指挥、专常兼备、反应灵敏、高效运转的应急救援体系。一是构建多元参与的应急救援队伍体系。河南逐步建立以国家综合性消防救援队伍为主力，专业应急救援队伍为协同，军队应急救援力量为突击，基层组织和单位应急救援队伍、社会应急救援力量为辅助的应急救援队伍体系。② 该体系支持国家消防救援河南机动队伍组建，命名涵

①　孟媛：《2023 年河南安全生产和防灾减灾形势总体稳定》，大河网，2024 年 1 月 15 日，https://news.dahe.cn/2024/01-15/1700410.html。

②　《郑州市人民政府关于印发郑州市突发事件总体应急预案（试行）的通知》，《郑州市人民政府公报》2021 年第 2 期。

盖各行业（领域）省级骨干专业队伍，推动基层综合救援队伍建设。截至2023年底，全省共建有自然灾害类、安全生产类应急救援队伍5.6万支，共计101万人，形成了覆盖区域、辐射全省的应急保障体系。① 二是建立应急快速响应指挥体系。河南着眼于应急救援实战，制定了灾害事故应急快速响应机制，建立了"先遣指导组、前方指挥所、基本指挥所"应急快速响应指挥体系。通过案练一体、人装结合的方式，进行不间断的随机快反拉练，确保在灾害事故发生时能够迅速响应、有效应对。仅2023年，全省组织各类演练7.8万余次、参演685.9万余人次，演练内容包括火灾扑救、防汛、抗震救灾、危险化学品安全事故等应急救援综合演练。三是完善应急救援预案体系。"十三五"时期，河南制修订生产安全事故、防汛、抗旱、森林火灾和突发地质灾害等各级各类应急预案2310个。2023年，修订《河南省自然灾害救助应急预案》，建立健全应对突发重大自然灾害救助体系和运行机制，规范应急救助行为，提高应急救助能力，合理配置救灾资源，迅速、有序、高效应对自然灾害事件。

加强救援协同联动机制建设。十年来，河南各地市通过建立完善的信息共享机制、协调联动机制等，实现了资源的优化配置和高效利用，提升了应急救援工作的整体效能。首先，2019年，河南出台了《河南省应急救援联动工作机制（试行）》，加强了省应急救援总指挥部和省各专项指挥部及成员单位、前后方指挥部之间的沟通协调，实现了信息共享、会商研判、统一指挥、协调联动，形成了应急救援合力，提高了应急指挥和综合救援能力与效率。其次，各地市应急管理、水利、林草、自然资源、地震、气象等有关部门和解放军武警部队密切协作，形成了上下联动、部门协同的应急救援工作格局。例如，在应对洪涝灾害时，需要应急、消防、水利、自然、城管等多部门协同联动，电力、通信、供水、油料、车辆、安全、防疫等行业主管部门做好应急救援保障，抢险救援力量协助受影响地区开展抢险突击、人员避险转移安置等工作。2022年，郑州市上街区出台《上街区应急救援联动工作机制（试行）》，明确提出建立完善的信息共享机制，加强应急队伍联动、应急专家联动以及装备联动。此外，在关于自然

---

① 郭北晨、麻文静：《提升应急应战能力 护航河南安全发展》，《河南日报》2023年11月28日。

灾害救助方面,最新修订的《河南省自然灾害救助应急预案》中指出要进一步加强省级和地方救助应急预案协同衔接,预案增设"响应协同衔接"部分,规定启动省级自然灾害救助应急响应的相关地区自然灾害救助应急响应级别应与省级响应级别协同衔接。

第七章　城乡贯通发展更加深入

全面建设社会主义现代化国家，既要建设繁华的城市，也要建设繁荣的农村。党的十九大报告指出，建立健全城乡融合发展体制机制和政策体系，党的二十大报告再次强调，坚持城乡融合发展。近年来，河南省委、省政府深刻领会并全面贯彻党中央关于城乡融合的决策部署和会议精神，积极统筹城乡发展规划和布局，不断推动城乡发展互相衔接、互相促进，始终将城乡融合发展作为全省工作的重中之重，制定了《2022年河南省新型城镇化和城乡融合发展重点任务》《河南省"十四五"乡村振兴和农业农村现代化规划》《国家城乡融合发展试验区（河南许昌）实施方案》等一系列翔实而具有前瞻性的政策文件，明确了河南省当前及未来一段时间内城乡融合发展的具体目标和行动路径，强调要逐步打破长期存在的城乡二元结构壁垒，缩小城乡发展差距，积极推动城乡间的要素流动和资源共享，以期实现城乡间的均衡、协调和高质量发展。通过全方位、多层次、宽领域地深度探索和实践创新，河南省成功破解了城乡发展中的诸多难题，取得了显著成效，不仅为城乡融合发展注入了强大的动力，也为全国其他地区提供了宝贵的经验和示范。

第一节　城乡空间融合化

合理的城乡空间布局是推进城乡融合发展，实现新型城镇化与乡村振兴双轮驱动的重要基础。十年来，河南省始终坚守城乡统筹兼顾、协调发展的战略路径，不断探索和实践，致力于打破城乡二元结构，科学编制了城乡一体化发展规划并加强了规划实施和监管，明确了城乡发展的空间定位和功能布局，推动了城乡空间布局的合理和优化，形成了城乡联动、相互促进的发展新格局，实现了从传统农业大省向城乡发展一体化格局的跨越式转变，为全面建设社会主义现代化强省奠定了坚实基础。

一 推动城乡规划一体化编制

统筹城乡规划编制。随着改革开放的深入推进，城乡分割的二元结构进一步消除，有利于城乡一体化发展的体制机制进一步健全，从而推动城乡居民基本权益平等化、城乡公共服务均等化、城乡居民收入均衡化、城乡要素配置合理化、城乡产业发展融合化。近年来，随着以"一极三圈八轴带"为主体的城镇化体系的不断完善，以及新农村建设的全面实施，河南城乡协调发展的格局正在加快形成。2023 年，河南发布《河南省实施〈中华人民共和国土地管理法〉办法》，明确指出在国土空间规划体系之外不再另设其他空间规划，不再单独编制主体功能区规划、土地利用规划和城乡规划，按照"统一底图、统一标准、统一规划、统一平台"的要求，完善国土空间规划"一张图"系统，达到"多规合一"，实现城乡规划一体，统筹城乡空间布局。

城乡规划逐渐完善。河南始终把以人为本、尊重自然、传承历史、绿色低碳等理念融入城乡规划全过程，深入推进规划编制内容和编制模式改革，不断完善城乡统筹、产城融合和多规合一的空间规划体系，城乡规划编制审查的科学性和实施管理的有效性逐步提高。《河南省实施〈中华人民共和国土地管理法〉办法》指出要坚持以高水平规划为高质量发展提供有力的空间规划支撑，河南基于国土空间规划"一张图"系统，不断推动城乡贯通的先导性、基础性工作，持续完善城乡一体化、县域一盘棋的规划管理和实施体制，推进省市县乡同步编制，并按照"城市品质、乡村味道"的理念，以村庄分类与布局为基础，不断完善实用性村庄规划的编制。统筹推进各项专项规划，包括生态保护、农业、交通、水利、能源等，更加科学地进行城乡生产、生活、生态空间的优化，使规划编制更科学、城乡规划体系日臻完善。

二 加强规划实施和监管

推动规划管理与审批权限的集中统一。河南省在城乡规划管理方面采取了极其严谨且高效的工作措施，严格实施城乡规划集中统一管理，严禁地方各级政府以任何形式擅自下放规划管理和审批权限。这项规定意味着河南省内的所有规划管理和审批工作，均需按照省级规划主管部门的统一部署和标准流程进行，确保了全省范围内规划管理的权威性和统一性。另外，通过集中化管理，可以有效避免因权力分散而导致的规划执行力度不一、标准难以统一等问题，进而减少因规划实施混乱而可能引发的城市发展失衡、资源浪费等现象。对于已经违规下放的规划管理和审批权限，河南已依法依规进行收回，重新将其纳入省级统一管理范畴，以实现规划决策与执行的严肃性和规范性。

健全规划实施和监督机制。一是完善规划决策机制。河南省通过建立健全县城城乡规划委员会制度，确保规划决策的科学性和民主性。委员会吸纳专家和公众代表，逐步推行票决制，使规划决策更加符合公众利益和社会需求。实行规划编制、审批、修改、实施全方位公开公示制度，即"阳光规划"。这一做法有效提高了规划的透明度和公众的参与度，增强了规划的可信度和执行力。二是加强规划监督。河南省树立"规划即法"意识，对违反规划的行为依法严肃追究责任，确保规划的权威性和严肃性，有效遏制违法建设行为；加强规划监督力度，县（市）政府每年定期向同级人大常委会报告规划实施情况，促进规划的顺利实施；严厉打击和查处各类违反规划进行建设的行为，对严重违反规划应拆除或没收的建筑物、构筑物，必须予以拆除或没收，有效维护规划的权威性和严肃性。

三　优化城乡空间格局

推动城乡空间布局调整。河南始终坚持生态优先，绿色、可持续发展，落实国民经济和社会发展规划提出的国土空间开发保护要求，科学有序统筹安排农业、生态、城镇等功能空间，划定落实耕地和永久基本农田、生态保护红线、城镇开发边界，强化对水利、交通、能源、农业、通信、市政等基础设施以及公共服务设施、军事设施、生态环境保护、文物保护、林业草原等专项规划的指导约束，在国土空间规划"一张图"上协调解决矛盾问题，合理优化空间布局。此外，指导各地市高标准规划建设城乡一体化示范区，按照综合性载体和复合型发展要求，构建多中心、组团式、网络化城乡空间格局，合理布局城市功能区、现代农业区、生态功能区和新农村建设，统筹发展先进制造业、现代服务业和都市生态农业，完善城乡生态网络，强化城乡公共设施共建共享，打造全省城乡一体化发展的示范区和样板区。

打牢安全发展的空间基础。2024 年，河南出台《河南省国土空间规划
（2021—2035 年）》作为河南省空间发展的指南，统筹发展和安全，提出一
系列安全保障空间目标。截至 2035 年，河南省耕地的保有量需确保不少于
10955.52 万亩，其中，永久基本农田的保护面积不得少于 9837.89 万亩，
生态保护红线面积不低于 1.40 万平方公里，城镇开发边界的扩展倍数被严
格控制在 2020 年城镇建设用地规模的 1.3 倍以内。此外，单位国内生产总
值建设用地使用面积需减少 40%以上，并严格控制用水总量不超过国家规
定的指标，预计 2025 年用水总量不超过 260.7 亿立方米。针对自然灾害风
险，河南省明确重点防控区域，划定洪涝等风险控制线，并确保战略性矿
产资源与历史文化保护的安全保障空间得到落实，全面巩固高质量发展的
空间基础，实现经济发展与生态环境的和谐共生。[①]

第二节　城乡基础设施一体化

基础设施一体化是城乡一体化的重要标志、统筹城乡发展的重要条件，
也是打破城市和农村界限、实现基本公共服务均等化的重要手段，在城乡
一体化中发挥着支撑作用。十年来，随着乡村振兴战略的深入实施，河南
不断推动基础设施向乡村延伸，农村道路网络逐渐织密，城乡之间的物理
距离被有效缩短。河南始终坚持"织线成网"，推动了城乡基础设施联通
化、网络化、均衡化，形成了城乡相互衔接的交通、通信、供电等基础设
施网络，使城乡之间的信息流、物流、人流交往日益频繁，促进了城乡经
济的互补与协同发展。

一　持续夯实城乡交通运输发展基础

在公路方面，截至 2023 年底，全省农村公路总里程达到 23.8 万公里，
实现 91.4%的乡镇通二级及以上公路、99%的乡镇通三级及以上公路、
100%的建制村和 20 户以上自然村通硬化路。2022 年 4 月，河南省交通运输
厅印发《加快推进"四好农村路"示范创建提质扩面实施方案》，以"四好

---

① 李运海：《国务院批复同意我省国土空间规划》，《河南日报》2024 年 3 月 9 日。

农村路"高质量发展交通强国建设试点为抓手，扎实建设连接城乡主要节点的产业路、旅游路、资源路，全省城乡交通运输一体化水平不断提升，着力打造"四好农村路"高质量发展"河南样板"。截至 2024 年 2 月，河南省成功打造了 69 个"四好农村路"省级示范县，其中更是有 23 个县跃升至全国示范县的行列，在全国处于领先地位。其中，林州市林石公路、兰考县县道兰赵线、平顶山市鲁山县县道环湖路分别获评 2019 年、2021 年、2022 年全国"十大最美农村路"，不仅展示了河南省农村公路的美丽风貌，也反映了河南省在提升农村交通基础设施、推动乡村振兴和旅游发展方面所做的努力和取得的成效。在路长制度的推广方面，河南省已设立超过 4 万名路长，构建了覆盖县、乡、村三级的路长组织体系，以确保农村公路的日常管理和维护。此外，河南省还持续加强农村公路技术状况的监测与评估工作，使自动化检测里程覆盖全省 78% 的农村公路，确保农村公路的安全和畅通。河南自动化检测技术的成功应用及成果，已被交通运输部、财政部列为典型案例，并在全国范围内进行交流与推广。

在客运方面，2019 年 1 月河南省交通运输厅出台《河南省"万村通客车提质工程"实施方案》，重点解决乡—村、村—村通客车问题，打造以"公交化运营+班线客运"为主、以定制客运为辅、以"预约班"为补充的村村通客车"升级版"，大力推进农村客运班线公交化改造，补齐农村客运发展短板。禹州、兰考、浚县、郏县等成功创建全国城乡交通运输一体化示范县，河南示范县数量全国第一。截至 2023 年底，河南已成功创建 101 个"万村通客车提质工程"省级示范县，确保所有符合条件的建制村均实现客车通车服务 100% 覆盖。同时，河南新增公交化运营的建制村数量增加至 1077 个，将建制村公交化运营的占比提升至 58%，这一成绩提前四年实现交通运输部原定的 55% 目标。此外，为了进一步保障和提升农村客运服务质量，河南制定了农村客运运营服务评估办法，旨在加强对农村客运通村的监测，定期开展服务质量评价，并将评价结果与补助资金直接挂钩，真正做到让农村的客运服务"开得通、留得住、能持续"。

在物流方面，近些年，河南着力完善农村寄递物流基础设施布局，推动县、乡、村三级农村物流节点体系更加完备，畅通了农产品出村进城、消费品下乡进村的"最先和最后一公里"。2023 年底，共建成客货站点县级 281 个、乡镇 762 个、村级超 2.4 万个，75.2% 的行政村设立寄递物流服务站，成功创建农村物流服务品牌 12 个，累计入选 10 个国家级城乡交通运输一体化示范创建县，农村物流送达效率和服务覆盖深度进一步提高。为激发市场活力，河南积极倡导并激励市场主体参与邮政快递的合作项目。其中，推动驻村设点和直投进村策略，旨在与农商产业联盟等农村市场主体构建紧密的合作关系，共同建设寄递共配中心和村级服务站点。通过市场化的运作手段，联合供销、电商等相关行业，共同打造并分享农村末端配送网络，实现资源共享和效益最大化。此外，河南将原有的客运、邮政（快递）等站点进行升级和改造，转型为功能更为全面的乡镇运输服务站。不仅提高了站点的使用效率，也促进了"城乡客运+邮政快递"模式的深度融合。2023 年，全省范围内，已建成乡镇运输服务站 235 个，其中复用交邮站点达 1838 个，邮快合作的覆盖率高达 86.16%，充分反映了河南在推进城乡物流融合、提升农村地区服务效率方面取得了显著成效。以浚县为例，通过客货邮商同仓同网融合发展，快件配送费用由原来的 0.9 元/件降低为 0.55 元/件，降幅达 39%，每年为邮政和快递企业节省投递费用 120 余万元，为公交公司增加收益 190 余万元。

二　持续推进城乡信息通信网络建设

提前实现 5G 网络"村村通"。党的十八大以来，河南信息通信基础设施快速向农村延伸，持续加大农村地区网络投入，推动城乡信息通信网络一体化建设，加快 5G、千兆光网"双千兆"网络协同发展。自 2019 年起，河南省通信管理局加快推动新型信息基础设施建设，全力推进"5G+"计划，加快提升 5G 基础设施供给能力，不断创新构建新型信息服务体系，致力于县域城乡信息通信网络一体化和数字乡村的全面构建，着力打造具有全国影响力的信息通信枢纽和信息交流中心。截至 2024 年 6 月，河南省在 5G 网络建设上累计投入资金高达 456.7 亿元，成功建设了 19.97 万个 5G 基站，数量在全国领先。尤为值得一提的是，河南省内的 44564 个行政村已经实现了 5G 网络的全面覆盖，覆盖率达到了 100%，意味着河南省提前完成了"十四五"规划中的相关目标，并在工业和信息化部电信普遍服务管理支撑平台上获得了"点亮"认证，彰显了河南省在这一领域的显著成果和领先地位。

持续推进城乡"同网同速"。河南持续优化农村宽带网络覆盖质量，推进城市农村"同网同速"。商丘是全省第一个完成光纤改造的城市，截至2017年6月，河南联通在商丘累计投资9亿元，架设光缆14000公里，实现了全市村村通光纤、网络规模达到102万户，建成了覆盖城乡、服务便捷、高速畅通、技术先进的宽带网络基础设施。[①] 2022年底，河南实现区域千兆"全省、全域、全接应"，标志着河南境内18个省辖市130余个区县4.5万个行政村实现了电信千兆网络100%覆盖。2023年，河南省通信管理局出台《2023年度全省信息通信业推进乡村振兴工作实施方案》，指出计划新增农村固定宽带端口100万个、10G-PON端口9万个、光缆线路长度4000公里，推动农村固定宽带端口累计达到2480万个、农村光缆线路长度累计达到84.6万公里，提升农村偏远地区网络覆盖质量。2023年11月，周口市在全省率先完成县域城乡信息通信网络建设一体化和数字乡村建设工作，仅2023年全年累计投资1.77亿元，新建农村5G基站700个，新增农村固定宽带端口7.9万个、10G-PON端口1.2万个、光缆线路长度1000公里。

深入开展农村网络信息惠民工程。在推动农业农村现代化进程中，5G技术显著提升了农村信息化建设的水平，有效推动了智慧农业和数字乡村等创新应用项目的蓬勃发展。河南省紧密围绕智慧农业、智慧党建以及乡村治理等多个方面，积极推动全省信息通信行业投身于数字乡村应用项目的规划与建设。不仅加速了5G技术在智慧农业领域的广泛应用与复制，还有效地助力了农业生产的信息化进程，进一步提升了乡村管理和应急响应的能力，为农村发展注入了新的活力。"十三五"期间，实施学校联网攻坚行动，实现全省3.4万所中小学宽带接入百兆以上全覆盖。河南移动、联通、电信等运营商也在数字乡村建设方面取得显著成效。截至2024年5月，河南已成功构建数字乡村达3.1万个，同时部署了高达22.5万路的"千里眼"摄像头系统，旨在加强乡村安全监控。同时，云广播项目也取得了积极进展，累计开通了2.1万台设备，主要用于乡村信息传播与公共服务。此外，在智慧党建上，河南联通打造的"互联网+智慧党建"融平台已覆盖全省超5万个党组织站点，为161万名用户提供便捷服务。在乡村安全建设上，河南联通协助创建了4785个平安乡村示范村，惠及48.9万户村民，有效提升了乡村治理水平，为广大农村群众提供了更优质的服务。

---

① 陈辉：《"宽带中原"提速河南大发展》，《河南日报》2017年6月30日。

三 持续增强城乡电网保障能力

合理优化电网网架结构布局。国网河南省电力公司充分发挥电网的基础性和先导性作用，持续加大投入力度，完善电网结构布局。通过新建、扩建变电站，新投运输电线路，加强各级电网建设，河南实现了电网发展与经济社会发展整体匹配、适度超前。一方面，贯通电网"大动脉"。河南持续推进特高压工程建设，已拥有"两交两直"省间特高压通道，成为全国率先跨入特高压交直流混联运行的省份之一，显著提升"外电入豫"的能力。推动 500 千伏电网跨越升级，将 500 千伏电网从"两纵四横"梯形结构升级为"鼎"字形骨干网架，实现了所有地市的 500 千伏变电站全覆盖。河南 220 千伏变电站实现了县域的全面覆盖，提高了供电的可靠性和效率。另外，河南持续推动农村电网改造升级，连续 7 年将农村电网升级改造纳入重点民生实事，投资超 1000 亿元，显著提升了农村地区的供电能力和设备状况。"十四五"期间，河南重点推进电力市场化改革，扩大市场交易主体范围，促进新能源发电参与市场交易，同时加强电力灵活调节能力建设，推动电力系统适应高比例新能源并网运行，提升电网运行调度水平。另一方面，畅通电网"毛细血管"。河南电网覆盖全面，实现了 500 千伏变电站覆盖所有地市、220 千伏变电站覆盖所有县、110 千伏变电站覆盖所有产业集聚区、35 千伏变电站覆盖所有乡镇、动力电覆盖所有自然村，形成了"5 站 15 线"的特高压供电格局。持续加强农村地区电网网架建设，提高农村电网建设标准，实现新能源高效接入和消纳水平显著提升，服务农村地区能源绿色低碳转型。实施革命老区振兴发展工程，如金牛 500 千伏输变电工程等，助力区域发展。十年来，河南打造了由高至低的层次化电网布局，确保了全省电力资源能够高效、广泛地输送到各个角落，为全省的经济发展和社会进步提供了坚实的能源保障。

稳步提升供电保障的可靠性。国网河南省电力公司坚持问题导向、目标导向，以队伍建设为根本、体系优化为保障、数字化转型为支撑、民生保障为底线，全面推动城乡配电网高质量发展。在民生实事任务方面，国网河南省电力公司超额完成年度新建改造配变台区的任务，有效提升了城乡配电网的供电能力和可靠性。首先，国网河南省电力公司多年来致力于农村电网的持续优化与提升，采取了一系列有效措施以增强农村地区的电力供应保障。从供电能力、设备状态以及智能化水平等主要指标的角度评价，河南农网发展达到中部地区的先进水平，户均配电容量也呈现稳步增长态势。通过民生实事工程，河南有效满足了农村用电增长需求，度夏高峰时段重过载线路和配变同比下降，相比 2014 年全网最大用电负荷为 5000 多万千瓦，到 2022 年，最高负荷已超 7900 万千瓦，充分展现了河南电力供应能力的显著提升。[①] 国网河南省电力公司积极推动技术创新在城乡配电网中的应用，例如在新乡市推广"钻石型"网架结构建设，实现高层小区计划停电零感知。2023 年底，全省 17 个省辖市和济源示范区"零计划停电"示范区建设全面完成，电力供应能力进一步提升。另外，引入智能化技术提高城乡配电网的自动化水平和管理效率，全省所有县级区域均实现了 110 千伏及以上的双电源供电，智能电表的普及覆盖了所有电力客户，提升了供电的智能化水平。最后，国网河南省电力公司注重城乡配电网的隐患治理和防范工作。通过制定防汛能力提升工作方案、建立隐患排查档案等措施，河南进一步加强城乡配电网的防灾减灾能力。同时，加强对城乡配电网的巡视和维护力度，及时发现和处理潜在的安全隐患，全面确保供电质量的可靠性。

大力推动终端用能电气化。十年来，国网河南省电力公司持续推进终端用能电气化，出台了一系列电气化的政策文件，明确提出了电气化的目标和任务，为推进城乡终端用能电气化提供了政策保障。首先，结合地方资源禀赋、产业发展布局和能源消费特点，国网河南省电力公司制定了详细的电气化发展规划，根据政府部门提供的纳入电气化改造的名单，国网河南省电力公司加紧配合开展配套供电设施的科研和初步设计工作，分阶段、有计划地推进城乡终端用能电气化工作。其次，国网河南省电力公司积极打造电气化试点示范项目，如农业电气化大棚、电烤烟项目、电制茶项目等，通过示范项目的成功实施，带动更多地区参与电气化建设。河南选取了兰考、光山、新县等地作为乡村电气化试点县，通过差异化制定乡村电气化实施方案、积极服务特色乡村电气化项目建设，形成了各具特色的电气化发展模式。再次，积极推广电能替代技术，如电烤烟、电烘干、电制冷等，降低对传统燃煤、燃油等能源的依赖，提高能源利用效率。最

---

① 裴培：《坚强电网 添彩中原》，《河南电力》2022 年第 10 期。

后，推动新能源汽车产业蓬勃发展，不断拓展电能替代广度、深度，减少传统能源消耗，助力绿色出行。2022 年 7 月底，国网河南省电力公司完成电动汽车充电站"百站工程"建设，共计新、扩建充电站 129 座、充电桩512 根，实现全省县域电动汽车充电站及"十三纵十三横三环"高速公路快充网络河南境内充电站全覆盖。① 2023 年，全省新能源总装机容量达到6241 万千瓦，新能源发电量 866.1 亿千瓦·时，省间新能源消纳规模达到286 亿千瓦·时，连续 5 年居国家电网系统首位。同时，2023 年累计运营的充电桩数量达到 6547 根，国网充电桩的充电量更是突破了 1 亿千瓦·时。新能源的发展不仅改变了城市的交通面貌，也为广袤的乡村带来了清洁化的改变。从豫南到豫北，电力成为灌溉的重要动力，为粮食生产带来了极大的便利、效率和经济效益。多年来，国网河南省电力公司投入大量资金，建设配套了 62 万眼机井，覆盖了 3200 万亩农田，每年节省灌溉成本高达23 亿元，显示了电力在促进农业现代化和可持续发展中的重要作用。

第三节　城乡要素流动畅通化

　　各种生产要素在城乡之间实现自由流动、平等交换是城乡融合发展的前提条件和物质基础。党的十八大以来，河南省围绕促融合、提质量，着力破除制约城乡要素自由流动与合理配置的体制机制障碍，出台一系列政策措施，加大对农业农村的投入，以"人才、土地、资金"三要素为重点，推动城市资本和劳动力向乡村流动集聚、在乡村得到优化配置，同时，深化农村土地制度改革，激发农村发展活力，释放农村巨大的潜力。这十多年是河南省城乡要素流动最为活跃的十多年，城乡融合发展的格局已逐步形成。

一　拓宽城乡人才交流通道

　　积极推动返乡创业。河南省在推动返乡创业方面取得了显著成就。一是加强政策支持与服务体系建设。河南省人民政府办公厅自 2016 年以来，出台了《关于支持农民工返乡创业的实施意见》《关于进一步支持返乡下乡

---

① 宋敏：《我省县域电动汽车充电站全覆盖》，《河南日报》2022 年 8 月 11 日。

创业的通知》《关于推动豫商豫才返乡创业的通知》等一系列促进返乡创业的政策文件，构建了省、市、县、乡"四级联动"的工作格局，设立了返乡创业投资基金，提供了金融扶持，优化了创业担保贷款政策，免除了反担保等，有效促进了返乡创业。截至2022年10月底，河南省新增返乡创业者数量达到137万人，带动就业超过900万人。2023年，全省全年新增返乡创业18.77万人，带动就业112.75万人。二是返乡创业模式多样化。河南省已形成包括"劳务品牌带动型""承接产业转移型""创新驱动引领型""产业链条延伸型"等10种返乡创业典型发展模式，为不同地区提供了可借鉴的经验，推动了乡村经济的全面振兴。三是打造特色创业平台。河南省还通过建立返乡创业综合服务中心和返乡创业园区，为返乡创业者提供"一站式"服务和区域特色的创业平台。此外。返乡创业不仅为乡村产业发展增添了新动能，还开辟了就业增收渠道，促进了当地经济的多元化发展。河南省特别重视高校毕业生、退役军人、农村劳动力等重点群体的就业问题，通过实施就业创业促进计划、职业技能提升计划等措施，增强了这些群体的就业能力和稳定性。

大力培养本土人才。首先，"十三五"以来，河南省坚持提升"老农"、吸引"新农"、储备"智农"，农业农村、人社、教育、乡村振兴部门"四路协同"，推行教育培训、评价管理、政策支持、跟踪服务"四位一体"制度，培育经营管理型、专业生产型和技能服务型高素质农民135.7万人。其次，深入推进"人人持证、技能河南"建设，大规模开展职业技能培训，提升了劳动者技能素质，促进了人力资源供求匹配效率的有效提升。此外，河南省在推动城市人才入乡的同时，紧密结合乡村振兴战略，大力培育农业生产经营人才，农村第二、第三产业发展人才，乡村公共服务人才，有助于加快乡村振兴的步伐。再次，深入实施农村创业创新带头人培育行动，改善了农村创业创新生态，引导了金融机构开发相关金融产品，建设了孵化实训基地，组建了导师队伍，壮大了新一代乡村企业家队伍。最后，通过提升电子商务进农村效果，开展了电商专家下乡活动，依托全国电子商务公共服务平台，建立了农村电商人才培养载体及多层次人才培训体系，加强了农村电商人才培育。2023年全年，全省完成乡村人才培训58.3万人，新增技能人才32.4万人，为乡村振兴提供了人才支撑。

健全城乡人才交流激励机制。河南省长期以来不断组织引导教育、卫

生、科技、文化、社会工作、精神文明建设等各行业、各领域人才到基层
一线服务,加快培养农村创业创新带头人。2015 年 8 月以来,河南省建立
选派"第一书记"工作长效机制;2016 年 6 月,郑州市总工会组织成立郑
州市劳模(技能人才)志愿服务队,深入农村社区,开展文化宣传、医疗
服务、法律咨询、技术指导、困难帮扶等活动;随后,郑州市出台《郑州
市全民科学素质行动计划纲要实施方案(2016—2020 年)》,提出实施
"万名科技人员包万村"科技服务行动;2018 年 12 月,河南省发布《河南
省乡村振兴战略规划(2018—2022 年)》,指出要制定落实相关政策措施,
吸引企业家、党政干部、专家学者、医生教师、专业技能人才等投身中原
乡村振兴事业,允许符合要求的公职人员回乡任职;2019 年 9 月,河南省
发布《关于实施河南省"一村一名大学生"培育计划的通知》,启动实施
"一村一名大学生"培育计划,为全面实施乡村振兴战略提供人才保障。这
一系列激励机制为河南省实现乡村振兴提供了良好的制度保障,也在实践
中产生了良好的效果。截至 2023 年 11 月,全省共计派出 1.4 万名驻村第一
书记和 3.9 万名驻村干部,2023 年前 10 个月全省驻村第一书记帮扶农产品
销售达到 764 亿元。

二 持续深化城乡土地要素市场化改革

农村土地制度改革扎实推进。党的十八大以来,河南不断深化农村土
地制度改革,拓展农民土地承包经营权的权利范围,将流转权、抵押权、
租赁权等细分权利纳入农户的承包权,使农民对土地资源的再配置拥有更
大的决策权和收益权,建立和完善城乡统一的建设用地市场,促使农村集
体建设用地与城镇国有建设用地实现同价同权,以市场机制引导土地价格
的形成,让土地增值收益更多地留在农民手中。河南农村基本经营制度得
到持续巩固和完善,农村土地承包确权登记颁证工作圆满完成,土地承包
经营权证书基本做到应发尽发。济源示范区成为全国第二轮土地承包到期
后再延长 30 年试点,现已基本完成试点任务,确保大多数农户原有承包权
保持稳定、顺利延包。深入推进承包地"三权分置"改革,加快放活土地
经营权,积极发展多种形式适度规模经营,优化农业资源配置,使土地要
素流动起来。此外,河南不断健全河南省农村宅基地和村民自建住房管理
办法,稳慎推进农村宅基地改革。2020 年,全国开启新一轮宅基地制度改

革试点，河南巩义、孟津、宝丰、长垣、新县 5 个县（市）获批试点地区，探索宅基地"三权分置"有效实现形式，启动农村房地一体的不动产登记，以适度放活宅基地使用权为重点，盘活利用闲置宅基地和农房，唤醒农村"沉睡资源"，让闲置资源再"生金"。

推动农村集体经营性建设用地入市。在推进我国土地制度改革的过程中，农村集体经营性建设用地的入市举措是我国土地制度改革的重大创新。不仅有效提升了农村集体的经济收益，而且为农村发展的瓶颈问题提供了新的解决途径，对实施乡村振兴战略起到了关键的促进作用，进一步优化了土地资源的配置、激发了农村土地要素市场的活力、加速了城乡融合发展的步伐。对河南省来说，全面深化集体经营性建设用地入市改革，探索并允许农村集体经营性建设用地进行出让、租赁和入股，实行集体经营性建设用地与国有土地同等入市、同价同权，有效地盘活了农村闲置的集体用地，对乡村振兴和城乡融合发展的整体进程产生了显著的推动作用。2020年 5 月 29 日，河南省首宗城区农村集体经营性建设用地入市落地在焦作市马村区，马村区将一块总面积为 11.3 公顷的土地入市摘牌，土地出让金收益全部归属于集体土地所有者，主要用于乡村基础设施建设、脱贫攻坚与产业发展等方面，有效破解了乡村振兴中的资金难题。同年 10 月，平顶山市也迎来了首批农村集体经营性建设用地入市，共成交 2 宗土地，均为岔河寺村集体所有，总面积达到 10836.90 平方米，并以 680 余万元的价格成交。随后，2021 年 9 月，周口市实施农村集体经营性建设用地入市制度，申报为河南省土地要素市场化配置专项改革试点，郸城县被确定为全国 352 个农村集体经营性建设用地入市改革试点县市之一。同年，许昌市出台农村集体经营性建设用地入市管理办法，明确农村集体经营性建设用地入市范围、入市主体、入市途径、收益分配方式等，建立健全集体经营性建设用地使用权转让、抵押二级市场，构建城乡统一的建设用地市场，实现入市集体建设用地与国有土地同价同权。这些成功的土地交易案例不仅凸显了农村集体土地资产在市场上的巨大价值，而且为壮大村集体经济、增加村民收入，以及加快美丽乡村建设提供了有力支持。

创新土地流转模式。河南不断创新土地集中流转模式，探索实践"小田并大田"发展模式，引导土地经营权有序流转，让"碎片化"的土地得到有效整合，走出了一条"一户一田、统种增收"的致富新路，实现了农户受益、产业发展、村集体经济壮大、生态环境优美宜居的四赢局面。2023年，信阳市光山县孙铁铺镇江湾村采取"企业+村集体+土地+农户"的模式，先把土地从农户手中流转到村集体股份合作社，村集体再与光山县豫谦农业发展有限公司合作，把土地划片流转给企业发展产业，既解决了农户想要流转土地找不到企业的问题，也解决了企业想发展产业却难以大规模流转土地的难题。此次江湾村土地流转资金发放仪式共为519户农户发放现金105万元，流转土地2100余亩，亩均获利500元以上。2022年，河南省安阳市内黄县后河镇积极探索土地合大方、集体经营、土地托管等模式，盘活农村土地资源。其中，余庄村借助实施高标准农田项目的机遇，对原来撂荒的小块零星集体土地进行整合，对原来低价发包的集体土地进行统一收回，将集体土地由205亩校正为371亩。通过土地规整，余庄村村民家中原有的多块地合为大方田后便于规模化种植经营，大大提高了土地利用率和耕种效率，农户种植成本每亩降低200～300元，村集体经济年收入跃升至37万元。

三 推动资金要素在城乡间有效流动

加大财政资金转移支付。一是支持落实"两藏"战略，打牢粮食稳产增产基础。截至2023年10月末，全省财政资金累计投入1155亿元，支持建设大规模高标准农田，总面积达8330万亩，同步发展了高效节水灌溉面积3000多万亩，打造了超过300万亩的高标准农田示范区。在科技创新方面，促成了国家生物育种产业创新中心、国家农机装备创新中心、神农实验室等重大科技平台在河南落户，累计投入17.88亿元。此外，设立了总额为30亿元的中原农谷投资基金和30亿元的河南省现代种业发展基金，这些举措为农业的高质量发展提供了强大的科技支持和坚实的资金保障，为农业的持续发展积蓄了强大的后劲。二是实施各项惠农补贴政策，树立重农抓粮积极导向。自2015年起，为缓解农资价格上涨给粮食生产带来的压力，河南省已累计调配了高达1189亿元的各类补贴资金，包括耕地地力保护补贴、实际种粮农民一次性补贴以及农机购置补贴等，有效对冲了农资价格上涨对粮食生产的影响，显著降低了农民的种粮成本，激发了农民种植粮食的积极性和动力。三是支持农业产业集聚发展，绘就农业高质量发展底色。自2017年起，河南累计投入资金达44.7亿元，支持创建国家级现代农业产业园 12 个、国家优势特色产业集群 7 个、国家现代农业产业强镇 92 个，以及省级现代农业产业园 100 个，成功培育了延津小麦、泌阳夏南牛、灵宝苹果、内乡生猪、正阳花生等一系列全国著名品牌。

促进金融资本下沉。改变城市强势虹吸金融资源的现状，推动金融机构从乡村资金抽水机变成蓄水池是城乡融合发展的必要条件。近年来，河南不断健全财政金融联动支农的机制，引导金融资金投入农业农村，补齐短板。一是试点拉开农村金融改革序幕。首先，2015 年，河南全面启动中原经济区农村金融改革试验区建设，出台《河南省推进中原经济区农村金融改革试验区建设总体方案》《河南省推进中原经济区农村金融改革试验区建设实施方案（2015—2020 年）》等政策措施，在济源市、兰考县、巩义市等 22 个县（市）进行试点，开展农村土地承包经营权抵押贷款、农房抵押贷款试点，推动金融机构明确将"两权"纳入抵（质）押担保范围。其次，河南积极推进林权抵押贷款试点，扩大林权抵押担保权能，允许一般公益林、林下经济产品作为抵押物，对小额林权抵押贷款实行免评估。最后，推动普惠金融改革。2016 年 12 月，《河南省兰考县普惠金融改革试验区总体方案》获国务院同意，兰考县成为全国第一个国家级普惠金融改革试验区，探索形成以数字普惠金融综合服务平台为核心，以金融服务体系、普惠授信体系、信用信息体系、风险防控体系为基本内容的"一平台四体系"普惠金融兰考模式，入选中央党校教学案例，并在全省复制推广。二是全面加强农村信用体系建设。中国人民银行河南省分行多年来聚焦新型农业经营主体，通过依托地方征信平台和涉农金融机构的信用信息系统，探索新型农业经营主体信用体系建设的有效路径。截至 2023 年 10 月底，全省共有 16 个省辖市成功构建新型农业经营主体的信用信息体系，已建立超 24 万户此类主体的信用档案。这些举措不仅优化了融资环境，更为全省新型农业经营主体提供了融资支持，成功助力 2.62 万笔融资项目，融资总额高达 129.37 亿元，有力促进了河南农业的可持续发展。① 三是创新农村金融产品和服务模式。内乡县实施整村授信和"信贷+信用"模式，2018 年创设了"内乡快贷"等普惠类贷款产品。西峡县能够成为全国重要的生态有机猕猴桃主产区离不开金融支持，聚焦猕猴桃产业，加大信贷投放力度，

---

① 李鹏：《人民银行构建信用体系 助力融资超百亿元》，《河南日报》2023 年 11 月 26 日。

实施"公司+基地+农户+信贷"模式，截至 2023 年 11 月，西峡农商银行累计投放以猕猴桃为主的"果贷通"产业链贷款 5.6 亿元，累计发放猕猴桃特色农业贷款 9.5 亿元，延长了猕猴桃产业链条。

引导社会资本投入农业农村。近年来，河南省强力推进"万企兴万村"工作，广泛动员各类企业参与"万企兴万村"行动。2023 年底，已有20399 家企业积极响应，27243 个"兴村"项目顺利实施，成功促进了10666 个村庄的振兴。其中，有 10826 家农业类企业参与，在参与企业总数中占比达到 53.1%，这些企业承担了 17708 个项目，在实施项目中占比高达65%，实现了企业自身发展与乡村振兴的双赢。2022 年 6 月 2 日，平顶山市湛河区慈善协会、区工商联牵头组织"万企兴万村"捐赠活动，吸引了湛河区辖区内的河南五建第三建筑安装有限公司、河南省石人山食品有限公司等 37 家民营企业参与捐赠仪式，当天共捐资 98.37 万元。此外，河南省大力实施"千村引领、万村升级"工程，河南省农业农村厅鼓励各类企业积极参与乡村基础设施建设和人居环境整治。2023 年，全省共支持 9512 家企业参与乡村建设项目 9727 个、资金规模超 100 亿元。其中，开封市杞县募集 400 余万元社会资金，聚焦"一老一小"弱势群体，着重村貌提升，用于养老、助学、人居环境改善等方面，惠及 800 余名孤寡老人、700 多名青少年及多个美丽乡村示范村建设。

第四节　城乡产业发展链接化

十年来，河南城乡产业实现了从初步探索到深度融合的跨越式发展。十年间，河南省积极推进农业现代化与工业化、信息化深度融合，通过优化产业布局、强化科技创新和人才支撑，有效推动了城乡经济一体化发展。在农业领域，通过推广现代农业技术和产业化经营模式，农业生产效率显著提升，农产品加工业蓬勃发展，农产品产业链条不断延伸，为农村经济发展、三次产业融合注入了新动力。同时，工业反哺农业，城市带动乡村，城乡产业协同发展逐步深化，形成了特色鲜明、优势互补的现代化产业体系，构建了城乡产业融合平台载体。如今，河南城乡产业融合已成为推动经济高质量发展的重要力量，为乡村振兴和区域协调发展注入了新活力。

一　加速农业产业链条延伸

实现农业全产业链发展。十年来，河南省通过"粮头食尾""农头工尾"策略，延伸粮食产业链、提升价值链、打造供应链，取得了显著的成就。河南省持续以十大优势主导产业为重点推进全产业链发展，规划建设了 540 个全链条、全循环、高质量、高效益的农业产业化集群，形成了一批具有区域特色的产业集群，打造了延津优质小麦、泌阳夏南牛、信阳浉河茶叶 3 个全产业链典型县，创建了以三全、思念为代表的速冻食品产业链，以双汇、牧原为代表的猪产业链等，基本形成了"从田间到餐桌"的全产业链。漯河市作为河南省农业发展的一个缩影，通过实施"三链同构、农食融合"的发展模式，依托粮食生产核心区和中国食品名城的资源优势，加快农业全产业链建设。这一模式促进了粮食连年增产、农民稳定增收、企业持续增效，使食品产业规模达到 2000 亿元，成为河南省万亿元食品产业集群的重要支撑。西峡县通过优化产业布局、拉长产业链条、深化融合发展，以及品牌化培育、提升价值链等措施，成功打造食用菌、林果、中药材和旅游四大特色产业，覆盖全县 7 万户近 30 万人，综合年产值超过 300 亿元，对农民人均可支配收入的贡献率在 80% 以上。

技术创新推动产业链升级。十年来，河南省围绕产业链布局创新链，提升技术创新在农业发展中的驱动作用。河南省建立了神农种业实验室等省部级以上农业领域创新平台，通过基因编辑技术等手段，研发出适应市场需求的新品种，如适用于糖尿病人食用的小麦品种等。2023 年，河南省有 12 个小麦品种入选全国主导品种，是入选品种最多的省份。全省主要农作物良种覆盖率超过 97%，良种对粮食增产的贡献率超过 45%，不仅提高了农作物的产量和品质，也增强了农产品的市场竞争力。此外，在粮食生产过程中，河南省注重农业科技的推广和应用，云计算、大数据、物联网、人工智能等技术的创新应用在育种、飞防等环节发挥了重要作用。在种植环节，河南省大力推广现代化的农业机械装备，如自动化播种机、智能化灌溉系统和精准施肥设备等，这些机械设备的应用大大提升了小麦等农作物的播种效率和均匀性，实现了精准化、标准化的种植模式，有效降低了人力成本，提高了生产效率。在农产品加工过程中，河南省现代化加工厂采用了先进的电子麦粒色选机，精准识别并剔除了色泽不佳、品质不良的麦粒，确保了原料的纯度和质量，极大提升了面粉和白面的生产精度。同时，自动化面粉磨制生产线通过自动化控制、智能检测等先进技术，实现了从原料到成品的全过程自动化生产，不仅提高了面粉加工效率，而且降低了人为误差，进一步保证了产品的高品质输出。这些技术又与物流保障、金融支持、标准化建设、社会化服务相融合，全方位地支持粮食全产业链的发展。

优化产业链服务模式。河南省在粮食全产业链的构建中，探索创新了多种服务模式。一是体系化物流网络模式。河南省通过搭建粮食体系化物流网络，提升了粮食物流业的发展水平，提高了粮食物流效率和降低了物流成本，通过创新"粮食银行+"服务模式、"五代服务"模式等，提升了粮食产后的商品化处理和错峰销售能力，实现了产销有机衔接和产业链深度融合。二是品牌化市场营销模式。河南省致力于区域性粮食品牌的打造，加强了品牌价值转化，提升了"延津小麦"等区域品牌的市场知名度和占有率，通过品牌化营销服务模式，推动了小麦产业"生产+加工+科技+服务"全产业链发展。三是社会化全程服务模式。河南省农业发展中，社会化服务组织蓬勃发展，覆盖了粮食的全产业链，通过农机合作社开展的全程机械化生产模式等，为粮食生产提供了产前、产中、产后的全过程综合配套服务。四是精准化金融支持模式。河南省金融业为粮食全产业链提供了全覆盖的金融服务，通过金融产品创新，满足了各类粮食生产经营主体的资金需求。如农发行河南省分行探索的"供应链"融资模式，为中小微企业提供了一揽子金融服务。

二 推动农村三次产业融合发展

农产品加工业强劲增长。河南省作为全国重要的粮食生产和加工基地，农产品加工业的成就显著，实现了由"中国粮仓"向"国人厨房""世界餐桌"的转变。河南省以面、肉、油、乳、果蔬五大食品业为重点，实施企业升级、延链增值、绿色发展、质量标准、品牌培育"五大行动"，[1]持续做优面制品、做强肉制品、做精油脂制品、做大乳制品、做特果蔬制品，五大食品行业快速发展，特色农产品加工规模持续壮大，质量效益全面提

---

[1] 杨秋意：《把论文写在中原粮仓上》，《农村·农业·农民》（A 版）2020 年第 1 期。

升。如今，河南省的农产品加工业已成为全省第一支柱产业，产值突破万亿元级别，生产了全国1/2的火腿肠、1/3的方便面、1/4的馒头、3/5的速冻汤圆和7/10的速冻饺子，① 充分展现了河南省在农产品加工领域的强大实力。2023年底，河南省规模以上农产品加工企业6344家，其中省级以上重点龙头企业1169家，国家级农业产业化重点龙头企业102家，数量居全国第二。驻马店市作为"国际农都"，成功吸引了君乐宝、鲁花、今麦郎、克明、五得利等一批全国著名农产品加工龙头企业投资兴业，形成了产值达2218亿元、涵盖1750家企业的农产品加工千亿元级产业集群，标志着河南省农产品加工业在国际化的道路上迈出了坚实的步伐。

开启农文旅融合新篇章。河南省依托丰富的农业资源和文化资源，发展了乡村旅游、休闲农业等新业态，促进了农业与文化旅游业的深度融合，拓宽了农民增收渠道。河南省乡村旅游产品供给丰富，《关于加快乡村旅游发展的意见》明确指出各地市要依托城市、景区集聚优势，发展近郊乡村游憩地、乡村康养、休闲农庄等项目，满足城市居民休闲娱乐需求。同时，依托精品民宿打造高端乡村旅游目的地，计划到2025年创建1000家星级民宿。2023年8月，河南省旅游民宿等级评定委员会公布了2023年第一批乡村旅游民宿等级评定结果，共有10家民宿被评为五星级乡村旅游民宿、1家民宿被评为四星级乡村旅游民宿。此外，十年来，河南省持续打造了众多乡村旅游著名品牌，建立了乡村旅游重点村名录，培育了乡村旅游特色村，支持乡村旅游点申报A级旅游景区等，计划到2025年打造50个乡村旅游示范县（市、区）、200个生态旅游示范乡（镇）、1000个乡村旅游特色村。截至2023年底，河南省开展休闲农业和乡村旅游的行政村有1883个，占行政村总数的4.23%。焦作市的云台山岸上村，村民人均年收入从景区开发建设前的260元提高到现在的5.6万元，是全省百村万户旅游富民示范村之一。新郑市的大汉窑村通过打造"五美""三宜""三产""三旅"乡村旅游，成功转型为远近闻名的旅游名村。

积极推动电商赋能农业。一是构建农村电商生态圈，促进产业融合发展。河南省通过建立以县城为中心、乡镇为重点、村为基础的农村商业体

① 河南省农业农村厅：《扛稳粮食安全重任 谱写"三农"出彩篇章》，《农村·农业·农民》（B版）2019年第18期。

系，改造建设了一批县级物流配送中心、乡镇商贸中心和农村新型便民商店，完善了农村电商生态圈，促进了工业品下乡和农产品进城的双向流通，有效提升了农村电商的发展水平。二是创新电商模式，拓宽农产品销售渠道。各地市通过直播带货、社交电商等新型电商模式，拓宽了农产品的销售渠道，提高了农产品的知名度和美誉度。同时，河南省还积极打造淘宝村、淘宝镇等电商聚集区，进一步推动了农村电商的发展。内乡县通过创新农村电商发展模式，培育建成了电商创业科技孵化园，集合了大数据中心、特色产品展示中心、智能化仓配中心等，有效打通了工业品下行与农产品上行的双向流通渠道。通过政策扶持、奖励补贴等措施，鼓励了众多企业和个人参与农村电商的发展，为乡村振兴注入了新动能。三是打造县域电商公共品牌，提升农产品附加值。河南省积极培育县域电商公共品牌，如"光山十宝""朝歌印象"等，通过网货开发、品质把控、统一标准等手段，将初级农产品转变为高品质、高附加值的特色商品，提升了农产品的市场竞争力，增加了农民收入来源。

三 构建城乡产业融合平台载体

培育农业龙头企业。首先，河南省通过持续的政策扶持和环境优化，使农业龙头企业的数量和质量均得到了显著提升。截至 2023 年，河南省农业产业化重点龙头企业超 4000 家，其中国家重点龙头企业 102 家，省级重点龙头企业超 1000 家。这些企业不仅规模较大，而且在行业中处于领先地位，具有强大的竞争力和示范效应。其次，河南省农业龙头企业的资产规模和营业收入持续增长，显示了强劲的发展势头。截至 2021 年底，河南省省级以上重点龙头企业的资产规模已超 6000 亿元，其中资产超 10 亿元的企业有 80 家，超百亿元的企业有 4 家，营业收入合计达到 8088 亿元。[①] 这些龙头企业主要集中在郑州、南阳、周口、漯河等地，在农产品加工、流通和批发市场以及肉及肉制品、面及面制品等关键领域发挥着重要作用，龙头企业的增长不仅促进了农业产业的发展，也为河南省乃至全国的经济增长做出了重要贡献。最后，河南省农业龙头企业注重科技创新和品牌建设，

---

① 郭爽爽:《省级以上"农业龙头"中资产超 10 亿元有 80 家》,《河南商报》2023 年 3 月 14 日。

通过引进先进技术和管理模式，提升了企业的核心竞争力和品牌影响力。这些企业在研发、生产、销售等方面不断创新，推动了农业产业的转型升级。同时，这些企业也积极打造品牌，提高了农产品的知名度和美誉度。河南省农业龙头企业快速发展，对当地经济和社会发展产生了显著带动效应，这些企业通过与农户建立紧密的合作关系，带动了农村经济的繁荣和农民增收。

建设现代农业产业园。河南支持各地市按照主导产业突出、地域特色鲜明、创新创业活跃、业态类型丰富、利益联结紧密的要求，开展现代农业产业园创建，推进三次产业融合发展，构建国家、省、市、县四级现代农业产业园创建体系。截至 2023 年底，河南省共有国家级现代农业产业园 12 个。平舆县示范园立足中国白芝麻原产地品牌优势，把白芝麻产业列入县域经济的五大产业，与省农科院等科研院所建立高产芝麻标准化生产示范区，辐射周边种植面积逾 2 万亩，亩均综合效益超过 5000 元。许昌市建安区的食用菌产业园打造了白灵菇等珍稀食用菌工厂化生产示范基地、食用菌精深加工和出口基地、世纪香食用菌产业园，对口帮扶淅川县食用菌产业，逐步推动淅川县的珍稀食用菌生产品质、档次和规模进一步提高，带动当地产业发展，促进城乡融合发展。南阳卧龙区紧紧围绕月季、艾草、畜牧、蔬菜等特色产业，在做大做强牧原集团、想念食品、药益宝等龙头企业的同时，谋划包装和建设了艾草产业园、食品产业园、农牧装备等一大批重点项目，同时加强品牌建设，打造产业链，推进产业全面升级，让特色产业成为农民致富的重要渠道和乡村振兴的有力支撑。

打造特色产业强镇。河南全面推进"一县一业""一镇一特""一村一品"，坚持多主体参与、多业态打造、多要素集聚、多利益联结、多模式创新，加快建设农业产业强镇，培育乡村产业"增长极"。推进产村融合发展，建设一批特色鲜明、潜力巨大的田园综合体。重点围绕特色食品、手工业制造、绿色建材等乡村特色产业，建设一批主导产业明晰、专业化水平较高、村集体经济合作组织主导、农户广泛参与的"一村一品"特色专业村。河南打造了一批各具特色的小镇，涵盖了多个领域，如以工业集聚区为依托的工业型小镇、以文化旅游资源为核心的文化旅游小镇、以商贸物流和商业活动为支撑的商贸型小镇，以及注重特色生态养殖的生态小镇等。漯河则以健康养生为主题，打造复合型养老养生健康特色小镇，融合医疗、养生养老和运动休闲三大领域，通过这种多元化的发展策略，成功形成了一个完备的产业链条，全面提升了特色小镇的整体价值和建设成效。还有些小镇的建设同时融合几个领域，如双龙小镇不仅通过其独特的旅游资源推动商贸活动的发展，还利用商贸繁荣进一步提升其旅游特色。

第五节　城乡公共服务均等化

十年来，随着政策的有力推动和财政的大力投入，河南城乡基础设施不断完善，教育、医疗、文化等基本公共服务逐步实现了均衡配置。农村地区学校设施得到改善，师资力量得到加强，城乡教育差距明显缩小；医疗卫生服务体系覆盖更广，乡村卫生室和医疗人员配备更为充足，基层医疗服务能力大幅提升；文化活动和文化设施建设向乡村延伸，城乡居民享受文化服务的权利更加平等。同时，社会保障体系不断健全，农村低保、新农合等制度逐步完善，有效保障了农村居民的基本生活。这些变化不仅提高了农村居民的生活质量，也促进了城乡融合与社会和谐发展。

一　均衡布局城乡教育资源

统筹整合城乡教育资源。一是优化学校布局结构。十年来，河南不断推动学校规划建设与区域常住人口变化趋势和空间布局相适应，统筹推进城乡义务教育一体化改革发展，重视城镇中小学校建设，有序保障学位供给，加快消除大班额，在县城和大的乡镇布局建设一批寄宿制学校，科学稳妥整合小、散、弱的学校。坚持先安置、后撤并，先建设、后撤并的原则，针对生源持续萎缩的小规模学校，设置合理过渡期，综合生源情况和实际需要做必要调整，防止边建设边闲置和大拆大建。二是补齐办学条件短板。先后实施三期学前教育行动计划、扩充城镇义务教育资源五年计划、普及高中阶段教育攻坚计划，办学条件发生了翻天覆地的变化。2023年实施义务教育薄弱环节改善与能力提升工程，河南投入资金34.62亿元，改善1026所学校办学条件，新建、改扩建校舍面积120.27万平方米，购置设施设备投入4.31亿元，新增学位6.92万个，使"最好的房子是学校，最美的环境在校园"成为河南各地的一张亮丽名片。三是健全资源共享的信息化教学体系。积极推进"互联网+教育"，2019年河南出台了《关于加快推进

"互联网+教育"的实施意见》，到 2022 年全省已实现"宽带校校通、优质资源班班通"城乡学校全覆盖，在教育资源共享、教学模式创新、教育治理优化等方面，形成了一批可复制可推广的河南"互联网+教育"新模式。其中，固始县在探索贫困地区"智慧教育"新模式、寻求促进教育公平新路径的过程中，构建了以"政府为主导，各级各类学校为主体，社会力量积极参与"的教育信息化实践模式，在 2023 年，固始县推荐的《数字化赋能，探索中西部"智慧教育"新模式》被北京师范大学互联网教育智能技术及应用国家工程研究中心评选为"互联网+教育"优秀案例。

着力推动集团化办学改革。集团化办学是促进基础教育均衡发展、提高基础教育质量的重要手段。2021 年，河南出台《关于进一步深化义务教育集团化办学改革的指导意见》，提出采取"名校+薄弱校、乡村校、新建校"方式，根据联系的紧密程度组成紧密型、联盟型、项目型和合作型教育集团等，充分发挥优质学校的辐射带动作用，有效缩小城乡、校际差距，不断提升义务教育质量。2023 年，郑州市金水区、许昌市魏都区、南阳市卧龙区等 12 个县（市、区）被认定为首批河南省义务教育阶段集团化办学改革先行区，各地市分别出台集团化办学的实施方案。截至 2023 年 11 月，河南全省共创建集团化学校 2554 所，覆盖 7110 所中小学，百姓家门口的好学校越来越多。[①] 2023 年 7 月，南阳市出台《关于深化集团化办学改革推进基础教育优质均衡发展的实施意见》，持续扩大义务教育阶段集团化办学覆盖面，同时推动校长教师交流轮岗，深化集团化办学改革。河南师范大学附属中学教育集团自成立以来，不断探索"1+X"模式的集团化办学，扩大优质教育资源覆盖面，促进义务教育优质均衡发展。

加强城乡教师队伍建设。一是均衡配置优质师资。河南在现有编制总量内，合理核定教职工编制。近些年，河南不断加大跨地区、跨层级、跨行业调整力度，坚持省级统筹、市域调剂、以县为主、动态调配，优先满足教师队伍需要。积极推进义务教育学校校长教师交流轮岗，深化"县管校聘"改革，加大教师统筹管理力度，促进教师合理流动，优化资源配置。二是加大教师培养力度。近些年通过实施"特岗计划""优师计划"等公费

---

① 曹萍：《河南首批 12 个义务教育阶段集团化办学改革先行区确定》，《河南日报》2023 年 12 月 6 日。

师范生培养项目，补充教师 1.7 万名；启动"乡村教师学历提升计划"，支持首批近千名乡村教师在职提升学历，进一步优化教师的学历、年龄和学科结构。优化教师职称考核评价，提高各级各类学校高级教师岗位比例，职称评审向农村教师倾斜。此外，河南探索建立了教师发展支持服务体系，实施国培计划、省培计划等项目，截至 2023 年已完成 22 万人次教师集中培训，进一步支持乡村教师专业发展。①

二　全面提升城乡公共卫生服务

切实改善基本公共卫生服务。一方面，服务能力不断提升。河南省所有乡镇卫生院服务能力达标，有 46 所乡镇卫生院通过二级综合医院评审，一些乡镇卫生院突破性开展腔镜手术、血液透析、安宁疗护等新技术新业务。2022 年，全省乡镇卫生院、村卫生室门急诊人次占比 48.27%，诊疗人次占比 48.68%；2021 年，门急诊人次占全省门急诊人次比重高于同期全国平均水平 19.33 个百分点，高于中部地区 10.15 个百分点。② 另一方面，服务质量不断提升。河南人均基本公共卫生服务经费补助标准从 2015 年的 40 元提高到 2023 年的 89 元，服务内容、覆盖范围和受益人群不断扩大，促进了均等化，增强了可及性，提升了群众健康获得感和满意度，为河南省居民健康状况改善、健康素养水平提升发挥了普惠性、基础性作用。

引导优质医疗资源向基层流动。优化医疗资源区域均衡布局、促进优质医疗资源扩容的重要一步是推动优质医疗资源下沉。2023 年，河南新增 2 个国家级区域医疗中心建设项目，总数位居全国第一，达到 12 个，省政府与输出医院签约已全部完成。此外，全省县域医疗中心也有了显著提升，共计 105 个县域医疗中心达到了二级甲等医院的标准，更有 75 家县医院跃升至三级医院的行列。2024 年，河南继续加大力度推进"百县工程"建设，深化县域医疗中心的综合能力提升工作，特别是在胸痛、卒中、创伤等医疗领域，持续推动相关急救中心的功能完善和稳定运行，以确保医疗服务

① 曹萍、樊雪婧：《以教育家精神诠释师者本色——河南教师队伍建设综述》，《河南日报》2024 年 9 月 10 日。
② 《崔天意：河南省乡村医疗卫生体系现状及发展建议》，大河网学术中原网站，2024 年 2 月 5 日，https://theory.dahe.cn/2024-02-05/1711120.html。

的质量和效率得到全面提升。① 在城市建设医联体、在县域建设医疗共同体，远程医疗覆盖到县、延伸到村，功能互补、优质高效的整合型医疗卫生服务体系正在构建，使农村常见病、多发病、急危重症和部分疑难复杂疾病在县域能够得到基本解决。自 2017 年国家开展县域医疗共同体建设以来，河南高度重视紧密型县域医疗共同体建设，于 2018 年底开始在息县、郸城县等 28 个县（市）开展紧密型县域医疗共同体建设试点工作，2020 年出台《河南省人民政府办公厅关于加快推进紧密型县域医疗卫生共同体建设的指导意见》。截至 2023 年，全省 103 个县（市）组建了 190 个医疗共同体，实现医疗共同体建设全省全覆盖。中牟县、息县、郸城县、郏县获国务院督查激励表彰，郸城县紧密型医疗共同体建设荣获全国"推进医改服务百姓健康十大新举措"。

全面提高城乡医疗人才素质。河南持续实施基层卫生人才工程取得显著成效。基层卫生技术人员学历层次、职称结构明显改善，2023 年本科以上学历占比较 2015 年提高 12.26 个百分点，中高级职称占比提高 6.36 个百分点。2010 年起，河南省开展订单定向全科医生培养工作，截至 2022 年已有 3073 名订单定向全科医学生到乡镇卫生院履职，平均每个乡镇卫生院拥有 1 名相当于全科专业硕士研究生学位的高层次全科医学人才。此外，河南不断加强乡村医生队伍建设。河南省政府先后两次印发加强乡村医生队伍建设的实施意见，明确村卫生室建设主体责任，解决老年村医生活补助、在岗村医收入待遇、养老保险、村卫生室基本运行经费缺乏以及乡村医生业务培训不足等问题，开创财政补助村卫生室基本运行经费和在岗村医实行"乡聘村用"、参加职工养老保险的历史，允许大专以上医学毕业生免试申请执业注册，加快乡村医生新老更替。

三 不断丰富城乡公共文化服务供给

健全城乡公共文化服务体系。习近平总书记高度重视公共文化服务体系建设，多次强调要推进城乡公共文化服务体系一体建设，优化城乡文化

---

① 李晓敏、李倩：《推动优质医疗资源下沉》，《河南日报》2024 年 2 月 4 日。

资源配置，增加农村公共文化服务总量供给，缩小城乡公共文化服务差距。[①] 近年来，河南大力推进现代公共文化体系建设。为强化政策支撑，河南发布了关于推进基层综合性文化服务中心建设的实施意见《河南省公共文化服务保障促进条例》等一系列政策措施，省财政厅特别设立了"政府购买公共文化专项资金"，以此推动公共文化基础设施建设。河南覆盖城乡的公共文化服务体系初步建成，并制定了 25 项基本公共文化服务标准。遍布全省的 166 个图书馆、208 个文化馆、400 个博物馆，以及 2498 个乡镇综合文化站和 45988 个村级综合性文化服务中心，每年为超过 1.2 亿人次提供丰富的文化服务，极大地丰富了人民群众的精神文化生活。在 2024 年开展的图书馆评估定级工作中，获评一、二、三等级的图书馆共有 159 个，其中，一级图书馆 68 个，分别比上次评估定级增长 10%、48%。

引导优质文化资源流向基层。近年来，河南不断推动县级以上优质文化资源下沉到基层乡村、社区。一是打造新品牌。联合省委宣传部组织"黄河之声"系列音乐会，包括"国庆演出季"21 场、"常态惠民演出"65 场，整合演出资源，把"专业演出"和"群众活动"相结合、"艺术普及教育"和"学校美育教育"相结合，突出省市联动、院团高校互动，把高雅艺术送到群众身边。二是建设新空间。在城乡人群集聚地集中打造基层文化空间、公共阅读空间、美丽乡村文化空间、商圈文化空间、文博艺术空间、跨界文化空间六大类新型公共文化空间 3000 多个，为群众提供更多家门口的好去处。三是拓展新阵地，上线"文化豫约"公共数字文化服务平台，截至 2023 年，该平台注册用户达到 236 万，发布活动 5 万余场，累计开展直播 3800 多场。四是探索新机制。积极推进省直国有文艺院团改革，推动组建郑州大学河南音乐学院、河南大学河南戏剧艺术学院，实现讲台舞台互融、名师名家互通、学员演员互促，为文艺事业发展增添新动力。在全省推行图书馆、文化馆总分馆制，建成率在 80% 以上，把县级以上的优质文化资源下沉到基层乡村、社区。

大力实施惠民工程。一是组建乡村文化合作社贴近基层实际。依托当地文化能人和本土资源，截至 2023 年 11 月，河南省注册乡村文化合作社近

[①] 郭树华、王瑜：《新时代推进农民精神生活共同富裕的路径探析》，《实事求是》2023 年第 2 期。

万家，社员 11 万人，有效激发了乡村文化创造活力，打造了一支带不走的文化队伍。二是开展"舞台艺术送基层""中原文化大舞台"等活动，有效覆盖乡村、城镇居民，提供惠民演出 2 万余场。2023 年"艺术点亮演出季"活动，高品质、低票价，丰富了青年学生暑期生活。三是组织"惠民文化节"活动让群众得到实惠。连续两年开展覆盖全省、贯穿全年的"惠民文化节"，每年组织艺术广场舞、群众合唱等十大类活动 30 万场，其中广场舞大赛参演群众达 18 万人，群众合唱活动参演人员突破 30 万人，受众达 1 亿多人次。

四　持续健全城乡社会保障体系

社会保险制度体系逐步完善。社保制度对保障城乡居民基本生活、调节社会收入分配具有重要作用。十年来，河南省社保政策经历了多次变化和调整，覆盖城乡的社会保障制度改革取得重大进展。河南省持续健全统一的城乡居民基本养老保险制度，养老保险的保障范围已经不局限于职业劳动者，而是扩大到全民。同时，机关事业单位的养老保险制度改革也取得了显著进展，彻底摒弃了"双轨制"的历史遗留问题，有助于构建更加公平、合理的社会保障体系，确保不同领域、不同单位的员工在养老问题上享受平等的权益。在提升社会保险统筹层次和互济能力方面，河南省也取得了重要进展，企业职工基本养老保险实现了全国统筹，基金省级统收统支，这一变化不仅提高了养老保险基金的抗风险能力，也为参保职工提供了更为稳定、可靠的养老保障。另外，工伤保险和失业保险也实现了省级统筹，构建了医保制度改革的"四梁八柱"，进一步提升了社会保险制度的保障范围和效果。到 2023 年底，河南省医保经办服务已下沉至 2518 个乡镇（街道）、4.89 万个村（社区），建立"15 分钟医保服务圈"，切实打通医保经办服务"最后一公里"；持续推进失业保险金申领一网通办、一窗通办、一次办结，实施降低费率、稳岗补贴、职业技能提升补贴等惠企惠民政策，社会保险的"减震器"作用凸显。这一系列改革和举措的实施，不仅推动了社会保障制度的不断完善和发展，也彰显了河南省对保障民生福祉的高度重视。未来，河南省将继续深化社会保障体系改革，为广大民众提供更加全面、高效的社会保障服务。

社会保险覆盖面不断扩大。社会保险覆盖范围是衡量一个国家或地区社会保障制度完善程度的关键指标。十年来，河南省出台了各项政策举措以持续扩大城乡社会保险覆盖面，推动社会保险制度从主体单一、险种稀少向全民覆盖、险种丰富转变，有效提升了城乡居民社会保险覆盖水平和保障质量。一是从 2016 年底开始全面启动了全民参保登记计划实施工作，聚焦农民工、灵活就业人员、新业态从业人员等重点群体，成功构建了"全民社保"，实现了养老保险制度和人群的全覆盖。[①] 此外，建立了以居民身份证号码为唯一标识的全民参保登记信息数据库，初步实现了数据动态管理。2014~2023 年，河南城乡居民基本养老保险参保人数从 4843.79 万人增加到 5280.11 万人，增幅为 9.01%。[②] 二是建立了城乡居民大病保险制度和重特大疾病医疗保障制度，持续扩大门诊慢性病和门诊重特大疾病病种医保覆盖范围，实施新的医保药品目录，推动更多药品、门诊病种和住院病种纳入城乡居民医保范围。2017 年，实施城乡居民基本医疗保险和职工基本医疗保险、工伤保险、生育保险药品目录在全省范围内统一。到 2023 年底，河南医保药品目录内药品总数达到 3088 种。

保障能力持续增强。一是根据地方社会经济发展水平、居民收入水平等条件调整基础养老金的最低标准。适时动态调整提高最低缴费档次标准，各地自行进一步提高标准，近年来全省基础养老金标准实现了连年上涨，城乡居民的养老保险缴费档次从 200 元到 5000 元共分为 15 个档次，补贴档次从 30 元到 340 元共分为 15 个档次。[③] 基础养老金最低标准由 2013 年的每人每月 70 元增加到 2023 年的 123 元，提高了 75.71%。[④] 二是持续优化城乡居民医疗保险缴费制度和财政补贴标准，到 2023 年底城乡居民医保个人缴费标准达到每人每年 380 元；城乡居民基本医保人均财政补助标准实现连年稳步提升，2023 年达到 640 元，相比 2013 年提高了 128.57%。十年来，河南不断完善分级诊疗住院报销制度，城乡居民医疗保险住院费用报销比例趋于合理，城乡居民医保报销待遇水平不断提高，参保居民"小病拖、大

---

① 李娜：《十年来全省累计城镇新增就业 1389 万人》，《郑州日报》2022 年 10 月 12 日。
② 资料来源：河南省人力资源和社会保障厅发布的《2014 年度河南省人力资源和社会保障事业发展统计公报》《2023 年全省人力资源社会保障统计数据》。
③ 资料来源：河南省人力资源和社会保障厅发布的《城乡居民基本养老保险政策解读》。
④ 《河南省人力资源和社会保障厅 河南省财政厅关于提高全省城乡居民基本养老保险基础养老金最低标准的通知》，河南省人力资源和社会保障厅网站，2023 年 2 月 3 日，https://hrss.henan.gov.cn/2023/02-03/2683422.html。

病熬"的状况得到显著改善。三是对参加城乡居民基本医疗保险的农村贫困人口，大病保险起付线由 2013 年的 1.5 万元降为 1.1 万元。2023 年，河南省享受大病倾斜政策的困难群众约 18 万人、138 万人次，大病保险报销约 14 亿元。①

① 《城乡居民医保里的重要"隐藏待遇"》，国家医疗保障局网站，2024 年 4 月 12 日，https：//www.nhsa.gov.cn/art/2024/4/12/art_52_12361.html。

第八章　综合配套改革持续深化

新型城镇化综合配套改革是中国为实现城镇化高质量发展而采取的一系列系统性政策措施。通过建立国家城乡融合发展试验区，先行先试，促进城乡要素双向自由流动和公共资源优化配置，缩小城乡发展差距。通过户籍制度和土地管理制度改革，降低城镇落户门槛，保障进城农民的合法权益，推动农业转移人口市民化。通过推进绿色低碳发展，降低碳排放，建立生态环境治理机制，实现新型城镇化与生态环境的和谐发展，增强城市可持续发展能力。随着综合配套改革持续深化，推动形成人与自然和谐共生的新型城镇化发展新模式，为中国式现代化建设提供坚实支撑。

第一节　国家城乡融合发展试验区建设成效显著

国家城乡融合发展试验区的建设是中国实施新型城镇化，推动城乡一体化发展、缩小城乡差距、实现区域均衡发展的重要途径。探索城乡融合发展的体制机制改革，破除城乡融合发展中的体制机制障碍，有助于促进公共资源均等化配置、推进产业协同发展、促使区域之间协调发展、缩小城乡发展差距和居民生活水平差距、推动城乡居民共同富裕、为全国提供可复制可推广的经验和做法。

按照《国家城乡融合发展试验区改革方案》要求，全国共设置四大板块 11 个国家城乡融合发展试验区片区，河南许昌是河南省唯一的国家城乡融合发展试验区，试验区范围为许昌市全域，包含魏都区、建安区、禹州市、长葛市、鄢陵县和襄城县，总面积约 4979 平方公里。许昌试验区明确将探索建立农村集体经营性建设用地入市制度、建立科技成果入乡转化机制、完善农村产权抵押担保权能作为工作重点任务，搭建城乡产业协同发展平台，建立城乡基本公共服务均等化发展体制机制，促进城乡要素双向流动和产业提质增效。许昌市紧紧把握国家城乡融合发展试验区建设契机，推动城市实施基础设施向乡村延伸，推进技术下乡和资金帮扶，促进农业高质高效高能、农村宜居宜业宜游、农民收入富裕富足，着力构建以城带乡、以乡促城、城乡融合的发展格局。

许昌市依托国家城乡融合发展试验区建设，在城乡融合体制机制建设方面进行了一些有益试验和探索。2023 年 11 月，长葛市被列为全国农村集体经营性建设用地入市试点，探索建立土地储备机构，建立收储流程，推进集体经营性建设用地委托储备机制。积极推行农村集体经营性建设用地工业用地"标准地"供应模式，鼓励探索长期租赁、先租后让、租让结合、弹性年期等多种供地方式。自 2020 年起，许昌市累计入市交易农村集体经营性建设用地 20 宗 762 亩，成交金额高达 3.85 亿元，为全省农村集体经营性建设用地入市交易发展积累了宝贵的实践经验，为城乡融合发展提供了新的动力。

河南建立城乡产业协同发展平台，通过规划和政策支持，乡村产业发展得到加强，形成了一批特色产业和产业强镇，推动了城乡产业的深度融合，促进了农业现代化和新型农业经营主体发展。2023 年，市级以上农民合作社示范社稳定在 100 家以上、农业产业化龙头企业稳定在 120 家以上。河南按照延链、补链、强链的总体要求，促进产业链上下游协作，不断夯实农产品基础，实施农产品加工业提升行动，形成城乡产业协作有序、多元复合发展的格局。

河南支持城乡基础设施建设，优先保障各类用地需求，满足符合条件的重大基础设施项目用地需求。按照城乡设施共建共享的总体要求，推动城乡道路、供水、水利等基础设施得到改善和升级，不断推进教育、医疗、文化等公共服务向农村延伸，实现了城乡基础设施共建共享和公共服务均等化。河南还加快土地要素市场化配置改革，建立了"土地豫选云"信息化平台，打造了"云上土地超市"样板，推进了混合用地供应制度改革。

河南优化国土空间布局，科学运用"三区三线"划定成果，实现全域协调发展，打造城乡融合发展典范。积极实施郑许一体化战略，在用地指标、资金和技术等方面对重大项目予以倾斜支持，推动区域一体化发展，促使城乡发展更加协调，助推城乡融合发展。加强对村庄规划编制的指导，合理确定农村产业发展用地空间，促进乡村全面振兴。通过产业发展和就业机会的增加，城乡居民收入水平得到提升，收入差距有所缩小。按照习近平生态文明思想要求，河南加快生态文明建设，实施山水林田湖草沙一体化保护修复重大工程，推进生态环境综合治理项目，有效改善了城乡生态环境，提升了居民生活品质。

第二节　城市治理体系持续完善

河南推进以人为核心的新型城镇化，促使农业转移人口不断向城市转移，人口空间集聚带来资源要素空间流动，引起城市行政资源配置关系变化，倒逼城市优化行政资源配置，提高城市管理效率和治理水平。党的十八大以来，河南在城市行政资源配置和城镇化管理方面采取一系列有效做法，推动城市行政资源优化配置，推进城市行政执法体系改革，提高城市现代化治理水平，全面优化提升城市营商环境，助推新型城镇化高质量发展。

一　深入推进城市行政执法体制改革

河南深入学习贯彻习近平法治思想，以城市管理现代化为指向，将城市执法体制改革作为推进城市发展方式转变的重要手段，推动城市管理向城市治理提升，促进城市行政资源优化配置，推动城市高效有序运行，实现城市让生活更美好的发展愿景。

2016 年 11 月，河南省委、省政府下发《关于深入推进城市执法体制改革改进城市管理工作的实施意见》，理顺城市管理执法体制，提高城市管理和服务水平。该意见指出，要界定城市管理职责边界，整合市政公用、市容环卫、园林绿化以及市县政府依法确定的、与城市管理密切相关的部分工作作为城市管理的主要职责。强化队伍建设，优化执法力量配备，科学确定城市管理和执法人员配备比例标准；严格执法队伍管理，提升执法人员业务能力；完善人才培养机制，严格实行执法人员持证上岗和资格管理制度。提高执法水平，健全权力清单和责任清单制度；规范执法办案制度，完善执法程序，规范办案流程，提高办案效率；深入推进服务型行政执法建设，改进执法方式，构建管理、执法、服务"三位一体"城管执法模式。

完善城市管理，建立道路和地下管线建设管理统筹机制，提高市政公用设施运行能力；强化城市公共空间规划设计，规范城市公共空间秩序管理；规范道路交通运行秩序，优化城市交通管理；提高城市综合防灾减灾能力，保持城市生命线系统畅通有序。完善保障机制，加快推进地方立法进度，加强法制保障，建立健全法律法规和规范体系；健全城市管理经费保障机制，保障经费投入，加强财政保障，加强司法衔接，实现行政处罚与刑事处罚无缝对接。推进综合执法，重点在与群众生产生活密切相关的领域推行综合执法，实现行政处罚权的集中行使。不断下移执法重心，按照属地管理原则，合理确定设区的市和市辖区城市管理部门的职责分工。

2020 年 3 月，河南省住房和城乡建设厅印发《关于进一步加强全省城市管理执法服务工作的指导意见》，指出要持续深化城市管理执法体制改革，明确城市管理执法职责，坚持以人为核心，从群众需求和城市治理突出问题出发，面向群众关切和民众所望，推进服务供给精细化。创新服务载体，优化站点布局与便民服务项目相结合，提供便民利民惠民服务。关注困难家庭和弱势群体，拓展服务对象，丰富服务内容和服务形式。提升城市管理执法协管人员执法业务水平，完善执法场所、车辆、服装、标识等保障机制，持续强化执法保障。

2023 年 12 月，河南省人民政府办公厅印发《河南省提升行政执法质量三年行动实施方案（2023—2025 年）》，以提高全省行政执法规范化水平、提升行政执法质量和效能为目标，明确六项重点行政执法任务。推进严格规范公正文明执法，制定行政执法标准规范、完善工作机制等。健全行政执法工作体系，推进行政执法体制改革、乡镇（街道）综合行政执法改革、行政执法协作等。加快构建行政执法协调监督工作体系，完善监督制度、监督机制、创新监督方式等，实现全覆盖监督。推进信息系统建设和执法数据互联互通，健全科技保障体系。推进队伍建设、权益保障、财政支持，强化行政执法保障能力，全面提升河南省行政执法的质量与效能，构建更加公正、透明、高效的行政执法体系。

二　加快推动城市治理体系和治理能力现代化

城市治理要坚持以人为本、开放包容、共同缔造的治理理念，以提高城市居民生活质量为首要目的，促进城市可持续发展，实现城市公共利益的最大化，提升人民群众的获得感、幸福感、安全感。党的十八大以来，河南不断创新城市治理模式，完善治理结构，协同发挥政府、市场、社会等各方力量，构建经济治理、社会治理、城市治理统筹推进和有机衔接的治理体系，城市的综合承载能力、居民的生活质量以及城市的可持续发展能力均得到了显著提升。

一是加强城市治理体系创新。推进城市全要素数字化、智能化、可视化，全方位构建一体化"网上政府"，实现政务服务、政务治理等"一张网"数字赋能，为全面建设高水平数字政府提供有力支撑。完善政务服务体系，升级网上办事入口，按照"一站式"办理要求，全面提升"一网通办"覆盖率和服务质效，实现社会治理"一网智管"，使城市治理更加高效和精准，有效提升城市治理能力现代化水平。

二是加强社会矛盾风险防范。依据《河南省矛盾纠纷多元预防化解条例》，河南建立党委领导、政府负责、民主协商、社会协同、公众参与、法治保障、科技支撑的多元预防化解机制，开展"零上访、零事故、零案件"平安单位创建活动。乡镇人民政府建立排查预警机制和矛盾纠纷排查工作制度，构建社会心理疏导服务机制，特别是对重点人群开展心理健康服务。通过专项行动，大量基层矛盾纠纷得到及时发现和有效化解，群众法治观念和规则意识得到增强，有效维护了社会稳定和人民群众的合法权益，提升了社会和谐度。

三是加快城乡社区治理现代化建设。坚持政府管理与居民自治相结合，强化基层党组织建设，完善城乡社区治理的顶层设计，加强城乡社区治理的制度建设，促进行政管理与社区自治有效衔接；坚持政府引导与社会共建相结合，推进社会组织管理体制改革，以网格化平台为载体，整合社区工作者、专家学者、社区居民、志愿者等社会资源推动社区共建，实现多元主体协同共治；坚持社区治理与社区服务相结合，全面实施网格化管理，鼓励社区管理与服务市场化，推动社区管理与服务数字化平台互联互通，推动社区治理服务水平同步提升。

四是推动新型智慧城市建设。推进新一代信息技术与城市现代化深度融合，加强5G网络、高速宽带、物联网等新一代信息基础设施建设，整合信息系统和数据资源，推进城市管理精细化。发展智慧交通，推动"5G+北斗卫星"高精度定位应用和"5G+智慧公交"建设，探索车路协同一体化交通模式。发展智慧城管,推动城市管理决策科学化、治理精准化和服务高效化。加快公共安全视频监控建设联网整合应用,深化安全生产、公共卫生应急管理、防灾减灾救灾等领域信息共享、业务协同。发展智慧安防,提升突发事件在线监测、预警和应急处置能力,通过数字化转型提升城市治理现代化水平,增强人民群众的获得感、幸福感和安全感。

三 全面优化提升城市营商环境

河南省委、省政府高度重视营商环境优化,出台一系列政策制度文件,支持提升全省城市营商环境,增强市场主体信心,激发市场主体的活力,释放市场巨大潜力,为河南省新型城镇高质量发展提供强有力的动力。

2018 年 8 月,河南省委、省政府出台《河南省优化营商环境三年行动方案(2018—2020 年)》,对优化营商环境的目标任务进行部署,强调各单位根据方案中营商环境的重点指标开展对标及优化活动,有效治理营商环境重点领域的问题,加大营商环境制度建设力度,营造公平、公正的法治化营商环境。2020 年 11 月,河南省人民政府颁布《河南省优化营商环境条例》,为营商环境提供法治保障,维护市场主体合法权益,激发市场活力,明确各级政府及其部门的责任和义务,促进经济社会高质量发展。要求各级人民政府需加强对优化营商环境工作的组织领导,建立工作协调机制,解决重大问题。确保市场主体享有平等的市场准入权利,不得制定歧视性政策。保护市场主体权益,依法保护市场主体的经营自主权和财产权,禁止任何形式的摊派和非法收费。鼓励金融机构开发适合中小企业的金融产品和服务,解决融资难、融资贵问题。推行政务服务一窗通办和一网通办,简化办事程序,缩短办事时间。建立营商环境监督机制,制定特邀监督员制度和违法案件调查处理制度。

2024 年 1 月,河南省人民政府印发《河南省"十四五"营商环境和社会信用体系发展规划》,提出到 2025 年,河南营商环境进入全国第一方阵,便利度指数进入全国前 10 名。推行"一件事一次办",提升政务服务便利度,营造高效便捷的政务环境。推动资本要素有效供给,降低企业经营成本,营造公平竞争的市场环境。依法平等保护市场主体财产权,强化知识产权保护,营造公正透明的法治环境。打造"1+3+X"信用智慧服务新格局,运用先进技术,构建智慧共享、智慧监管、智慧应用服务体系。深化信用创新应用，发挥信用在市场畅通、民生服务等重点工程中的支持作用，实施信用赋能高质量发展工程。这些政策为河南省"十四五"期间营商环境和社会信用体系建设提供了明确的发展方向和具体实施路径，通过营商环境的改革创新，提升河南省的竞争力和吸引力，推动经济高质量发展。

第三节 投融资机制不断健全

河南是全国人口大省、农业大省和经济大省，河南省委、省政府锚定"两个确保"，持续实施"十大战略"，推进"十大建设"，奋力谱写中国式现代化建设河南新篇章，加快推进以人为核心的新型城镇化高质量发展，已初步形成以中原城市群为主体形态，国家中心城市、区域中心城市、中小城市、中心城镇层次分明、协调发展的城镇等级体系。但河南城镇化水平依然偏低，与国家平均水平存在一定的差距，2023 年河南常住人口城镇化率为 58.08%，比全国同期城镇化率的 66.16% 低 8.08 个百分点，新型城镇化任务依然繁重，仍需要巨量的资金投入用于新增城镇基本公共服务和基础设施，不断健全全周期新型城镇化建设投融资机制。

一 加快新型城镇化建设投融资政策机制改革

河南省"十四五"规划指出，积极扩大有效投资，保持投资合理稳定增长，创新投融资体制机制，优化投资结构，深化"引金入豫"工程，大力发展绿色金融、普惠金融，提高直接融资比重，增强金融服务实体经济能力。全面改善投资环境，发挥政府投资引导和撬动作用，落实民间投资平等的市场主体待遇，激发全社会投资活力。《河南省新型城镇化规划（2021—2035 年）》指出要树立经营城市理念，完善政府投融资体制机制，提升财政资金预算管理水平，确保建设项目综合收益平衡稳定。支持有条件的省辖市积极申请发行政府债券、永续债券，引导保险资金、社保基金等加大投入力度，鼓励政策性、开发性、商业性金融机构扩大中长期贷款投放规模，推动设立新型城镇化发展投资基金。引导社会资本参与城市开发建设运营，推进基础设施不动产投资信托基金（Real Estate Investment Trusts，REITs）试点。《2022 年河南省新型城镇化和城乡融合发展重点任务》提出要强化财政资金、信贷资金投入和保险保障，在配套政策、投融资体制改革等方面大胆创新，优化城镇化空间布局等，倡导开展集体经营性建设用地使用权抵押融资，用于解决新型城镇化建设资金问题。

二　设立专项发展资金完善建设投融资路径

专项发展资金用于解决重大建设项目资金问题，地方政府与金融机构联合设立发展资金，用于保障重大项目如期建设、专款专用，提高项目建设效率，简化发展融资程序。2015 年 1 月，河南省人民政府与部分银行机构共同设立"河南省新型城镇化发展基金"，以应对河南省新型城镇化建设巨大的资金需求，构建了金融机构巨额理财资金投向新型城镇化建设的高效通道。《2022 年河南省新型城镇化和城乡融合发展重点任务》指出，支持城乡融合发展项目，加大对城乡融合发展项目的支持力度。

三　培育壮大地方政府投融资平台

河南省地方政府投融资平台是由财政等部门管理的政府专门投融资管理机构，是地方基础设施和公共服务等公共领域盘活存量资产、资源和资本的重要载体。2021 年 5 月，河南省发展改革委印发《关于加快推进重大项目建设合理扩大有效投资的通知》，提出通过注入资本金、划入优质资产等方式，支持各级政府投资公司做大做强，增强市场化投融资能力，发挥好投融资主体作用。河南省的投融资模式以地方政府投融资平台公司为主体、以银行借款作为主要资金来源，该模式在新型城镇化高质量发展阶段发挥了主导作用。2021 年 12 月，河南省人民政府颁布《河南省促进创业投资发展办法》，指出支持地方政府融资平台公司转型升级为创业投资企业或者拓展创业投资业务。县级以上人民政府可以规划建设创业投资产业园、创业投资主体孵化器、创业投资小镇等平台，形成多样化投资创业载体，吸引多渠道资金和多元化资本，鼓励社会资本参与，引导创业投资主体集聚发展。

河南省积极推进地方政府投融资平台建设，区域集聚效应显著。省级平台公司主要位于郑州市，地市级及区县级平台公司集中在郑州市及周边区域，形成区域集聚效应。平台公司与地方政府建立新型的市场契约关系，依法合规获得财力和资源支持，不新增隐性债务，促进地方政府投融资平台转型发展。政府制定专门法规统筹规范融资平台转型，推动融资平台转型为绿色发展企业，加强债务风险防范，不断强化风险监测，确保信息公开透明，提高内生增长潜力。总之，河南省地方政府投融资平台在政策推动和市场机制改革下，正逐步实现市场化转型，不断优化投资结构，并在风险防控方面取得了积极进展。

四　不断提升地方政府债券融资功能

近年来，河南积极争取中央预算内投资、地方政府专项债券、开发性政策性及商业性金融机构信贷等资金，用于加快推进新型城镇化补短板、强弱项行动。河南成功发行了多期地方政府债券，包括一般债券和专项债券，以满足城镇化建设和其他公共项目的融资需求。河南省政府债券的发行规模近年来持续扩大，地方政府债券通常获得较高的信用等级，吸引更多投资者。2023年全年共发行政府债券 11 批次，总发行量首次突破 4000 亿元，有助于降低融资成本，为支持重大项目建设、缓解存量债务偿还压力发挥了重要作用。河南不断优化多元化融资渠道，通过发行不同类型的债券，如再融资债券、专项债券等，拓宽了融资渠道，增强了融资的灵活性和多样性。河南社会融资规模持续增长，2022 年，社会融资规模增量为 9894 亿元，2023 年，社会融资规模增量进一步增加到 11041 亿元，同比增加了 1147 亿元。债券市场发行规模企稳回升，有助于满足不同领域和企业的资金需求，促进了经济的多元化发展和结构优化。通过发行地方政府债券，河南加大了对制造业和科技创新、普惠金融、民营经济等领域的投入，以支持经济转型升级。

五　深化创新政府和社会资本合作

政府和社会资本合作参与基础设施和公共服务设施建设，并建立一种利益共享、风险共担的长期合作伙伴关系，共同参与项目从规划到实施的全过程，这被称为 PPP 模式。通过全生命周期合作，共同设计、融资、建设、运营和维护公共基础设施和公共服务项目，项目收益由参与合作的各方共享，同时私营部门的超额利润得以控制，以确保项目的公益性，保证公共利益最大化。PPP 模式能够吸引私营部门资本投资公共项目，拓宽公共项目融资渠道，缓解政府财政压力。通过公私合作，河南提供更加多样化和个性化的公共服务，满足公众需求。

河南省委、省政府紧紧围绕百城建设提质工程、森林河南建设、交通双千工程、乡村千万工程、十大水利工程、十大建设工程等重大决策部署，谋划实施了公路交通、能源水利、城市更新、生态修复、学校医院建设等一大批 PPP 重点项目，加快补齐基础设施和公共服务短板，PPP 项目已成为激发民营资本活力、拉动有效投资增长的重要力量。PPP 模式的实践不仅促进了当地经济的稳定增长，还为其他地区提供了可借鉴的经验，带动了地区的基础设施建设和公共服务保障水平大幅提升，增强了民众的获得感和幸福感。

第四节　土地管理制度改革取得突破

2023 年 5 月，河南省政府常务会议审议并通过了《河南省实施〈中华人民共和国土地管理法〉办法（修订草案）》，这是自 1999 年该办法实施以来的首次全面修订，标志着河南省土地管理领域的法治建设又向前迈进了一大步，将进一步推动河南省自然资源管理取得较大进展，实现城乡治理体系和治理能力现代化。

一　严守耕地保护红线和粮食安全底线

用"长牙齿"的硬措施保护耕地，落实耕地保护责任制，实施耕地质量保护与提升行动。通过高标准农田建设、耕作层土壤剥离利用、秸秆还田、增施有机肥等措施提升土壤肥力。全面落实国土空间规划明确的耕地和永久基本农田保护任务，按照《河南省国土空间规划（2021—2035年）》要求，到 2035 年，河南耕地保有量不低于 10955.52 万亩，实行最严格的耕地保护制度，对本行政区域内耕地保护负总责，强化耕地保护和用途管制，确保耕地主要用于粮食生产，确保本行政区域内耕地和永久基本农田总量不减少、质量有提高。明确耕地占补平衡制度，坚持"占一补一、占优补优、先补后占"原则，确保非农建设占用耕地的，建设单位必须依法履行补充耕地义务。实行粮食安全责任制，落实党政同责要求，加强粮食安全责任制考核。利用卫星遥感等信息技术，开展耕地种粮情况监测评价，建立通报机制。加强对永久基本农田的特殊保护，到 2035 年，全省永久基本农田保护面积不低于 9837.89 万亩，禁止违法占用永久基本农田从事非农作物种植，巩固永久基本农田划定成果，守住永久基本农田控制线。2022 年，全省耕地面积稳定在 1.1 亿亩以上，累计建成高标准农田 7580 万亩，提高了耕地利用效率和粮食产量，为粮食稳产增产打牢了耕地基础，不仅为保障国家粮食安全发挥了"压舱石"作用，也为全国的粮食生产和耕地保护工作提供了宝贵经验。

二　强化各级各类规划管控要求

河南高度重视国土空间规划制度建设，要求省内各地应依法编制国土空间规划，并明确了国土空间规划的法律地位和效力，进一步强调了编制和实施国土空间规划的重要性。按照国家和自然资源部对"五级三类"国土空间规划体系要求，建立河南"四级三类"国土空间规划体系并监督实施，国土空间规划体系对国土空间总体规划、详细规划和专项规划的编制原则、编制主体、编制程序、批准权限等内容做了详细规定，经批准的国土空间规划应当严格执行，不得擅自修改，确需修改的，应当满足相关规定要求，按照法定程序启动规划修改程序，修改后按照原程序上报批复并实施管理。强化各级各类规划管控要求，2023 年 11 月 30 日，河南省第十四届人民代表大会常务委员会第六次会议通过的《河南省实施〈中华人民共和国土地管理法〉办法》第十三条提出，"县级以上人民政府自然资源主管部门应当会同有关部门组织对下级国土空间规划的各类管控边界、约束性指标等管控要求的落实情况进行监督检查"，定期安排城市体检和规划评估，保障各类控制指标实施不走样，空间落位精准，突出国土空间规划的引领作用和刚性约束作用。

三　细化土地征收程序

河南以维护被征地农民合法权益为核心，保障被征地农民原有生活水平不降低、长远生计有保证，压实申请征地的市、县级人民政府责任，确保被征地农民获得公平合理的补偿。进一步细化土地征收程序，明确了土地征收预公告、土地现状调查、社会稳定风险评估、征地补偿安置方案编制、征地补偿安置协议签订、听证公告等程序和相关要求，推动了土地征收程序更加规范化、透明化，减少了随意性和不确定性。开展社会稳定风险评估，对征收土地的社会稳定风险状况进行了综合研判，确定了风险点，提出了风险防范措施，有效预防和减少了征地过程中的社会稳定风险。河南制定了《河南省农村集体土地征收基层政务公开标准指引》，明确了征地信息的公开内容、方式和责任主体，提高了政府工作的透明度，增强了群众对征地工作的信任。在征地补偿安置方案制定过程中，充分听取被征地农村集体经济组织及其成员的意见，保障了群众的知情权、参与权。规范的征地程序和公正的补偿安置，提高了农民对征地政策的满意度。征收土地涉及农村村民住宅的，应保障被征收住宅农村村民的合法权益。河南通过立法明确了征地补偿标准和搬迁、临时安置费用的补偿方式，使被征地农民的合法权益得到了更有效的保障，减少了因征地引发的社会矛盾，保障了农村村民居住权利和合法住房财产权益。

四　加强建设用地管理

河南省通过制定相关政策，强化了土地保护与利用的制度顶层设计，确保了土地资源的合理配置和高效利用。通过实施节约集约用地政策，提高了土地的综合容积率和亩均税收。通过实行奖惩激励机制，建立了增存挂钩机制和规划用地标准，推动了存量土地的盘活利用，促进了土地的节约集约利用，优化了土地资源的配置，减少了对新增土地的依赖。鼓励建设多层标准厂房，提高了土地利用效率，推动了工业项目向立体化发展，有效降低了企业的用地成本。强化亩均导向，重点评价开发区的亩均税收和亩均增加值等指标，促进了土地资源的高效利用。实施建设用地数字化管理，构建了土地供应云平台，实现了土地供需双方信息的透明和公开，提高了土地市场信息化水平、土地市场的透明度和效率。实施"标准地"改革，推行工业用地"标准地"出让制度，实现了"拿地即开工"，简化了审批流程，加快了项目的审批和落地速度，降低了企业用地成本。通过区域评估、"标准地+承诺制"等措施，提升了企业用地效率。强化全生命周期监管，建立了从土地供应到项目监管的全生命周期管理新机制，确保了土地使用的合规性和效率。河南省通过上述加强建设用地管理措施，实现了土地资源对高质量发展的高效支撑，提高了土地资源的利用效率，促进了经济社会高质量发展。

第五节　生态环境治理机制更加完善

党的十八大以来，河南深入学习贯彻习近平生态文明思想，践行"绿水青山就是金山银山"的发展理念，着力提升生态环境质量，取得了历史性成就，生态环境治理机制更加完善，让绿色成为美丽河南更加坚实、更加厚重、更加亮丽的底色，努力建设成生态强省。

一　完善生态环境治理地方法规制度

河南省委、省政府锚定"两个确保"，持续实施绿色低碳转型等"十大战略"，坚定不移地走绿色低碳的可持续发展之路。加强生态环境治理行动，建立健全绿色低碳循环发展经济体系，增强可持续发展能力，为河南省新型城镇化高质量发展和现代化河南建设提供坚实的绿色发展保障。不断加强地方法规制度建设，出台了一系列生态环境治理政策条例，2021年5月出台并于10月施行了《河南省土壤污染防治条例》，2022年3月施行了《河南省南水北调饮用水水源保护条例》，2024年3月修订了《河南省大气污染防治条例》。2021年12月，为推动"双碳"战略的实施，河南省委、省政府成立了河南省碳达峰碳中和工作领导小组，为实施绿色低碳转型战略建立了组织保障，并于2022年5月印发实施了《河南省碳达峰试点建设实施方案》，落实了碳达峰碳中和的战略要求。2023年7月，河南省人民政府办公厅印发《河南省推动生态环境质量稳定向好三年行动计划（2023—2025年）》，以重点突破带动整体提升，突出抓好城市空气质量提升进位、黑臭水体消除、美丽幸福河湖建设和能源绿色低碳发展等"十大行动"。这些政策文件体现了河南省在生态环境治理方面的积极努力和取得的进展，河南省正朝着构建生态文明和实现绿色发展的目标大步迈进。

二　建立健全生态保护补偿制度

生态保护补偿制度是生态文明制度的重要组成部分。河南全面贯彻落实习近平生态文明思想，积极倡导"绿水青山就是金山银山"的发展理念，按照"谁污染、谁赔偿，谁治理、谁受益"的原则，严格实施生态补偿制度，通过多种机制和政策推动生态环境的持续改善和保护。

2024年4月，国务院公布了《生态保护补偿条例》，提出要构建三种生态补偿机制。一是通过财政转移支付等方式进行财政纵向补偿；二是鼓励、指导、推动生态受益地区与生态保护地区人民政府通过协商等方式开展地区间横向补偿；三是鼓励社会力量以及地方人民政府发挥市场机制作用，通过购买生态产品和服务等方式推进市场机制补偿。河南遵循国家层面的生态保护补偿制度，通过财政纵向补偿、地区间横向补偿、市场机制补偿等机制，落实对开展生态保护的单位和个人予以补偿的机制。建立健全黄河、长江、淮河和海河流域横向生态保护补偿机制，促进生态受益区和生态保护地区协商补偿，拓宽横向生态保护补偿机制覆盖范围。积极探索市场化、多元化生态保护补偿机制，鼓励社会资金参与生态保护补偿，探索排污权、水权、用能权、碳排放权交易等市场化补偿方式。

河南积极贯彻落实黄河流域生态保护和高质量发展战略，推进南水北调后续工程高质量发展，积极将生态优势转化为经济优势，提高生态系统服务功能和产品供给能力，推动生态产品市场化交易，建立生态产品价值实现机制，开展生态产品价值核算、探索生态产品价值实现模式、创建生态产品价值转化实践基地等。在洛阳、三门峡、南阳、信阳等地开展生态产品价值实现试点示范，探索建立生态产品价格形成机制，进行生态产品信息普查，建立生态产品清单。促进生态产业发展，南水北调中线工程水源地淅川县等地区通过发展软籽石榴、杏李等林果产业和金银花、连翘等中药材种植业，将生态优势转化为经济优势，上万名贫困户依靠生态产业发展实现了收入提升。河南依托不同地方独特的自然禀赋，采取人放天养、自繁自养等原生态种养模式，提高生态产品价值，鼓励和支持生态产品市场化交易，如西峡县的香菇出口遍及30多个国家和地区，累计创汇达到66亿美元。淅川县、西峡县、灵宝市等作为生态产品价值实现机制的国家试点地区，全面梳理生态产品的类型、数量、权属，并分析了生态经济系统存在的主要矛盾，探索了生态产品价值转化和生态经济发展路径。河南不断拓展生态产品经营开发模式，培育了生态产品市场经营开发主体，通过统筹实施生态环境系统整治和配套设施建设，提升了生态经济开发价值，包括高效生态农业、绿色低碳工业和生态文化旅游，打造了一批生态产品区域公共品牌，为居民提供了更优质的产品和服务体验。

三 部署实施重点环境整治行动

为深入贯彻落实党中央、国务院关于生态环境保护工作的决策部署，推动全省生态环境质量稳定向好，河南突出抓好环境整治"十大行动"，助力经济社会高质量发展。实施城市空气质量提升进位行动，推进空气质量排名进位，制定信阳市和南阳市创建为空气质量二级达标城市的目标。实施交通运输清洁行动，大力推广新能源汽车，加快推进"公转铁""公转水"。实施能源绿色低碳发展行动，大力发展清洁能源，优化煤电项目布局，实施工业炉窑清洁能源替代工程。实施工业行业升级改造行动，推进重点行业超低排放改造，开展传统产业集群升级改造，加快淘汰落后低效产能，2023年，全省完成15家钢铁、62家水泥企业超低排放改造。实施黑臭水体消除行动，推进黑臭水体治理，提升城乡污水处理成效，省辖市黑臭水体持续清零，周口、平顶山、漯河3个省辖市入选国家农村黑臭水体治理试点。实施美丽幸福河湖建设行动，建设黄河流域美丽幸福河湖示范段，加强金堤河、马颊河、惠济河、卫河、共产主义渠等重点河湖保护治理。实施南水北调水质安全保障行动，加强南水北调水环境保护，实施丹江口库区治理工程。实施农业绿色发展及农村人居环境整治行动，加强农业节水和面源污染防治，推进农村人居环境整治提升。实施环境监管能力提升行动，全面提升监测监控能力，持续提升监督执法能力，巩固提升应急处置能力。实施生态环境突出问题整治行动，解决中央生态环境保护督察等反馈的问题，开展常态化排查整治。

第六节 市场化的要素价格形成机制加快形成

为深化要素市场化配置改革，促进要素自主有序流动，提高要素配置效率，进一步激发全社会创造力和市场活力，推动经济高质量发展，河南坚持以供给侧结构性改革为主线，坚持深化市场化改革，充分发挥市场配置资源的决定性作用，破除阻碍要素自由流动的体制机制障碍，健全土地、劳动力、资本、技术和数据等要素市场体系，加快要素价格市场化改革进程，形成要素价格市场决定的要素市场化配置机制，为奋力谱写新时代奋勇争先、中原更加出彩的绚丽篇章提供强大支撑。

2021 年 5 月，河南省委、省政府发布《关于构建更加完善的要素市场化配置体制机制的实施意见》，提出多项具体措施，着力优化包括土地、劳动力、资本、技术、数据等要素的市场化配置。2021 年 9 月，河南省发展改革委印发《河南省"十四五"时期深化价格机制改革实施方案》，提出以推动高质量发展为主题，以深化供给侧结构性改革为主线，以满足人民日益增长的美好生活需要为根本目的，深入推进重点领域和关键环节价格改革，完善价格调控机制，增强公共服务供给质量和保障能力，提升价格治理能力。

一　推进土地要素市场化配置

河南建立健全城乡统一的建设用地市场。制定农村集体经营性建设用地入市实施意见和增值收益分配制度。健全长期租赁、先租后让、弹性年期供应、作价出资（入股）等工业用地市场供应体系。推行新增工业用地"标准地"出让制度，推动"亩均论英雄"改革，按照土地复合开发利用和市场多元化需求，探索增加混合产业用地供给，推进楼宇经济和综合园区建设。加快规模增长向集约节约高效增长转变，促进高质量发展，盘活存量建设用地，开展批而未用和批而未供土地盘活利用专项行动，挖潜存量发展空间。坚持"发展为要、项目为王"，使土地要素跟着项目走，实现土地资源精准配置，提高土地利用效率。加大省级统筹调剂力度，以经济效益为导向，兼顾社会公平，加快建设用地资源向中心城市、重点地区、重大项目倾斜，发挥土地最大效益，提高土地资源附加值。

河南确定许昌市作为土地要素市场化配置改革的专项改革试点地区，以及其他几个市（县、区）作为不同要素市场化配置改革的试点地区。通过改革试点，努力提高土地资源的配置效率，促进土地要素与不同产业的合理结合。依托国家城乡融合发展试验区建设，探索建立农村集体经营性建设用地入市制度，推动不同产业用地类型合理转换，增加混合产业用地供给。通过差别化用地机制和混合产业用地供给，支持产业结构的优化和产业升级。创新配置方式，推行工业用地"标准地"出让制度，建立工业用地全生命周期管理机制，推行差别化用地机制，通过市场化配置，激发市场活力，促进土地要素的自由流动和高效利用。不断盘活存量建设用地，开展批而未用土地盘活利用专项行动，定期发布全省批而未用和闲置土地清单，将新增建设用地计划分配与存量建设用地盘活挂钩，确保中心城市、重点地区、重大项目的用地需求。完善土地管理体制，推动修订相关土地管理办法，加大省级统筹调剂力度，使建设用地资源向中心城市、重点地区、重大项目倾斜。强化组织保障，深化"放管服"改革，优化营商环境，清理废除妨碍统一市场和公平竞争的各种规定和做法，为其他地区提供可借鉴的模式，为完善土地要素市场化配置提供制度创新经验。

二　引导劳动力要素畅通有序

河南致力于加快构建更加完善的劳动力市场体系，提高劳动力资源的配置效率，促进劳动力和人才的社会性流动，提高劳动力市场的灵活性和效率，取得了一定的成效。不断深化户籍制度改革，进一步放宽郑州市中心城区落户条件，全面放开除郑州市中心城区的落户限制，全面实施居住证制度，提高劳动力市场的流动性，使劳动力市场更加活跃。建立统一开放、竞争有序的人力资源市场，保障平等就业权利，畅通人才流动渠道。加快职业技能培训，建立劳动者终身职业技能培训制度，全力实施职业技能提升行动，提高劳动者的就业机会。加大人才引育力度，畅通劳动力和人才社会性流动渠道，实施更加积极的人才引进政策，有助于吸引和留住高技能人才，促进人才结构优化。

固始县作为河南省劳动力要素市场化配置改革试点地区，发挥河南第一人口大县、劳务输出大县优势，致力于完善人力资源市场，提高服务水平，以满足不同层次劳动力的需求。在全面实施乡村振兴战略中，固始县积极创建农民工返乡创业示范园区，推动返乡人员就业创业高质量发展，带动农村劳动力就地就近转移就业，2022 年吸引返乡入乡创业 0.23 万人。通过不断完善激励机制，拓展基层人员发展空间，引导和鼓励人才向基层流动。推行劳动者终身职业教育制度，打造"1+4+1"职业培训龙头阵地，开展大规模职业技能培训，达到 3.5 万人次，使劳动力素质和职业技能得到有效提升，促进劳动力资源的合理流动和高效配置，为河南省内外典型人口净流出型县市提供劳动力要素市场化配置经验。

三　发挥资本市场配置功能

资本市场在金融运行中具有"牵一发而动全身"的作用，资本市场连接着亿万名投资者，让投融资功能有效发挥，让投资者权益得到充分保护并充分享受改革发展的红利。河南大力发展直接融资，加强上市后备企业资源库建设，推动更多企业上市融资，支持有条件的上市公司再融资和并购重组。增加有效金融服务供给，建立较为完整的市场化金融机构体系，推动发起设立民营银行，优化金融服务平台功能，发展线上信用贷款产品，通过市场化改革，提高企业特别是中小微企业的融资效率和可获得性。增强金融服务实体经济能力，使金融资源更多地流向实体经济，为地方经济高质量发展提供原动力。

郑东新区作为河南省资本要素市场化配置改革试点地区，以中原龙子湖智慧岛为载体，完善政府引导基金体系，探索市场化配置财政引导资金新方式，发挥基金撬动作用促进服务产业转型升级，加大私募基金机构招商力度，截至2023年5月，已累计推动243家私募基金类企业落户龙子湖智慧岛。郑州市推动信用信息开发利用，发展多层次信用服务体系，为金融服务实体经济创造良好信用环境。鼓励商业银行设立科技金融专营机构，开展知识产权质押等融资业务，构建科技金融服务体系。推动绿色金融创新，大力发展与环保和可持续发展相关的金融产品，支持绿色经济的发展。不断创新金融服务模式，探索通过市场化方式配置财政引导资金的新方式，探索更有效的资金使用和管理方式，提高资金使用效率和效果。搭建信息化金融服务基础设施，以"智慧岛"基金大数据服务平台和"智慧岛"数字金融开放服务平台为核心，提升投融资效率与数字化渗透率，有效促进资本要素的集聚和产业发展。

四 激发技术要素的市场活力

河南不断健全职务科技成果产权制度，强化对知识产权的保护和运用，推动建设知识产权运营中心，以促进产业创新和技术要素的市场化运营。加快国家知识产权运营公共服务平台交易运营（郑州）试点平台建设，支持重大技术装备、重点新材料等领域的自主知识产权市场化运营。不断改进科技项目组织管理方式，实行"揭榜挂帅"等制度，开展项目经费使用"包干制"改革试点，加强科技成果中试熟化基地建设。强化企业创新主体地位，支持企业牵头组建创新联合体，承担国家和省级重大科技项目，加大企业研发投入财政奖补力度，推动产业链上中下游、大中小企业融通创新。加强国家技术转移郑州中心建设，支持科技企业与高校、科研机构共建新型研发机构，优势互补、强强联合，联合集中开展产学研用合作，加快研发成果转化，促进技术链、创新链和产业链耦合，推动产业经济高质量发展。加快构建科技金融服务体系，吸引社会资本参与，促进技术要素与资本要素融合发展，鼓励商业银行设立科技支行等科技金融专营机构，开展知识产权质押和股权质押等融资业务，扩大金融服务范围和提高金融服务水平。加强科技创新合作，积极对接京津冀、长三角、粤港澳大湾区等创新优势区域，开展技术创新飞地建设，在优势地区建立科技研发中心，开展创新资源共享、科技联合攻关、科技成果协同转化。

新乡高新技术产业开发区作为河南省技术要素市场化配置改革试点地区，还是郑洛新国家自主创新示范区核心区，开辟知识产权快速确权"绿色通道"，缩短专利申请保护周期。根据新乡市出台的成果转化"八条政策"，推动科技成果的转化和产业化，推动新能源汽车零部件产业知识产权运营中心建设，打造科技创新型综合体，促进技术要素与资本要素的融合发展。2022 年，新乡高新技术产业开发区新增省级及以上创新平台 14 家；培育专精特新企业 27 家，其中国家级专精特新"小巨人"企业 3 家；技术合同成交额达到 6.29 亿元；拥有有效发明专利 624 件，同比增长 17%；新增上市企业 1 家，累计共有上市企业 3 家；推动全区高新技术企业达到 158家；评价入库国家科技型中小企业 248 家。

五　加快培育数据要素市场

数据是数字经济的关键生产要素，数据要素市场化配置改革是统筹发展和安全的重要途径，既是推动现代化河南建设的重要抓手，也是河南实现高质量发展的重要支撑和保障。河南出台《河南省大数据产业发展行动计划（2022—2025 年）》等相关政策文件和发展规划，提出要建立企事业单位首席数据官制度，探索数据经纪人试点。加快数据资源优化整合，梳理辖区内数据资源，建立全省数据资源目录，推动政务数据和公共数据的授权运营。探索数据资产定价机制，制定数据资产评估标准规范，建立健全数据交易市场运营体系。加强数据安全与监管，强化数据安全技术保障，构建行业领域数据分类分级体系，确保数据产品流通安全可信。依托"中原英才计划"等项目，引进和培养高层次农业科技人才，推动国内外高校、科研院所设立分支机构。培育数据要素市场主体和载体，构建以数据要素为核心的数商生态。数据要素市场活力指数明显提升，在中部六省份中位列第一，凸显河南在数据要素市场建设方面的领先地位。

2021 年 8 月，郑州数据交易中心揭牌成立运行，为数据交易搭建了运营平台，推动了数据资源的采集、归集、开发利用和有效治理，设立了 10 余个行业数据专区，累计上架数据产品和服务近 400 项。2023 年 12 月，郑州为全面落实河南省委、省政府实施数字化转型战略的总体部署，在全省率先开展数据要素市场化配置改革，印发《郑州市数据要素市场化配置改革行动计划（2023—2025 年）》，明确提出将郑州打造成为全国重要的"数仓、数纽、数港"，为加快郑州国家中心城市现代化建设和高质量发展注入新动力。郑州市计划到 2025 年底，累计数据交易额不低于 15 亿元，累计打造不少于 100 个数据创新应用场景，数据要素产业规模达到 100 亿元。发挥国家中心城市在区域协调发展中的带动引领作用，打造数据要素产业培育载体，为数字经济建设增添新动能，推进郑州市构建新发展格局、打造新竞争优势、抢占发展制高点、推动经济高质量发展。

六 加强要素价格市场化改革

河南不断加强市场在资源配置中的决定性作用，提高要素价格形成效率。健全要素市场运行机制，加快要素价格市场化改革，建立要素市场化交易平台，完善要素交易规则和监管机制。加快要素价格市场化改革，完善城乡基准地价、标定地价制定与发布制度，逐步形成与市场价格挂钩的动态调整机制；减少政府对价格形成的不当干预，引导市场主体依法合理行使要素定价自主权，推动政府定价机制由制定具体价格向制定定价规则转变；不断健全要素市场化交易平台，拓展公共资源交易平台功能，引导培育大数据交易市场，开展面向应用的数据交换和交易试点。增强要素应急配置能力，加快要素应急管理和配置体系建设，提高应急状态下的要素高效协同配置能力。完善价格机制，通过深化电价、气价、水价等改革，完善价格形成机制，更好地反映市场供需关系，确保全省价格总体水平在合理区间运行，增强公共服务的供给质量和保障能力。

第九章 以人为核心推进新型城镇化
河南实践的典型探索

党的十八大以来，河南各地坚持推进以人为核心的新型城镇化，将城镇化建设和人民群众对美好生活的向往紧密联系起来，积极探索具有地方特色的新型城镇化建设道路。郑州市以国家中心城市建设为引领不断推动城市发展提质增效，洛阳市围绕中原城市群副中心城市建设目标持续加快城市建设，济源产城融合示范区立足自身实际实施全域式城镇化和城乡一体化发展战略，长垣市围绕中等城市建设目标推动城镇分类发展，兰考县深入践行县域治理"三起来"推动城镇化高质量发展。

第一节 新型城镇化的省辖市探索

河南省各地城镇化基础和条件各不相同，推进城镇化的思路和策略也各不相同，在推进新型城镇化的省辖市实践中，比较有代表性的是郑州和洛阳两个城市。郑州是河南省省会、中原城市群核心城市，近年来围绕国家中心城市建设目标，不断探索特大型城市城镇化发展路径。洛阳是全国老工业基地、国家历史文化名城，近年来围绕中原城市群副中心城市建设目标，加快完善"四级"联动的新型城镇体系，城乡发展更趋协同。

一 郑州市新型城镇化实践

郑州地处我国中心地带，郑州铁路枢纽是全国 12 个最高等级国际性综合交通枢纽之一，长期以来承担着全国客货运输集疏中转的重要任务，素有"中国铁路心脏"和"中国交通十字路口"的美誉，在连接东西、贯通南北中发挥着重要作用。近年来，郑州着力推动基础设施完善升级，持续优化城市发展环境，大力提升城市功能品质，坚持让人民共享发展成果，在全国经济版图中的地位不断凸显，成功进入国家中心城市建设行列，《郑州都市圈发展规划》获得国家发展改革委复函，成为全国第十个获批的都市圈规划。

（一）以国家中心城市建设为统揽

郑州的前身是一座不起眼的县城——郑县。20 世纪初，京广铁路和陇海铁路在此交汇，郑州一跃成为繁华的商埠，就此步入发展的快车道。1954 年，河南将省会从开封迁到郑州，郑州发展进入新的历史篇章。改革开放以来，郑州经济社会发展迅速，在全国经济版图中的地位也快速提升。2016 年 12 月，国家发展改革委印发《中原城市群发展规划》，明确提出支持郑州建设国家中心城市。短短几十年时间，郑州从一个"火车拉来的城市"蝶变为全国城镇体系中的"塔尖"城市。近年来，受益于郑州航空港经济综合实验区、郑洛新国家自主创新示范区等一系列国家战略的设施，郑州经济社会实现了"翻天覆地"的变化，地区经济总量不断增长，影响力不断提升，在全国各大城市中的排名和地位逐渐上升。2018 年，郑州市实现了"GDP 破万亿、人口过千万、人均超十万"，昂首晋级特大城市行列。2023 年郑州市地区生产总值达到 1.36 万亿元，居全国第 16 位，快速增长的经济实力为以郑州为核心建设现代化都市圈奠定了坚实的经济基础，快速推进的国家中心城市建设为郑州都市圈提供了最强大的支撑。[1] 2023 年 10 月，《郑州都市圈发展规划》正式获得国家发展改革委复函，从此，以郑州国家中心城市为核心的都市圈呈现快速发展态势。

（二）着力提升基础设施服务能力

近年来，郑州坚持以基础设施功能提升为重点，推动城市发展更好满足生产和生活需求。持续推进"畅通郑州"工程，配合推进"米"字形高铁网建设，推进城市轨道交通、城市公交、"井字+环线"快速路网、市域快速通道、高速公路、国省干线公路和县域路网等建设。轨道上的都市不断加速发展，2013 年 12 月 28 日，郑州地铁 1 号线开通试运营。自此，郑州地铁建设进入快速发展时期，截至 2024 年 2 月，"米字+环线"地下轨道

---

① 数据来源：《2023 年郑州市国民经济和社会发展统计公报》。

交通系统初具规模，全市轨道交通运营里程达到 277 公里，居全国第 13 位。"大三环"快速路系统实现闭合，西三环延线、南三环东延高架、东三环高架、金水路西延、金水路快速化、陇海路快速通道、京广路二期、农业路高架、环城高速出入口、国道 107 东移工程、四环快速化等重要市政道路建成通车，基本消除三环内断头路。中心城区"井字+环线"快速路网体系基本形成，初步实现"半小时市区交通圈"目标。扎实推进"公交都市"示范城市创建工作，优化调整公交线路，加快公交专用道、公交场站建设，提高公共交通路权和智能化水平，积极推进"绿色交通"建设，公交车辆逐步实现全部新能源替代。以海绵城市建设为重点，统筹城市地下空间与地上建设，着力解决"逢雨必涝""马路拉链"等群众反映强烈的现实矛盾和问题。以百年德化街、二砂文化创意园、古荥大运河文化区等历史文化遗产为重点，加强城市历史文脉的传承保护和利用。此外，郑州还聚焦老旧城区遗留问题，加快推进城市更新工作，大力推进老旧小区改造、厕所革命、垃圾分类、街景整治、建筑外立面与屋顶专项整治等工作，实施中心城区沿河步道贯通工程，持续推进灯光亮化工程。

（三）持续优化城市生态和人居环境

近年来，在"山水林田湖是一个生命共同体"[①] 理念的指引下，在黄河流域生态保护和高质量发展战略的统领下，郑州不断推进森林、公园、湿地、廊道等各种类型生态空间和环境保护规划的实施，逐步形成以"一带、三区、多廊、多点"为构架的网络化生态空间格局。从建设效果来看，郑州不仅生态空间的数量在快速增加，而且生态空间的结构更加合理化，包括各种类型的森林公园、湿地公园、生态廊道等在内的生态空间也更加多元化。在公园绿地建设方面，包括国家公园、城市公园、郊野公园等在内的各种类型的公园快速增加。此外，还建成近千个口袋公园，截至 2023 年底，全市建成区绿化覆盖率达到 41.6%。[②] 在湿地建设方面，郑州不断加大湿地自然保护区、湿地公园建设力度，特别是黄河流域生态保护和高质量发

---

① 《习近平关于社会主义生态文明建设论述摘编》，中央文献出版社，2017。

② 《宜居"郑"美好》，河南省人民政府网站，2023 年 12 月 18 日，https://www.henan.gov.cn/2023/12-18/2867867.html。

展上升为国家战略以来，沿黄河绿地和生态廊道建设力度空前，拥有黄河湿地公园、北龙湖湿地公园、郑东新区湿地公园、象湖生态湿地公园、索河湿地公园、洞林湖湿地公园、龙泉湿地公园等一大批湿地公园，市域内河流、湖泊、库塘、鱼塘各种类型的湿地均有布局，共同构成了独特的湿地生态景观。

（四）坚持让人民共享发展成果

在推进新型城镇化建设过程中，郑州坚持以人民为中心的发展理念，城市医疗、教育、养老等公共服务水平持续完善，居民收入不断上涨，人民群众的获得感、幸福感、安全感不断增强。坚持以人民健康为中心，按照"重塑一个体系、建立两项机制、推动三项变革、实施五个突破"的建设路径，优化整合全市医疗卫生资源，加快构建市域一体化医疗卫生服务体系，医疗卫生服务和保障水平持续提升。坚持教育优先，不断增加教育资源供给，优化教育资源配置。截至 2023 年末，全市共有义务教育阶段学校 1437 所，在校生 170.02 万人，教职工 10.79 万人，义务教育巩固率 116.25%；积极发展职业技术教育，全市共有中等职业学校 106 所，共有中职学校教职工 1.46 万人；驻郑普通高等学校 74 所，高等教育在校生总规模为 175.11 万人，在校研究生 7.05 万人。[①] 坚持老有所养的理念，积极构建以居家为基础、社区为依托、机构为补充的养老服务模式，构建居家社区机构相协调、医养康养相结合的养老服务体系，打造"15 分钟养老服务圈"。此外，还出台《郑州市民政局关于建立城市社区"银发顾问"制度的实施意见》，城市社区"银发顾问"制度正在向全市所有社区覆盖。

随着城市的不断发展，居民收入水平的提升，城市吸引力也在不断提升。郑州城镇居民人均可支配收入由 2013 年的 26615 元提高到 2023 年的 48740 元，年均增长 6.2%；农村居民人均可支配收入从 2013 年的 14009 元提高到 2023 年的 30383 元，年均增长 8.0%。[②] 城市、农村低保标准分别由每人每月 520 元和 290 元增长到每人每月 750 元。QQ 大数据发布的《2018 全国城市年轻指数》显示，郑州城市年轻指数为 82，全国排名第八，位列

---

① 资料来源：《2023 年郑州市教育事业发展统计公报》。

② 资料来源：郑州市统计局网站年度数据及《2023 年郑州市国民经济和社会发展统计公报》。

中国北方城市之首；智联招聘与泽平宏观联合发布的《2021年中国城市95后人才吸引力排名》显示，郑州位列全国第十。近年来，郑州抢抓全国青年发展型城市建设试点重要契机，做活青年人才"引育留用"文章。2023年，郑州新增常住人口18万人，跻身"北方人口增量第一城"，城镇常住人口也首次超过1000万人，达到1040.65万人，常住人口规模居全国城市第10位。2013～2023年，郑州常住人口从986.6万人增长到1300.8万人，十年增长了31.8%。"城市，让生活更美好"的愿景正在郑州这座年轻的城市不断成为现实，中国式现代化的郑州图景正在徐徐展开。

二 洛阳市新型城镇化实践

洛阳位于河南西部，因地处洛河之阳而得名，是国务院首批公布的历史文化名城，中原城市群副中心城市。洛阳下辖7县7区，总面积1.52万平方公里，作为中原城市群的副中心城市，坚持以人的城镇化为核心、以中原城市群副中心城市建设为引领，持续实施城市联动式和组团式发展战略，加快完善"四级联动"现代城镇体系，注重优秀历史文化保护传承弘扬，坚持让城市发展融入自然，新型城镇化稳步推进，城乡综合承载力大幅提升。截至2023年末，洛阳全市常住人口707.9万人，其中城镇常住人口477.3万人，常住人口城镇化率为67.42%。①

（一）以中原城市群副中心城市建设为引领

副中心城市是对应一定区域内的主中心城市而提出的，其在一个区域经济系统中的地位仅次于主中心城市，其作用是协助区域内主中心城市发挥辐射、引领、带动等功能。我国排名前列的经济省份大多采取"双中心"发展战略，像广东有广州和深圳，江苏有苏州和南京，山东有青岛和济南，浙江有杭州和宁波。在河南这样的人口大省和经济大省，单靠郑州一个城市带动远远不够，必须发挥好洛阳这个副中心城市的作用。洛阳位于河南西部，距郑州约130公里，在中原城市群内综合经济实力仅次于郑州，区位交通条件优越，工业基础雄厚，科技创新资源丰富，历史文化积淀深厚，

---

① 《洛阳市2023年国民经济和社会发展统计公报》，洛阳市人民政府网站，2024年5月9日，https://www.ly.gov.cn/2024/05-09/144763.html。

不仅是河南的副中心，还是中原城市群的副中心城市。2016 年发布的《中原城市群发展规划》中，明确将洛阳定位为中原城市群的副中心城市。

制造业是洛阳的当家产业，也是洛阳建设副中心城市的底气所在。作为国家老工业基地，洛阳在制造业发展方面有着良好的基础和条件。"一五"时期苏联援建的 156 个重点项目，洛阳就有 7 个。近年来，洛阳立足于制造业发展基础，聚力推动制造业高质量发展，大力实施制造业高质量发展行动，推动优势主导产业提质增效，培育壮大新兴产业，加快产业园建设和产业集聚区"二次创业"，形成更多千亿元级产业集群和百亿元级特色产业集群，打造规模超万亿元的先进制造业基地。加快培育壮大数字化新业态，推进物联网、人工智能、大数据等技术创新与产业应用，建设新型工业化产业示范基地。面向未来市场前沿需求，聚焦储能与氢能、关键战略材料、生物制品与健康服务、大数据与智能机器人等领域，着力培育新的产业集群。加大对未来产业项目引进孵化的支持力度，抢占未来产业发展制高点。加快关键技术转化应用，推动商业模式创新和重点领域产品创新，积极培育未来产业新业态，为副中心城市建设全面赋能。

（二）坚持联动式和组团式发展

与省会郑州相比，洛阳县域经济差距较大，坚持联动式和组团式发展，是壮大县域经济、推进新型城镇化的必然选择。党的十八大以来，洛阳立足城镇化发展实际，严格按照主体功能区定位，统筹城乡发展，优化城镇化布局和形态，构建"一核一圈一带多点"空间格局。洛阳市委、市政府制定"四级联动"的城镇化布局策略，在做大做强中心城市的同时，推动县城组团、特色小镇和美丽乡村不断加快发展步伐。通过科学布局中心城市、县城、特色小镇和美丽乡村，洛阳正在加快推动中心城市各板块组团式发展、县级城市内涵式发展和建制镇集聚式发展。①

"一中心六组团"是近年来洛阳城镇体系建设的最大亮点。洛阳市中心城区面积较小，引领带动动力不足，与副中心的发展定位差距较大。为破解这一难题，洛阳市统筹实施"一中心六组团"的城市发展战略。"一中

---

① 《洛阳市人民政府关于印发洛阳市国民经济和社会发展第十三个五年规划纲要的通知》，洛阳市人民政府网站，2022 年 1 月 1 日，https：//www.ly.gov.cn/2022/01-11/73866.html。

心"即中心城区，"六组团"是指偃师、孟津、新安、宜阳、伊川、吉利六个县（市）组团。通过推动六组团与中心城区的产业连接和基础设施共建共享，积极构建承接中心辐射、服务中心发展，功能强劲的环状发展板块。此外，为拓展发展空间，洛阳积极加强与周边地区产业承接、交通连接、生态对接，着力形成一体化发展新格局。洛阳与济源、平顶山、三门峡制定出台了"洛济33条""洛平30条""洛三32条"等融合联动发展措施；洛济深度融合发展同城化等17项合作事项取得了阶段性成效，洛济在融合发展方面走在了全省前列；洛阳与平顶山、洛阳与三门峡之间的联动发展也在稳步推进；郑洛西高质量发展合作带进入了国家视野，相关工作正在有序展开。

（三）注重优秀历史文化保护传承弘扬

洛阳是首批国家历史文化名城，也是世界文化名城。洛阳拥有5000多年的文明史，先后有13个王朝在此建都，留下了无数让世人惊叹和景仰的历史文化遗产。在推进新型城镇化建设过程中，洛阳深入贯彻习近平总书记"历史文化是城市的灵魂，要像爱惜自己的生命一样保护好城市历史文化遗产"的理念。[1] 全面挖掘和阐释历史文化名城、文物资源所蕴含的文化内涵和时代价值，传承发展优秀传统文化，推进河洛优秀传统文化创造性转化、创新性发展，让历史文化遗产活起来。洛阳坚持把文化提升作为城市之魂，着力盘活厚重历史文化资源，彰显现代先进文化元素，增强文化产业整体实力，全面提升城市品位。推动城市建设发展与历史文化保护利用的统筹协调，努力让古都文脉薪火相传、绵延不绝。

在推进城镇化建设的过程中，洛阳坚持以人民为中心的发展思想，推动洛阳市域内的优秀传统文化创造性转化、创新性发展，将历史文化名城和文物保护传承工作融入经济社会发展中、生态文明建设中、人民群众生活中，不断满足人民群众日益增长的美好生活需要。首先，始终把历史文化保护放在首位，坚持按照真实性、完整性的保护要求，不断丰富和拓展历史文化名城和文物保护的内涵，持续挖掘历史文化的价值，加大对历史文化遗存遗址的保护力度，确保各时期重要历史文化遗产得到系统全面保

---

[1] 中共中央党史和文献研究院编《习近平关于城市工作论述摘编》，中央文献出版社，2023。

护。其次，在做好历史文化遗产保护的同时，洛阳在城镇化建设过程中坚持对其进行有效利用和传承发展。最后，洛阳市立足自身文化资源丰富的优势，深入实施文旅文创融合发展战略，全面提升"河洛之源、礼乐之根、丝路起点"等文化品牌，持续擦亮"牡丹文化之都、文创艺术之都、剧本娱乐之都"等城市名片，让文化更好地满足人民精神文化消费需要，让文化更好地服务城镇化建设。

（四）坚持让城市发展融入自然

洛阳市地处黄河生态廊道和伏牛山、太行山山地屏障叠加区域，西依秦岭、东临嵩岳、北靠太行，境内有黄河、洛河、伊河等10余条河流，周围有邙山、龙门山、嵩山等10多座山脉，生态资源丰富、绿色空间广阔，洛阳是国家森林城市、国家生态文明建设示范市。近年来，洛阳认真贯彻落实习近平生态文明思想，把生态强市建设作为重要发展战略，不断探索高质量发展路径，拓展城镇化建设绿色空间和环境容量。

在推进城镇化建设的过程中，洛阳坚持以改善生态环境质量为导向，把生态文明建设融入国土空间优化、生态经济发展、环境质量改善、生态机制建立、生态理念普及等各个领域。以全面提升洛阳生态文明建设水平为核心，全面实施洛阳市生态文明建设示范市创建规划，以建设黄河流域生态保护与高质量发展高地、传统重工业基地转型升级示范区、森林生态产品服务价值实现样板区、城市群生态文明创建引领区为主要抓手，打造全国生态文明建设样板区。从生态制度、生态安全、生态空间、生态经济、生态生活、生态文化六个方面，统筹推进建立完善高效的生态制度体系、建设优美安全的生态环境体系、构建科学合理的生态空间体系、发展绿色低碳的生态经济体系、打造城乡统筹的生态生活体系、培育独具特色的生态文化体系六大体系任务。[①] 建立涵盖自然保护区、湿地公园、地质公园、风景名胜区等各种类型的自然保护地42处，总面积达14.12万公顷。[②]

[①] 《洛阳市人民政府关于印发洛阳市创建国家生态文明建设示范市规划（2020—2030年）的通知》，洛阳市人民政府网站，2021年8月4日，https://www.ly.gov.cn/2021/08-04/29993.html。

[②] 白云飞、赵东豪：《洛阳加快构建自然保护地体系，推动人与自然和谐共生——美丽的洛阳 共同的家园》，《洛阳日报》2024年6月7日。

第二节　新型城镇化的济源实践

济源位于河南省西北部，因济水发源地而得名，是愚公移山精神的原发地。2005 年，济源被确定为河南省城乡一体化试点市，2013 年被确定为河南省唯一在全域范围内规划建设的城乡一体化示范区，2014 年被确立为河南省新型城镇化综合改革试点市，2017 年成为国家发展改革委支持建设的全国首个全域产城融合示范区。近年来，济源市从自身实际出发，始终坚持"全域规划、一体发展"的指导思想，以全域城市的理念规划城乡发展，形成了具有济源特色的城镇化发展模式。

一　全域式城镇化

济源的基本特点是省辖市级别的县域框架，没有下辖县级单位。济源辖区面积 1931 平方公里，推进城镇化在空间上来看是难以区分轻重的，因此全域式城镇化也就成为必然的选择。多年来，济源始终坚持"全域规划、一体发展"的指导思想，以全域城市的理念规划城乡发展，以城乡一体化统揽全域经济社会发展，对全域进行整体的、系统的、科学的规划和设计。2023 年末常住人口 73.2 万人，其中城镇常住人口 50.56 万人，乡村常住人口 22.64 万人，常住人口城镇化率为 69.07%。[①]

济源的全域式城镇化发展模式主要是指，在全域范围内进行城市空间布局和产业布局，推动城镇开发建设全域覆盖，对辖区内全部行政村进行社区化建设，推动市域内人口向城区和镇区相对集中，逐步实现全域范围内的基础设施同城化、公共服务均等化、社会保障一体化和生活条件同质化。被确立为国家产城融合发展示范区以来，济源把产业新城的开发与建设作为全域城镇化的重点，围绕产业集聚区建设，不断完善基础设施和公共服务设施建设，特别是引进广东药科大学、东北林业大学和信阳师范大学等高等院校，开发建设济源职业教育园区，以人才培育促进产城融合，以此培育新的经济增长点，着力打造全域城镇化的载体和平台，引领全域

---

① 《2023 年济源国民经济和社会发展统计公报》，济源产城融合示范区发展改革和统计局网站，2024 年 4 月 29 日，https://fgw.jiyuan.gov.cn/14186/17304/20647/t940646.html。

城镇化加快发展。

济源在推动全域式城镇化过程中,注重把城镇化推进过程与新农村建设结合起来,发挥城镇化与新农村建设的"双轮"驱动作用,通过在全域范围内建设新型农村社区,让农村的社会意识、社会结构、社会运转方式逐步城镇化,不断推进传统农村生活方式向现代城市生活方式转变,使城市文明覆盖整个农村社会。济源在城镇化过程中,注重在全域范围内推进农业产业化与现代化,以农业产业化经营为核心,着力转变农业发展方式,不断加大现代科学技术在传统农业生产中的应用,一方面用现代科技改造农业生产方式,另一方面用工业的管理理念和方法来经营农业。通过积极发展特色农业、精品农业和都市型农业,促进传统农业向工厂农业、生态农业和效益农业转型,现代农业已经成为济源城镇体系中不可缺少的有机组成部分和亮点。

二 均衡式城镇化

济源推进城镇化过程中的一个显著特点就是均衡发展,大量的农业转移人口没有一味地涌向中心城区,而是向中心城区和小城镇均衡有序转移。从济源的现实情况看,由于地域范围较小,同时城乡发展的差距较小,均衡式城镇化特色明显。济源均衡式城镇化模式可以概括为以人的城镇化为核心,从城乡多元均衡协调的视角,通过完善均衡城镇化体制机制,破除城乡二元结构,构建科学的城镇体系,合理配置资源要素,优化产业空间布局,促进产业和城镇融合,实现人口有序转移、城镇化均衡协调发展。济源均衡式城镇化发展模式为全省乃至我国推进新型城镇化、加快农业人口有序转移、促进农业转移人口市民化提供了试验和示范。

在推进均衡式城镇化过程中,济源基于自身发展实际,不断强化城镇化的顶层设计,坚持"以人为本"的发展理念,通过加强小城镇建设和新型农村社区建设,推动农民向城镇和农村社区转移,逐步实现农民生活方式城市化。不断创新投融资体制和管理体制,构建分级分类投入机制,推动城乡服务设施普惠共享。努力推动在城乡规划、产业发展、生态环境、社会保障、公共服务、基础设施、社会治理七个方面的一体化,加快城镇基础设施向农村延伸、公共服务向农村覆盖,实现基础设施城乡同质、共建共享,公共服务制度并轨、标准统一。多年来,济源不断加大投入,建立起覆盖全体居民的教育、医疗、养老等基本公共服务体系，努力推动基本公共服务在全体居民间的均等化配置，逐步推动全体居民在生存权、发展权等基本权益方面的平等。济源坚持以改革创新为基本动力，着力在土地要素和资金要素上做文章，以此为突破口，推进资源要素的城乡均衡配置。在保障粮食安全的前提下，不断加大农村建设用地的流转规模，在符合国家土地政策和国土空间规划的前提下，推动乡村建设用地与国有土地同等入市，最大限度地缩小城乡建设用地价格差距。

三 一体式城镇化

自 2013 年被确定为河南省唯一在全域范围内规划建设的城乡一体化示范区以来，济源牢牢把握城乡一体化示范区建设带来的政策机遇，以更加注重社会公平为价值取向，以"五个坚持"推进城乡公共服务均等化，为城乡居民带来更多实实在在的幸福感和获得感，为河南乃至全国推进城乡一体化发展提供实践样板和宝贵经验。

一是坚持以推进城乡公共服务均等化顶层设计为引领。坚持"市域一体、城乡一体、产城一体、三规合一"的理念，制订总体规划，不断强化政府的主体和主导作用，出台一系列深化改革的政策文件和配套措施，从顶层设计的高度统筹城乡交通、产业、基础设施、公共服务及生态等方面建设，积极构建城乡全方位融合发展新格局。这种站位全局、通盘考虑并以顶层设计引领城乡公共服务均等化的做法，有效破除了各种体制机制障碍，为加快建成覆盖城乡、功能完善、城乡一体的公共服务体系奠定了坚实的基础。

二是坚持以消除城乡公共服务供给制度性歧视为前提。在实施一元户籍管理制度基础上，济源率先在全省实现了城乡居民医保制度、养老制度、低保制度的全覆盖和一体化，在参保范围、缴费标准、财政补助、领取待遇等多个方面统一了城乡标准。这种推进标准统一、制度并轨的做法，彻底打破了长期以来城乡公共服务制度和实施标准不一致造成的隐性壁垒，消除了依附在各种不平等制度上的城乡居民之间的待遇差别，为城乡居民获得更加公平的发展权益提供了重要前提条件。

三是坚持以回应城乡居民对公共服务的热切期盼为核心。济源坚持以满足人民对美好生活的向往为根本出发点和落脚点，针对出行难、看病难、就业难、上学难、养老难等群众反映强烈的突出问题，推进城乡教育、医疗、养老、交通、文化、环境等方面制度创新和举措创新，让农民像市民一样能够出好行、看好病、上好学、就好业、养好老。这种以回应群众对公共服务的热烈关切为核心深化改革的做法，找准了城乡公共服务均等化的关键环节和重点领域，为城乡居民谋取了看得见、摸得着的公共福利。

四是坚持以提升城乡公共服务资源的同质化水平为目标。不断推进优质公共服务供给的重心向公共服务资源最薄弱的地区下沉，重点围绕城乡教育、医疗、文化、就业和环境卫生等领域构建了全方位、一体化、常态化的公共服务供给体系。这种提升城乡公共服务资源同质化水平的做法，进一步增加了基层尤其是农村公共服务资源的有效供给，大大缩小了农村地区的公共服务在功能、品质和水平上与城市的差距，有效保障了城乡公共服务均等化目标落到实处。

五是坚持以打通公共服务均等化"最后一公里"为关键。推动城乡公共设施的标准化配置和网点的合理化布局，先后完成了村公共服务平台"五有"标准化建设，实现了村公共基础设施"六通"工程并推进了燃气、污水管网等设施向镇、村延伸，大幅提升了城乡尤其是农村公共服务的可及性和便利性。共建共享城乡基础设施、打通公共服务均等化"最后一公里"的做法，极大地缩小了城乡生活条件、生活质量的差距，为实现城乡公共服务均等化提供了关键支撑。[①]

第三节 新型城镇化的县域实践

县域是连接城乡的中间环节和基本单元，具有承上启下的重要作用，是推进新型城镇化的重要载体。河南现有 103 个县（市），其中县 82 个、县级市 21 个，县域面积占据全省总面积的近九成，县域常住人口超过全省人口的近七成，县域是推进城镇化的重点区域和主要战场。

---

① 杨兰桥：《济源城乡一体化发展报告》，载喻新安主编《济源经济社会发展报告（2014）》，社会科学文献出版社，2014。

一 长垣市新型城镇化实践

长垣市位于河南省东北部，同濮阳县、滑县、封丘县接壤，与兰考县、山东省东明县隔黄河相望，行政区域总面积 1038 平方公里，下辖 5 个街道、11 个镇、2 个乡、1 个省级产业集聚区，2019 年撤县设市。2015 年 12 月长垣县入选第二批国家新型城镇化综合试点，城镇化进入快速推进阶段。截至 2023 年末，长垣市常住人口 89.62 万人，城镇化率达到 59.97%。①

（一）以中等城市建设为引领

2021 年，河南省第十一次党代会报告明确提出，支持长垣市发展成为中等城市。为顺应人口向中心城区集中集聚趋势，长垣市以"南融、西拓、东优、北扩"的思路，统筹老城保护、新城建设和产城融合，按照豫北地区现代化中等城市框架推动城市高标准规划建设。近年来，长垣市锚定中等城市建设目标，坚持"以人为本、生态优先"的发展理念，着力建设宜居宜业的环境友好型城市，为实现城乡融合发展、推动县域经济"成高原"提供强有力的生态支撑。在推进城镇化过程中，长垣市积极融入现代城市规划布局理念，持续优化中心城区空间布局，打造"一轴两带多组团"的空间布局结构，推动产城融合发展，提升城区综合承载能力。统筹新区开发和老城区改造，推进市政基础设施提质升级和智能化改造，完善公共服务和便民设施，提升城市综合承载能力，打造环境优美、功能完备、宜居宜业的现代化新城。以更新改造基础设施和公共服务设施为重点，推动老旧街区和小区形态更新、业态更新、功能更新。深入实施百城建设提质工程，推进城市生态修复、功能完善、品质提升，大力提升城市生态价值和文化品质，建设具有豫北特色的生态人文城区。

（二）积极构建高质量城镇空间格局

长垣市以中心城区建设为核心，以产业发展为纽带，以新市镇和特色

---

① 《2023 年长垣市国民经济和社会发展统计公报》，长垣市人民政府网站，2024 年 4 月 26 日，http://www.changyuan.gov.cn/sitesources/cyxrmzf/page_pc/xxgk/zfxxgkml/tjsj/articleaf460735d8c34b1da9eeeeee1855c5ae.html。

小镇为组团节点，以自然田园空间为分隔，加快塑造开放式、网络化、复合型布局形态，加快构建"高质量发展圈、沿黄生态走廊、融入郑州大都市区发展轴"组成的高质量空间布局。一是以融入黄河流域生态保护和高质量发展战略为引领，加强与黄河上下游地区和对岸地区协作，协同建设沿黄生态廊道，重塑滩区、再造镇区、优化城区、激活园区，打造黄河流域生态保护和高质量发展示范县。二是以中心城区为核心、以省级产业集聚区和南北两大特色产业区为支撑、以赵堤镇和恼里镇两个副中心城镇为节点、以快速交通联系为轴线，引导不同功能区之间协作分工，加快推动沿线地区要素重组升级，建设长垣高质量发展"弧形"支撑圈。三是紧紧把握郑州都市圈建设机遇，加强与郑州市、新乡市战略协作，畅通融入都市圈交通廊道，以交通互联互通支撑全方位对接，构建区域合作发展新格局。

（三）推动乡镇分类发展

长垣市结合自身资源禀赋、区位优势和发展基础，推动全市乡镇分类发展。不断强化功能组织、弱化镇区边界，加快建设丁栾—满村—张三寨、赵堤—佘家—武丘、恼里三个新市镇，积极培育常村、芦岗—孟岗、樊相、方里—苗寨四个特色小城镇，提升镇区承载水平和服务功能，发挥小城镇连接城市、服务乡村的作用。加快建设新市镇，创新发展新市镇，大力推动扩容提质和扩权强镇，提升城镇综合配套和辐射服务功能，建设具有较强辐射力的副中心城镇。坚持因地制宜、突出特色、市场主导、政府引导，聚力特色产业，着力培育常村、芦岗—孟岗、樊相、方里—苗寨等一批产业特而强、功能聚而合、形态小而美、机制新而活的精品特色小城镇。在推进乡镇发展过程中，长垣市积极完善产业配套设施，依法合规建立多元主体参与的特色小镇投资运营模式，推进特色小镇多元功能聚合，打造特色新型城镇空间。完善街镇基础设施和公共服务设施，建设标准化集贸市场、综合客运站、便民停车场、公共卫生间。提升改造镇卫生院、中小学、文化服务中心、综合活动广场等公共服务设施，打造辐射周边农村地区的服务中心。加强环卫基础设施建设，加强卫生健康教育，补齐公共卫生服务短板，改善城镇环境卫生面貌，积极创建国家卫生镇。建立健全农业技术推广、动植物疫病防控、农产品质量监管、农机管理服务等农业服务机构。

（四）推动城乡一体发展

长垣市在城镇化过程中尤为注重与推动城乡一体化相结合。突出抓好城中村、城边村、乡镇驻地村的整体改造，加快新型农村社区建设，让农村居民在生活方式、居住环境上享受与城市居民均等的待遇。推进农业转移人口市民化，以要素高效配置、基础设施和公共服务一体化供给为重点，大力推进城乡一体化发展，打造工农互促、城乡互补、协调发展、共同繁荣的新型工农城乡关系标杆。一是制定农业转移人口市民化年度成本分担和投入方案，制定《长垣县推进新型城镇化综合改革试点实施方案（2016—2020年）》，结合农业转移人口数量和农业转移人口市民化成本（义务教育成本、养老保险成本、医疗保险成本、社会保障成本、公共管理服务成本以及基础设施建设成本），明确成本承担主体和支出责任，建立不同层级政府成本分担的动态调整机制。二是建立城乡统一的户口登记制度，加快户籍制度改革，全面放开县城和建制镇落户限制，在全县范围内取消农业户口与非农业户口的差别，将常住户口统一登记为"长垣县居民户口"。三是努力实现城镇基本公共服务常住人口全覆盖，出台《长垣县公安局关于进一步放宽户口迁移政策深化户籍制度改革的通知》，保障农业转移人口随迁子女入学，根据中小学学籍管理规定和相关招生政策，办理学籍异动和中招报名手续；持有居住证的人员可以享受长垣养老服务、社会福利、社会救助待遇；对稳定就业的流入人口全部建档立卡，与本地常住居民享受同等医疗、生育等基本公共服务。

二 兰考县新型城镇化实践

兰考县位于河南省东北部，地处开封、菏泽、商丘三角地带的中心部位，是河南"一极两圈三层"中"半小时交通圈"的重要组成部分。兰考县是焦裕禄精神发源地，是党的群众路线教育实践活动联系点、国家新型城镇化综合试点县。兰考县总面积1103平方公里，下辖13个乡镇、3个街道，464个行政村（社区），2023年末常住人口76.50万人，其中城镇常住人口 37.98 万人，常住人口城镇化率为 49.65%。①

（一）深入践行"三起来"推动城镇化高质量发展

2014 年 3 月 17 日至 18 日，习近平总书记调研指导兰考县党的群众路线教育实践活动时，提出把强县和富民统一起来，把改革和发展结合起来，把城镇和乡村贯通起来的重大要求。② 近年来，兰考县坚持把县域治理"三起来"作为推进县域经济高质量发展的根本遵循，紧抓兰考县纳入郑开同城化进程的战略发展机遇，以强县富民为主线，以改革发展为动力，以城乡贯通为途径，着力做强做大产业体系，激活县域经济发展动能，推动城乡融合发展，使经济社会呈现稳中有进、进中提质的良好态势。

兰考以县域治理"三起来"为引领，坚持以人为本，健全城乡融合发展体制机制，深入推进新型城镇化。稳步推进农业转移人口市民化和区域人口合理有序流动。进一步简化户籍迁移手续，落实重点群体"零门槛"落户政策。完善城镇功能，提升城镇宜居、宜业水平。加快打造县城新型城镇化建设示范县，实现新型城镇化与新型工业化、农业农村现代化融合发展。健全城镇教育、医疗等基本公共服务与常住人口挂钩机制，推动服务供给与人口流动精准匹配、动态平衡，提高公共服务的质量和效率。以数字经济为依托，加快构建畅达高效的基础设施和公共服务网络。围绕"优质的教育、暖心的养老、完善的医疗、健全的保障、走心的文化"，全力建设幸福兰考。

（二）着力推动县城补短板强弱项

近年来，兰考以县城城区为重点，积极完善中心城市功能，改善人居环境，精心谋划、建设实施城市重大基础设施和各类民生项目，增强城市发展韧性，提升中心城区承载力和辐射力。按照"东延、西拓、南优、北

---

① 《【县区公报】2023 年兰考县统计公报》，"开封统计"微信公众号，2024 年 5 月 31 日，https：//mp. weixin. qq. com/s?＿biz＝MzA4ODk5NDQ5OQ＝＝&mid＝2695089914&idx＝2&sn＝379a28a931f44684a9bf4c7fe2580fbb&chksm＝b576c95682014040fe677b1ec88d99dfe4b6c2f5c21fa0420e9ad52d4a560f0c2ce52c01daba&scene＝27。

② 《习近平在兰考县委常委扩大会上的讲话》，新华网，2015 年 9 月 8 日，http：//www.xinhuanet. com/politics/2015-09/08/c_128206459. htm。

融、中提升"的空间发展战略,强化中心城区"一环两轴、三带四心、四片区"的空间结构。兰考县在推进县城补短板强弱项方面,主要采取以下几个方面的措施。

一是摸清底数明确老旧小区改造重点,对所有需改造的老旧小区、零散空闲院落等进行统筹改造,重点做好雨污分流、强弱电改造、停车位建设等。二是探索老旧小区改造多元融资模式,建立"政府投资、银行融资、企业参与、居民捐资"的多元化投入机制,推动老旧小区改造成本由各方共担。三是创新要素保障的体制机制,支持中部老城区更新改造、提质升级,促进北部行政文化区融合共生,优化南部开发区节约、集约、绿色发展,拓展西部商务中心区商务功能。四是加强城市设计和管理,提高城市治理水平,提升城市功能品质。精心规划设计城市公园、景观绿地等重要节点,优化塑造特色城市景观。优化城市路网格局,改造提升朝阳大道、济阳大道片区,推进城市风貌整治。五是传承"红色兰考"建筑风格,坚持"红、白、灰"城市主色调,建设一批精品街区、精品社区。

国家发展改革委推广全国新型城镇化试点示范县(市)等地区典型经验,河南兰考县做法入选。例如,玉兰社区老旧小区改造项目,统筹利用中央预算内投资资金 2000 余万元、河南省财政配套资金 100 余万元、抗疫特别国债 1000 余万元、政策性贷款 2 亿元及居民捐款 200 余万元,实现居民生态环境改善。仅 2020 年,兰考县就高标准完成了 2 个老旧小区改造项目,涉及建筑面积 40 万平方米,受益居民 5000 余户。

(三)坚持把城乡发展融合起来

近年来,兰考县坚持"把城镇和乡村贯通起来"的工作思路,以协调推进乡村振兴和新型城镇化为抓手,促进城乡要素自由流动、平等交换和公共资源合理配置,加快形成工农互促、城乡互补、全面融合、共同繁荣的新型工农城乡关系。

一是始终坚持"公共服务均等化、基础设施一体化",深入实施新型城镇化战略,推动基础设施向农村延伸、公共服务向农村覆盖、现代文明向农村辐射,构筑城乡融合发展新格局。二是全面重塑城乡融合空间格局。瞄准打造郑开(兰)同城的东部区域中心城市目标,构建"一主三副多节点"的县域空间一体化格局,形成"中心城区、副中心、特色集镇、示范村"四级城乡空间结构。按照"城郊融合、集聚提升、特色保护、整治改善、搬迁撤并"的村庄分类原则，对全县 464 个行政村（社区）进行分类，统筹谋划道路建设、污水管网、强弱电整治以及人居环境提升。三是加快构建现代化基础设施体系。扎实推进"四好农村路"建设，开展"一河两路"专项整治行动，使农村公路畅达所有行政村，形成"30 分钟通勤圈"。完善县级仓储物流中心、乡镇分拨中心、村级物流服务中心，建成覆盖县、乡、村三级通达畅联的物流网络。四是全面推进基本公共服务均等化。构建以居家为基础、社区为依托、机构为支撑、医养相结合的养老服务体系，新改建 14 所敬老院，让老人足不出村就能舒心养老。建成县中心医院牵头，其他县级医疗机构、乡村卫生院和村卫生室为成员的紧密型县域医疗共同体，解决看病贵、看病难问题。探索建立城乡教育共同体，在城区布局 12 所初中，在镇区和中心村改扩建 45 所寄宿制小学；推动学前教育普惠化，每个乡镇至少有 1 所标准化公办幼儿园，教育资源配置更加均衡。

第十章　以人为核心推进新型城镇化的
新阶段、新趋势

党的十八大以来，河南围绕打好新型城镇化这张牌，制定出台一系列关键改革举措，新型城镇化取得重大进展，城乡结构实现历史性嬗变，进入城市型社会为主体的社会，城乡关系从二元结构向城乡融合发展演化，新型城市建设步伐加快，改革红利得到充分释放，新型城镇化进入新的发展阶段。同时，新型城镇化也呈现增速减缓、区域分化、短板弱项仍然存在等问题。综合考虑外部发展环境和城镇化发展规律，可以判断河南未来新型城镇化仍有发展空间、城镇化发展动力会发生转变、城市发展格局持续优化、城乡关系融合加快。顺应城镇化发展新趋势，深入实施以人为核心的新型城镇化战略，河南新型城镇化发展的规模和质量将迈上新台阶。

第一节　以人为核心推进新型城镇化的新阶段

河南牢记习近平总书记打好新型城镇化这张牌的殷切嘱托，深入实施以人为核心的新型城镇化战略，不断缩小与全国的差距。2017 年是河南城镇化进程中具有历史意义的一年，河南常住人口城镇化率和全国平均水平的差距缩小到 9.68 个百分点，常住人口城镇化率首次突破 50%，达到 50.56%，意味着超过半数的河南人过上了城市人的生活，标志着河南这个传统农业大省由此全面跨入城市型社会为主体的社会。

一　城镇化进入量质并重发展阶段

常住人口城镇化率达到 50% 是城镇化的拐点，超过 50%，城镇化将进入"下半场"，即由快速吸引农业转移人口进城转为推动农业转移人口完全市民化，由大规模增量建设转为存量提质改造和增量结构调整并重。截至

2023 年，河南常住人口城镇化率达到 58.08%，已经过了 50% 的历史转折点。但是，河南作为人口大省，无论是城镇人口还是乡村人口，都拥有数千万人的规模，客观上必然要求河南无论在城镇化的哪个阶段，都要做到既注重提高质量，又保持一定速度和规模。

河南整体进入城市型社会，过半人口进入城镇生活，催动了经济结构、社会结构、城乡关系等调整变化。

一是经济发展从高速增长向高质量发展转变。城镇化率超过 50% 是工业化的巨大成果，第二、第三产业比重越来越高，反映了生产方式的根本转变，也意味着河南由农业大省向工业强省的转变，由此也将彻底改变河南"农字当头、结构过重"、产业层次偏低的局面。经济发展质量变革、效率变革、动力变革开始提速，高质量发展态势已初步显现。

二是社会结构从乡村河南向城镇河南转型。城镇化过程既是一个经济结构、产业结构和生产方式演变的过程，也是一个社会进步、社会制度变迁、社会观念变化、社会结构持续变革的发展过程。河南城镇人口全面超过农村人口，过半人口进入城镇生活，将直接对整个社会的职业结构、消费方式、价值观念、生活方式等产生巨大影响。

三是城乡关系从二元结构向加快融合发展演化。城镇化加快推进生产方式和生活方式的改变，促进区域空间结构由城乡二元分割转向一体化融合发展。河南遵循城镇化发展规律，一方面启动实施百城建设提质工程，着力提升城市品质和承载能力，改善周边农村区域的生产生活条件，让农民工逐步融入城镇；另一方面持续推动美丽乡村建设，不断加大对农村基础设施建设投入，大幅提高农村公共服务水平，优化提升农村发展环境，有效提高农村生产效率和经济效益，从而重塑城乡关系，走上城乡融合发展之路。

四是生活方式从传统农村生活向现代城市生活迈进。随着城镇化的加快发展，更多的人口实现了从"村民"到"市民"的身份转换，这时更需要农业转移人口在思想观念、城市意识、行为规范、生活方式等方面实现全方位同步转变。发达国家城市化与城市文明普及率之间的关系和发展经验表明，城市化水平低于 30% 时，城市文明基本局限在城市里，农村远离城市文明；当城市化水平超过 30% 时，城市文明开始向农村渗透和传播，城市文明普及率加速提升；当城市化水平达到 50% 时，城市文明普及率可能达到 70% 左右；当城市化水平在 70% 以上时，城市文明普及率将接近或达到 100%。河南城镇化率超过 50%，必将推进城市文明向广大农村深度延伸和渗透，促进农业转移人口甚至广大农村居民生活方式加速改变。

五是人与自然关系从索取利用向和谐共生跨越。城市发展不仅要追求经济目标，还要追求生态目标、人与自然和谐的目标。河南在推进新型城镇化进程中，牢固树立尊重自然、绿色发展理念，坚决破除以牺牲生态保增长、牺牲环境换发展的思想误区，不断加大对生态建设和环境保护的投入，加快形成资源节约、环境友好的生态型城镇化发展模式，实现人与自然关系从索取利用向和谐共生的跨越。

二 城镇化进入新阶段面临的形势和存在的问题

城镇化是现代化的必由之路。2023 年，河南常住人口城镇化率达到 58.08%，相较于 2012 年提高 16.09 个百分点。总体上看，近些年河南城镇化推进速度明显快于全国平均水平，但是从规模速度、发展质量、空间分布等方面来看，和现代化的要求相比、和全国城镇化的总体水平相比、和自身城镇化所处的发展阶段相比，河南新型城镇化任务还很艰巨，还有很长的路要走，需要对当前宏观形势、内外部发展环境和新型城镇化发展存在的问题加以深入分析和充分把握。

（一）面临的形势

一是综合改革举措产生的红利逐渐消退。党的十八大以来，河南在人口、土地、资金、住房、生态环境等方面采取了一系列改革措施，部分政策措施还走在全国前列，如全省率先进入零门槛落户时代。到 2023 年 9 月 20 日，郑州市公安局下发《关于进一步深化户籍制度改革的实施意见》，郑州市进一步放宽中心城区落户条件，调整户口迁移政策，提出十种可以在中心城区落户的情况。但是，从目前常住人口城镇化率与户籍人口城镇化率的差距基本保持不变的趋势来看，农业转移人口的市民化不仅受户籍制度的影响，而且受就业收入、住房支付等方面的影响。就业是市民化之本，安居是市民化之基，只有让农业转移人口能够有稳定的工作、稳定的收入、稳定的住所，农业转移人口才有更强的动力、更强的意愿将户口转入城镇。这是农业转移人口市民化的拉力。另外，随着城镇化进入后半段，城镇、工业的资源稀缺性下降，农业、农村的资源稀缺性上升，更多的农民工及其随迁人口"两栖"于城市和乡村之间，父母在城镇就业，子女在城镇上学，甚至在城镇购置住房，但是户口仍然保留在农村，使土地承包经营权、宅基地使用权、集体收益分配权保持不变，以解除农民进城落户"后顾之忧"。也就是说，随着新型城镇化的推进，已有改革的催动作用逐步下降，户籍制度等已经不再是农业转移人口市民化和新型城镇化发展的主要瓶颈，其相应改革政策也不再能够激发农业转移人口市民化和新型城镇化发展的内在动力。

二是产业对城镇化的支撑作用有所削弱。一方面，产业是城镇化的核心动力，就业人数的增加是产业发展的显著标志，第三产业是吸纳就业的绝对主力。但是，近年来，河南第三产业从业人员占比增速明显下滑，直接影响了城镇的就业吸纳能力，导致产业对城镇化的支撑作用被削弱。从数据上看，2014~2017年，第三产业从业人员占比每年都提高3个百分点以上；2018~2019年，第三产业从业人员占比每年提高1.1个百分点；2020~2021年，第三产业从业人员占比每年仅提高0.5个百分点；2022年受疫情影响，第三产业从业人员占比降低了1.9个百分点。① 另一方面，产业、城镇、人口之间也相互推动、相互促进，产业的发展加快人口集聚，进而推动城市用地规模的增加和城市空间的扩张，城镇的扩张又为新增企业、新增产业、新增人口生产生活提供了新的空间。只有三者相互匹配、相互适应，才能推动城镇实现高效率、高品质和高质量发展。河南部分省辖市中心城区存在市本级经济规模小、占比低、"小马拉大车"的现象，还存在税收占比低、相对财力不足的现象。它们的综合实力不强，又制约了中心城区对资本、技术、人才等生产要素集聚能力的提升，进而影响了产业对城镇空间扩展和人口集聚的支撑作用。

三是支持城镇化的政策创新精准度不够。随着我国城镇化进入"下半场"，在整体空间尺度上，人口持续向以中心城市为载体的城市群、都市圈地区集聚；在县域空间尺度上，由于县城是县域商业、教育和行政服务中心，房价、生活成本又低于地级城市，进城农民在心理上、经济上、情感上都更认同、更倾向于到县城购房、工作、定居，把县城作为向城镇迁徙

---

① 资料来源：2023年《河南统计年鉴》。

的首选地。因此，当前城镇化政策主要围绕城市群、都市圈和中心城市、县城进行设计，这是必要的，也是可行的。但是，从 2012～2023 年河南新型城镇化的时空演变特点看，受产业基础、交通区位、人口规模、居民迁移习惯等因素影响，区域之间的差异也较为突出。2023 年，郑州的常住人口城镇化率位居全省第一，达到 80%，而同期周口的常住人口城镇化率全省最低，仅为 45.35%，两者之间的差距高达 34.65 个百分点。即使按照城镇化处于快速增长阶段的发展速度，即年均增长超过 1.5 个百分点，周口要达到郑州现在的标准，仍需要相当长的时间。除了量的差异，在城镇化发展质量等方面的差异更加突出。区域城镇化的差异，迫切需要在进行城镇化体制机制和政策体系设计时，既要考虑城镇化重点载体的发展，也要考虑城镇化重点区域的发展，实行更加精准的差异化政策。

四是复杂内外部环境持续产生不利影响。从国内来看，我国正进入新旧动能转换的风险管理期，"五化"协同推进新旧动能转换越来越重要。同时，"双碳"目标下的资源要素约束趋紧局面仍会长期持续，区域之间的不平衡问题引发的竞争也会加剧，而河南的土地、人才、水等要素资源的约束比其他省份更加突出，在金融财政、科技创新、双向开放等方面的发展短板依旧明显，这些情况将对城镇化高质量发展产生深刻复杂的影响。实现区域平衡的目标需要更长时间的努力，河南在改革攻坚的深水区破除体制机制上的长期问题的难度在加大。从全球来看，尽管全球化仍是世界发展主流，但国际形势多变和急变，如保护主义、单边主义、民粹主义抬头，地缘政治冲突加剧，导致全球经济存在越来越多的不确定性。同时，随着 RCEP 等区域合作协定的实施，中国与东盟、澳大利亚、新西兰、日本、韩国的合作进一步深化，世界政治格局、经济格局走向深化调整的关键时期，给国内各地发展带来深刻影响。

（二）存在的问题

一是城镇化推进速度明显减缓。2023 年，河南常住人口城镇化率达到 58.08%，相较于 2012 年提高 16.09 个百分点（见表 10-1）。总体上看，虽然近些年来，河南城镇化发展速度明显快于全国平均水平，但是近几年，城镇化推进速度呈现总体下降的趋势。2020 年河南城镇化率增速明显下降到 1.42 个百分点；到了 2021 年，城镇化率增速降至 1.02 个百分点；2022

年城镇化率增速持续下降至 0.62 个百分点。与全国相比，2012 年河南城镇化率增速比全国增速高 0.25 个百分点，2012～2023 年河南城镇化率增速与全国增速相比，差距最大时，河南城镇化率增速高于全国增速 0.56 个百分点，但是 2023 年河南城镇化率增速仅比全国增速高 0.07 个百分点。需要引起注意的是，2023 年全国常住人口城镇化率已经达到 66.16%，根据城镇化发展的一般规律，当常住人口城镇化率突破 50% 的时候，城镇化开始进入以提质为主、提速为辅的发展阶段；当常住人口城镇化率达到 70% 的时候，城镇化将进入成熟稳定阶段，城镇化的速度将保持缓慢增长。2023 年全国常住人口城镇化率距离 70% 的成熟阶段仅有 3.84 个百分点的差距，增长速度减缓的趋势符合这一阶段城镇化的发展规律。但是，河南的常住人口城镇化率仍低于全国平均水平 8.08 个百分点，距离 70% 的成熟稳定阈值还有11.92 个百分点的差距。因此，当前河南城镇化所处的发展阶段，仍需要保持相对较高的增长速度，不应出现增速明显减缓的趋势。

表 10-1　2012～2023 年河南城镇化率与中国城镇化率增长情况比较

年份	河南		中国	
	常住人口城镇化率（%）	增速（百分点）	常住人口城镇化率（%）	增速（百分点）
2012	41.99	1.52	53.10	1.27
2013	43.80	1.81	54.49	1.39
2014	45.05	1.25	55.75	1.26
2015	47.02	1.97	57.33	1.58
2016	48.78	1.76	58.84	1.51
2017	50.56	1.78	60.24	1.40
2018	52.24	1.68	61.50	1.26
2019	54.01	1.77	62.71	1.21
2020	55.43	1.42	63.89	1.18
2021	56.45	1.02	64.72	0.83
2022	57.07	0.62	65.22	0.50
2023	58.08	1.01	66.16	0.94

资料来源：2023 年《河南统计年鉴》。

二是新型城镇化的质量和效益有待提升。城镇化发展质量的核心内涵是农业转移人口市民化进程及其引起的经济转型、社会进步、空间优化和环境响应等多维变化质量。随着常住人口城镇化率的提高，相应的经济城镇化、人口城镇化、社会城镇化、空间城镇化、生态城镇化等分维子系统的发展存在差别，造成城镇化发展质量有待进一步提升。以农业转移人口市民化为例，最近十年，常住人口城镇化率与户籍人口城镇化率基本同比例增长，两者之间仍然保持了一定的差距，并没有出现显著缩小的趋势，这一方面影响农业转移人口更加充分地享受教育、就业、医疗、社会保障、公共服务等方面的市民权利；另一方面城镇化是现代化的必由之路，农业转移人口市民化相对滞后，影响现代化全局建设，影响城镇化拉动内需经济增长最大的引擎作用。

三是大中小城市发展协调性不足。近年来，随着人口、资金、技术等生产要素持续向城市群、都市圈以及中心城市集聚，在全省城镇化总体增速减缓的大背景下，城市之间、区域之间的不平衡、不协调问题也更加凸显。2012~2014 年，河南 17 个省辖市和济源示范区中，常住人口城镇化率低于全省平均水平的省辖市从 7 个增加到 11 个，安阳、平顶山、许昌、漯河 4 个工业化、城镇化基础较好的省辖市，城镇化率也从高于全省平均水平，转变为低于全省平均水平。除了豫东、豫南的商丘、开封、南阳、信阳、周口、驻马店等传统农业区属于长期城镇化的"塌陷区域"，豫中南、豫北地区也开始"塌陷"，仅有郑州、洛阳、新乡、焦作、鹤壁、三门峡等省辖市和济源示范区仍保持高于全省平均水平。其中，与全国常住人口城镇化率平均水平相比，仅有郑州、洛阳两个省辖市和济源示范区三个市级单元的城镇化率高于全国平均水平。但是由于河南省内各个地方的发展具有不平衡性，人口的流动方向和集聚的空间布局呈现新的特征，郑州、洛阳等中心城市及发展基础、发展潜力较好的省辖市承载了更多的人口流入量，三门峡、鹤壁等省辖市的城镇常住人口增长幅度比较小（见表10-2）。这种城镇化空间上的非均衡布局，造成不同区域发展的不均衡，进而导致各个城市间经济差距较大，城市联动发展水平不高，产业分工不明确。

表 10-2 2018～2022 年河南省省辖市与济源示范区城镇
常住人口较上一年变动情况

单位：万人

地区	2018 年	2019 年	2020 年	2021 年	2022 年
全省	183	195	162	69	54
郑州市	49	44	34	19	11
开封市	8	9	8	2	-2
洛阳市	19	22	17	7	5
平顶山市	6	9	6	5	2
安阳市	9	10	10	3	3
鹤壁市	2	3	3	1	1
新乡市	11	11	10	0	4
焦作市	5	7	6	3	2
濮阳市	5	7	8	2	2
许昌市	8	6	7	4	3
漯河市	3	5	2	2	2
三门峡市	1	2	4	1	1
南阳市	13	15	12	6	5
商丘市	14	14	10	4	5
信阳市	10	10	7	3	3
周口市	8	8	13	2	4
驻马店市	8	9	7	4	3
济源示范区	1	2	1	1	0

资料来源：2023 年《河南统计年鉴》。

四是城市公共服务仍有短板弱项。近年来，河南以建设宜居、韧性、智慧现代化城市为导向，在补短板、强弱项等方面取得较大成效。但是和全国平均水平以及周边省份相比，河南城镇的短板弱项仍十分突出。特别是河南全省在 2000 年前建成的老旧小区还有 1.23 万个待改造，排水管网混接、错接问题比较普遍，部分老旧城区、老旧小区的排水管渠因建设年代久远失修，在暴雨等极端天气增多的情况下，容易造成洪涝灾害。此外，由于历史欠账较多，加之长期以来城镇采取的多是粗放型增长模式，忽略城镇的周期性更新，城镇的基础设施、公共服务设施和安全设施不能满足城镇的高质量发展需要，在汛情、疫情等城镇"急性病"的冲击下，短板弱项凸显，统筹发展和安全任重道远。和全国以及周边省份相比，河南城镇的基础设施和公共设施等差距较为明显，如2021年全国城镇建成区路网密度为7.56公里/公里²，同期河南为5.32公里/公里²，仅相当于全国平均水平的70.4%；全国城镇建成区排水管道密度为12公里/公里²，同期河南为9.2公里/公里²，仅相当于全国平均水平的76.7%。而相邻的湖北，同期城镇建成区路网密度、排水管道密度分别达到8.3公里/公里²、12.53公里/公里²，河南仅相当于湖北的64.1%、73.4%。① 可以说，目前河南城镇化建设的品质，与人民群众对美好生活的向往和新时代新阶段的要求不相适应，还需要进一步提高。

五是城市治理能力亟待增强。从城市治理角度看，"十四五"规划中提到，到2035年我国要基本实现国家治理体系和治理能力现代化等目标。届时我国将基本完成城镇化，河南的城镇化也将进入成熟阶段，城镇人口占总人口的比重将达到70%，城市治理涉及更多元的利益主体，城市共享共治的领域更广泛、诉求更强烈、问题更复杂，在此背景下，河南城市治理能力也有待于进一步提高。河南应对公共安全风险挑战的能力有待加强。城镇发展中各种事故、自然灾害、公共卫生事件和社会治安事件的突发性和不确定性，对城镇治理也提出了新要求。尤其是疫情发生以来，公共安全领域的社会治理进入了常态化、网格化、精细化阶段，对各种风险的处置速度和协调能力的要求进一步增强，也对基层治理的灵活性与协调能力提出了更高的要求。河南作为人口大省、农产品主产区、综合交通枢纽，基层基础依然相对薄弱，随着极端天气气候事件、重大突发性灾害事件、紧急事件、危机事件等与城镇化的交互式影响产生的灾害效应越发明显，尤其是极端降雨产生的城市内涝灾害、极端高温产生的城市"热岛效应"和"雨岛效应"、飓风冻雨引发的城市安全事故等各类风险呈现高发态势，城市规划建设管理能力面临更严峻的考验。新领域、新问题、新风险不断涌现，城市发展面临着严重的不确定性和突发风险，城市治理"想不到"的越来越多，"管得好"成为越来越难实现的目标。

---

① 王承哲、王建国主编《河南城市发展报告（2024）：推进城市高质量发展》，社会科学文献出版社，2023。

第二节　以人为核心推进新型城镇化的新趋势

推进以人为核心的新型城镇化，需要对当前宏观形势、内外部环境和城镇化发展规律有全面而清晰的认识，尤其是面对全球宏观环境和形势变化多端、国内经济复苏和转型的双重压力不减、各种不确定性因素持续增多等复杂形势及其带来的深远影响，必须深入分析和充分把握。充分认识和把握城镇化发展新趋势，持续实施以人为核心的新型城镇化战略，河南新型城镇化发展的速度和质量将迈上新的台阶。

一　城镇常住人口将持续增加，城镇化仍处于重要战略机遇期

未来一个时期，河南城镇常住人口将持续增加，城镇化动力依然较强。从城镇化发展规律来看，无论是三阶段划分法还是四阶段划分法，河南城镇化高质量发展都会保持一定的规模和速度。从三阶段划分法来看，依托诺瑟姆曲线，把城镇化发展过程看作一条拉平的"S"形曲线，按照城镇化率将这条曲线划分为三个发展阶段，分别是0~30%、30%~70%、70%及以上，其中，0~30%是城镇化发展相对缓慢阶段，30%~70%是城镇化发展快速推进阶段，一旦城镇化率在70%及以上，城镇化就进入缓慢发展阶段，甚至是停滞阶段或逆城镇化阶段。从四阶段划分法来看，第一阶段城镇化率在0~30%，为城镇化发展初期阶段，推进速度相对较慢；第二阶段城镇化率在30%~60%，是城镇化发展中期阶段，推进速度较快，常住人口城镇化率会迅速提高，但是不完全城镇化现象较为突出；第三阶段城镇化率在60%~80%，在这个时期城镇化推进速度逐步放缓，城镇化从规模扩张的增长方式转到质量提升的发展方式，逐步提高户籍人口城镇化率，不完全城镇化现象得到进一步解决；第四阶段是城镇化率在80%及以上，这一时期，常住人口城镇化率基本保持稳定，开始出现逆城市化现象。河南是中国的人口大省，农村人口占比仍然较大。2023年河南常住人口9815万人，其中城镇常住人口为5701万人，常住人口城镇化率达到58.08%，比上年末提高1.01个百分点，常住人口城镇化率增速高于全国平均水平，但是河南常住人口城镇化率仍低于全国平均水平8.08个百分点。《中华人民共和国国民经济和社会发展第十四个五年规划和2035年远景目标纲要》提出，"十四

五"时期，"常住人口城镇化率提高到65%"。与这个目标相比，河南城镇化还有非常大的差距。因此，未来几年，城镇化既是河南社会经济发展最大潜力所在，也是支撑中国城镇化率持续提升的重要板块。河南作为全国推进城镇化的重点区域之一，城镇化仍然需要保持一定的规模和速度，这个发展趋势一方面是由经济发展和城镇化发展客观规律所决定的，另一方面也是破解河南经济社会发展诸多矛盾和问题所必需的。《河南省新型城镇化规划（2021—2035年）》提出，到2035年，河南常住人口城镇化率达到72%，全省城镇人口增量将超过2100万人，约占全国城镇人口增加总量的十分之一。随着国家重大区域战略的纵深实施，以及河南省叠加构建新发展格局战略机遇、新时代推动中部地区高质量发展政策机遇、黄河流域生态保护和高质量发展历史机遇、郑州都市圈持续发展壮大成功晋级国家级都市圈的历史机遇，河南省城镇化处于重要战略机遇期，必将迎来蓬勃发展的新局面。

二 创新和开放成为新型城镇化的核心动力，城镇化发展动能加速转换

从要素、投资到创新和开放，城镇化发展驱动力持续转换。河南正处在由工业化中期向后期迈进的阶段，产业发展动力更加趋向多元化，创新的重要作用更加显现，创新和开放正在成为新型城镇化的核心动力。"十四五"时期，河南推动农业人口加速向城市转移、劳动力从农业加速向非农产业转移的动力仍然强劲，这个发展动力必将促进城市大规模投资和消费乃至经济的结构性调整，进而形成经济增长的巨大动能。然而，受经济结构转型、资源环境压力等多重约束，仅仅依靠要素和投资驱动已经不可持续。在新发展阶段，河南全面实施以人为核心的新型城镇化，人才、技术、制度等方面的创新和开放将是未来城镇化发展红利新的来源。

创新发展正从单个创新型城市推动转向城市群创新生态网络构建，中心城市在区域创新体系中的核心作用更加显著。国内国际双循环格局下扩大和释放内需将是国内大循环形成的关键所在，中心城市、都市圈作为链接国内国际双循环的关键空间单元，将成为新发展格局的战略支点和主战场。当前河南省正积极打造一流创新生态、产业生态，高质量推进新型城

镇化，吸引高端人才落户、进入城市，将对河南省建设国家创新高地起到重大助推作用，也有利于国家创新资源要素的优化布局。

科技创新支撑城镇化的作用凸显。科技创新是中国式现代化的内生动力，也是新型城镇化发展的有力支撑。加快推进城市数字化转型，整体驱动城市生产方式、生活方式和治理方式发生变革是当前和今后一个时期内顺应潮流、抢抓机遇的必然选择。2022 年 11 月，科技部、住房和城乡建设部联合印发《"十四五"城镇化与城市发展科技创新专项规划》，提出要以体系设计为总领、以目标导向为主线、以技术突破为重点、以场景应用为驱动，进一步整合科技资源、加强统筹协调，着力提升城镇化与城市发展领域的科技支撑能力，破解城镇化发展难题，构建中国特色新型城镇化范式，开创城镇化与城市发展领域科技创新工作新局面。近年来，河南将创新驱动、科教兴省、人才强省战略作为"十大战略"之首，出台一系列支持创新的政策举措，推动创新发展全面起势，为河南构建新发展格局、推动高质量发展提供强劲动力。2023 年 1 月 1 日，《河南省创新驱动高质量发展条例》正式施行，从创新的平台、主体、人才、项目、科技成果转化、环境等方面明确要发挥市场配置创新资源的决定性作用，提高科学技术经费投入总体水平，该条例为河南加强科技创新动力、建设国家创新高地提供强有力的法治保障。这些举措将更加有利于加快技术融入城市发展，推动创新要素资源特别是大数据、云计算、区块链、人工智能等技术与城市规划、建设、管理、运营等各领域各环节深度融合，不断提高城市治理的智能化、高效化、精细化水平。

三　要素加快向中心城市和县城两端集聚，城镇化格局进入重塑优化期

人口、经济要素向优势地区集聚成为不可逆转的发展趋势，中心城市和都市圈承载的人口和经济比重仍将不断提升，资源要素将进一步向中心城市和县城两端集聚。随着河南省中心城市"起高峰"、县域经济"成高原"战略持续推进实施，要素加速向两端集聚的趋势会进一步延续，中心城市辐射带动作用也会进一步增强，就地城镇化趋势将更加明显，县城将成为就地城镇化的重要载体。

中心城市辐射带动作用越发凸显。现阶段，区域经济发展动力极化现

象日益突出，就中原城市群和河南全省而言，河南坚持"核心带动、轴带发展、节点提升、对接周边"的发展理念，作为国家中心城市和中原城市群中心城市的郑州，作为中原城市群副中心城市的洛阳、省域副中心城市的南阳，其区域极化发展趋势将更加明显，其区域辐射带动作用也将持续增强。郑州通过积极承接国家重大生产力和创新体系布局，不断强化作为中心城市的科技创新、枢纽开放、教育文化、金融服务等功能，注重提升作为国家中心城市的集聚、裂变、辐射、带动能力，其规模能级将进一步提升；洛阳通过持续扩大先进制造、生态屏障、人文交往、交通枢纽等优势，将推动中原城市群副中心城市建设进一步加快，成为全省高质量发展新的增长极，与郑州共同构成"双核"引领城市群发展的局面；南阳作为省域副中心城市，将进一步厚植生态、文化等优势，发展特色产业集群，不断拉大城市框架，其功能将进一步增强，桥头堡和豫西南门户的作用将进一步显现；作为区域节点城市的安阳、商丘、南阳、周口、信阳、三门峡等将进一步立足自身区位交通、资源禀赋和产业优势，强化与周边省际交界地区协同发展，不断壮大城市规模和综合实力，引领带动区域城镇化快速发展。

城镇空间体系格局日趋科学合理。随着河南中心城市"起高峰"、县域经济"成高原"等城镇化发展重大战略部署的落地实施，城镇化的空间格局与产业格局、动力格局的匹配度将进一步提高，城镇化进入空间组织调整的新阶段，主副引领、四区协同、多点支撑的城镇化空间格局将加快形成。从动力来看，城市在交通、市政、教育、医疗、养老、文化等基础设施和公共服务方面的软硬件建设的投资进一步增加，城镇化投资需求的潜力将进一步释放；各种要素资源的省内外流动制约将进一步消除，城市生产生活模式将持续优化创新，城乡居民的差异化、品质化消费需求将得到进一步满足，城市体系的消费活力将迎来一波高潮，城市地区对整体经济体系的支撑作用将得到充分发挥。从产业来看，郑州、洛阳、南阳等中心城市将着力增强资源配置、科创策源、产业引领等方面的核心功能，率先形成现代化产业体系，城市综合能级和竞争力将明显提升；新乡、焦作、平顶山等中等城市充分利用综合成本相对较低的优势，主动承接省内外的产业转移和功能疏解，实体经济发展基础将更加牢固；县域和小城镇则立足自身比较优势，积极培育具有地方特色的产业布局。从空间来看，豫北、豫中南、豫东等板块在未来一段时期的城镇化水平将明显提升，城镇化与全省平均水平差距将明显缩小。其中，郑州"1+8"都市圈进一步扩容提质，洛阳与三门峡、济源等城市协同发展，共同打造豫西转型创新发展示范区，南阳与信阳、驻马店等城市厚植文化生态优势，协作互动打造豫南高效生态经济示范区，商丘、周口协同打造豫东承接产业转移示范区，安阳、鹤壁、濮阳协同打造豫北跨区域协同发展示范区，大别山、太行山等振兴发展创建革命老区高质量发展示范区，县城扩容提质成效将更加突出，县域发展活力将进一步被激发。

四　城市建设更加注重宜居、韧性、智能、低碳，城市发展方式加速转型

城市发展进入转型期。随着城镇化的持续推进和城市规模的不断壮大，超大、特大城市面临风险逐渐增多、复杂性日益增强的局面，城市安全韧性发展的重要性将更加凸显，建设韧性、低碳、集约城市成为广泛共识。未来城市建设将更加注重宜居韧性、精细智能、绿色低碳，亟须进一步统筹发展与安全，提升全覆盖、全过程、全天候城市治理能力，让人民生活更有品质、更有尊严、更加幸福。

顺应城市发展新趋势，未来河南新型城镇化将以人为核心进行现代化建设的精耕细作，加快建设宜居、韧性、创新、智慧、绿色、人文等新型城市，基于环境容量和综合承载能力的城市生产、生活、生态"三生"空间品质将不断提升，城市实现内涵式发展。安全管理将渗透进城市规划、建设、运行各个环节，城市防灾、减灾、抗灾能力将进一步增强；以疫病预防控制、内涝治理、应急救灾为重点的韧性城市建设步伐加快，"里子工程""避险工程"建设取得明显成效，全覆盖、全过程、全天候城市治理能力不断提升。随着人工智能、区块链、云计算、大数据等技术加速发展和全面运用，以"城市数据大脑""数字孪生城市"建设为重点的智慧城市建设步伐加快，"互联网+服务平台"建设深入推进，数字技术应用场景越发丰富，城市运行管理、决策辅助和应急处置能力将显著增强。绿色城市建设进入新阶段，除了建设城市公共绿地、城区绿色生活圈、环城生态防护圈等传统城市生态工程，还积极倡导绿色交通出行、零碳城市建设、绿色城市管理运营方式，城镇化助力提升生态系统质量和稳定性的作用得到进

一步发挥，城市的包容性、宜居性、公平性将明显提升。城市规划建设将更加注重对历史文化遗迹、特色建筑、历史文化街区的保护，以此传承城市的历史文脉，进而将这些地方打造成为能够彰显城市文化肌理和特色的城市空间、城市景观、城市消费场景，休闲酒吧、咖啡店、文博场馆、城市书屋、公园等城市"第三空间"的文化属性将更加突出，城市的文化品位和品牌形象将进一步提升。城市将更加重视无障碍环境建设，逐步打造一批满足不同年龄段人群对城市空间需求的残疾人友好型城市，城市将更有"温度"。

五 城乡产业协同发展和要素流动趋势更加明显，城乡关系加速融合

随着新型城镇化和乡村振兴战略的协同推进，河南以工补农、以城带乡的发展条件将更加成熟，城乡融合发展的内在驱动机制将逐步形成，城市与乡村之间的发展差距将不断缩小，城乡关系将进入加速融合期，城乡统筹发展将更加协调。城乡融合的体制机制创新仍将持续深入，农村集体产权制度、农村宅基地制度、农村集体经营性建设用地入市制度等改革将持续深化，城镇建设用地等公共资源按常住人口规模配置的水平将不断提升，农业转移人口市民化政策机制将更具包容性。人口在城乡之间的双向自由流动和多元互动趋势将更加明显，居民选择"城乡双栖"的工作、生活状态将更加普遍。人口、土地、资金等传统要素将与技术、产权、数据等新兴要素一样在城乡之间实现更加频繁的双向流动和跨界配置，乡村宅基地、承包地等资源的资产价值日趋显现，农村三产融合加速，城乡产业加速协同发展、融入国内大市场的条件将更加成熟。城乡规划一体化步伐持续加快，农村分类标准和村庄规划布局将更加科学合理，燃气、污水管网等城市市政基础设施将不断向农村地区延伸，美丽乡村建设的步伐将进一步加快，城乡之间的基础设施互联互通和公共服务衔接融合将进一步增强，城乡人居环境差距将不断缩小，城乡地域空间的连续性和统一性将会更加明显，一体化的城乡空间网络将加快形成。城乡之间的教育、医疗、文化、就业等基本公共服务的衔接融合将不断增强，逐步实现优质均衡发展，城乡居民之间的收入差距将持续缩小，为实现共同富裕打下坚实基础。

第十一章　以人为核心推进新型城镇化的
新要求、新目标

以人为核心的新型城镇化，将人民群众的需求、利益和幸福作为推进城镇化建设的核心考虑要素，人民群众的获得感、幸福感和安全感成为城镇化发展水平和质量的重要衡量指标。随着城镇化进程的不断深入推进，河南省城镇化进入以提升质量为主的转型发展新阶段，以人为核心推进新型城镇化，需要明确：提升农业转移人口市民化质量是首要任务，优化城镇化空间布局和形态是关键之处，推进城市建设和治理现代化是主要内容，统筹新型城镇化和乡村全面振兴是重要支撑。

第一节　以稳业安居为方向提升农业
转移人口市民化质量

近年来，农业转移人口大量进入城市，在推动常住人口城镇化率快速提高的同时，也受到户籍制度、社会保障制度、经济制度等多种因素的影响。一部分农业转移人口虽然工作在城市，却难以享受和城镇居民同等的基本公共服务，还有一部分农业转移人口在城市和乡村之间季节性迁徙，这些都影响农业转移人口市民化质量。对于作为农业转移人口大省的河南来说，促进每年新增的百万人以上的农业转移人口在城镇有序实现市民化，也就成为新型城镇化的首要任务。

一　强化现代化产业体系支撑

城市的兴起和发展是经济繁荣发展的结果，而经济的发展又是建立在产业发展的基础之上。可以说，产业是城市发展的基础，没有产业支撑的城镇化是无本之木、无源之水。从国内外城市化发展历程来看，城市的崛起无不以产业的崛起为标志。在当前发展阶段，产业是承载农业转移人口就业的重要载体，一定规模的产业支撑和可持续就业是实现农业转移人口市民化的基础和前提。加快构建现代化产业体系，能够有效提升农业转移人口融入城市的能力，提高新型城镇化质量。区别于以往传统的城镇化策略，以人为核心的新型城镇化，要走出过去"就城抓城"的误区，跳出城市来看城镇化的发展，从"人"的角度来解决城镇化过程中出现的各种矛盾和问题。当前，河南新型城镇化最核心的就是要解决城镇的产业支撑问题。必须把实现农业转移人口的稳定就业作为重要着力点，因地制宜制定科学合理的转移就业战略和产业政策，千方百计增加就业岗位，夯实吸收更多劳动力就业和更有效地促进就业的基础。首先，要夯实城市产业基础，增强农业转移人口的人力资本积累，充分挖掘产业潜力，增强产业支撑能力，创造丰富的创业就业机会；完善产业配套设施建设，为降低企业生产成本和交易成本提供条件，引导产业集中集聚发展。其次，把乡村产业纳入城乡产业体系的大格局中，用工业的理念发展农业，用工业的管理手段管理农业，提升农业生产效率。最后，推进农业供给侧结构性改革，在保证粮食产量、稳定粮食安全的前提下调整乡村产业布局，围绕市场需求，发挥科技创新的支撑引领作用，深入推进"大众创业、万众创新"，加快体制机制、经营方式和商业模式创新，积极培育新产业、新业态等新动能，提升农业产业发展质量和效益。[①]

二 强化基础设施保障能力

现代化的基础设施体系是城市承载农业转移人口的基本条件，也是维持城市运转的基本组成部分。河南是农业大省，也是人口大省，城镇化水平在全国处于落后地位，城镇基础设施建设水平也相对较低。河南虽然是经济大省，但不是经济强省，不少城市，尤其是中小城市经济基础薄弱，财政实力不强，城市基础设施建设滞后，成为制约农业转移人口在城市实现安居乐业的重要因素。为此，河南要以农业转移人口流入的城市为主要

① 《国务院办公厅关于加快推进农业供给侧结构性改革大力发展粮食产业经济的意见》，中国政府网，2017 年 9 月 8 日，https：//www.gov.cn/zhengce/content/2017 - 09/08/content_5223640.htm。

对象，加快完善基础设施体系，增强城市基础设施对农业转移人口的保障能力。一方面，根据人口流动的特征，加大对人口流入数量较大城市的政策和财政资金的支持力度，提升城市水电路气暖网等各项基础设施建设水平；有序推进海绵城市建设，完善防洪排涝系统；加强地下空间开发利用，支持有条件的城市建设地下综合管廊。另一方面，学习和借鉴先进地区经验，积极提高城市基础设施管理水平，加强城市基础设施的日常维护，有效提升城市基础设施的利用效率，延长基础设施利用时间。

近年来，针对重大疫情、极端天气等突发事件频发的状况，河南在推进新型城镇化过程中，要特别注意加强韧性城市建设。在新的发展阶段，推进以人为核心的新型城镇化，要将韧性城市建设融入新型城镇化建设的全过程和方方面面，不断提高城市安全韧性水平。一是强化基础设施建设。一方面，在郑州、洛阳这样的大城市和重点城市，加快推进地下综合管廊等传统基础设施建设，在条件成熟后逐步在全省推广，提升基础设施供给能力和水平；另一方面，根据地方实际情况逐步推进新型基础设施建设，并利用 5G、大数据、工业互联网等新一代信息技术赋能传统基础设施，提高传统基础设施智能化水平，增强对各类突发事件的应变能力和抗压能力。二是提高重大突发事件的管理能力。一方面，完善风险监测预警体系，通过建立风险监测平台等举措，提升对各类突发事件的研判和处置能力；另一方面，加强交通、通信、医疗等应急救援相关领域建设，提高应急救援和物资保障能力。此外，还应开展常态化应急预案演练，提升城市突发事件应急处置能力。

三　提升公共服务保障水平

随着越来越多的农业转移人口来到城市就业和生活，特别是新生代农业转移人口的到来，他们反映最强烈也最集中的问题是子女受教育难、看病难、买房难。这些数量庞大的农业转移人口在城镇就业，但由于户籍制度、学区政策等诸多因素的影响，他们难以享受同等的医疗、教育等公共服务，尤其是子女接受良好教育的愿望难以实现。推进以人为核心的新型城镇化，需要将基本公共服务供给与人口流向相结合，构建基本公共服务由流入地政府供给、同常住人口挂钩的供给机制，稳步提高非户籍常住人口在流入地享有的基本公共服务项目数量和水平，推动城镇基本公共服务常住人口全覆盖。河南依照国家基本公共服务标准，细化完善并定期调整本地区基本公共服务标准，按照常住人口规模和服务半径统筹基本公共服务设施布局。①

严格落实党的二十届三中全会提出的"推行由常住地登记户口提供基本公共服务制度"要求，强化输入地政府属地管理责任，按《国务院关于进一步做好为农民工服务工作的意见》提出的"保障农民工随迁子女平等接受教育的权利"，大力发展城市基础教育，增加城市优质教育资源。切实保证农业转移人口子女平等接受义务教育。此外，城市的公共服务水平明显优越于农村，而不同城市之间也存在程度上的巨大差别，郑州这样的大城市医疗、教育和社会保障等资源明显优于其他大中城市，与中小城镇更有着天壤之别。这种情况造成了人口向大城市集聚，也造成了城市尤其是大城市农业转移人口集中带来的交通拥堵、治理失序等一系列问题，给农业转移人口流出地的社会结构也带来了离散化的影响，造成了流出地农村空心化的发展困境。从河南长期发展的目标来看，解决农业转移人口问题的根本在于实现公共服务在不同等级城市之间的均等化。就业、疾病、养老和住房等方面存在的市场风险是影响农业转移人口在城市稳业安居的最大因素，而化解市场风险的最有效手段就是政府推进公共服务均等化，为广大农业转移人口真正解决"后顾之忧"。②

四 加强农业转移人口教育培训

农业转移人口自身素质和就业能力的提升是实现从农民到市民身份转变的关键，而农民又不具备提升自身素质和就业能力的渠道。为此，河南要进一步完善农业转移人口的教育培训体系。一是加强农业转移人口素质培育，大力宣传普及健康卫生、文明礼仪、法律法规、生活规范等知识，开展多种多样的文化活动，不断丰富和培育健康的精神文化生活，提高农民的思想道德水平、科学文化素质以及生产技术能力，为其融入城市生活提供保障。二是建立科学管理的公共就业服务机构，积极落实有利于农业

---

① 《"十四五"新型城镇化实施方案》，国家发展改革委网站，2022年7月28日，https://www.ndrc.gov.cn/fggz/fzzlgh/gjjzxgh/202207/t20220728_1332050.html。
② 江立华等：《从浮萍到扎根：农业转移人口的市民化》，社会科学文献出版社，2019。

转移人口就业的各项政策措施，大力发展职业教育和技能培训，增强农民转移就业能力，着力培养技能熟练型和技术适应型农民工。三是建立输出地与输入地联合、机构培训与远程教育相结合的多层次农民转移就业培训体系，统一城乡劳动力市场和就业制度。

此外，针对当前用工矛盾突出的家政、养老、护理、托育等行业，以及网约车、快递、外卖、跑腿、直播销售等吸纳大量就业的新兴业态，持续开展面向新生代农民工等的职业技能培训。发挥河南普通高等学校、职业技术学校的数量和规模优势，提高普通高等学校和职业技术学校课程设置与市场需求的契合水平，加大对农业转移人口的培训力度，通过多种形式进行教育学历认定，提高农业转移人口实现稳定就业的学历支持。

五　改善农业转移人口居住条件

农业转移人口能否在城镇落户的关键之一是能否在城镇拥有自己的住房。这就要求扩大城镇居住空间，容纳更多农业转移人口。但是，当前大多数农业转移人口的居住需求难以获得有效保障。多数人只能在都市村庄或者偏远的城乡接合部租住农民私有的旧房或搭盖的简易房，缺乏公共设施，造成居住拥挤和卫生、消防等隐患。因此，将农业转移人口纳入住房保障范围、改善农业转移人口居住条件，迫在眉睫。

在当前的房地产市场形势下，河南应当积极完善以公租房、保障性租赁住房和共有产权住房为主体的住房保障体系。在有条件的大中城市，通过新建或者收购烂尾楼等方式扩大廉租房供给，解决农业转移人口在城市居住的问题。廉租房依靠其低廉的房价房租能够吸引广大农业转移人口前来居住，如配套便利的基础设施和优质的公共服务，就能够推动农业转移人口更快地融入城市，实现其身份的快速改变，提高城镇化质量。城中村改造是解决农业转移人口城市居住问题的又一途径。城中村改造，一方面，可以成建制或者成批地加快城中村农民转变为市民；另一方面，能够为新进城务工人员提供低价的住所，有效缓解新进城人员住房困难，提高农业转移人口的居住水平。

第二节　以城市群为主体形态优化城镇化
空间布局和形态

作为新型城镇化的主体形态，城市群对于优化城镇化空间布局和形态具有重要意义。作为一个新兴的城市群，与国内外其他较为发达的城市群相比，中原城市群的发展仍存在一些问题和不足之处。为发挥好新型城镇化的引领作用，中原城市群需要在进一步认识城市群发展规律的基础上，立足自身优势，充分利用现有机遇条件，打造成为与长江中游城市群南北呼应、共同带动中部地区崛起的核心增长区域和支撑全国经济发展的新空间。

一　完善城市群运行协调机制

行政区划对经济发展的影响长期存在，对于跨行政区域的城市群的影响尤为明显。由于区域竞争的不断加剧，即使在城市群内部，各个城市之间也很难形成稳定、良好的合作关系。在现行的政府决策和运行体制下，必须通过超越单个城市的权威机构或者更高层次的政府制定合作规则来协调城市群之间的关系。2016年底，中原城市群获得国务院批复，截至2023年中原城市群上升为国家级城市群已经走过了7个年头，但是从实际的发展效果来看，中原城市群的成绩并不突出，一个很重要的原因就是中原城市群涉及的城市多、省份多，协调难度大。中原城市群横跨河南、河北、山西、安徽、山东5个省份30个城市，单靠个别城市、个别省份的努力远远不够。在城市群的初始发展阶段，应当由中央政府组织，成立具有法定权力的城市群协调机构，负责城市群各城市政府之间的日常协调工作，并通过立法或者出台政策，以确保城市群协调机构的权威性。

随着产业分工的细化和专业化程度的深化，各种行业协会应运而生。在城市和区域之间竞争不断加剧的背景下，作为政府权威协调机构的有效补充，各种跨行政区行业协会的作用越来越重要。在统一大市场建设过程中，各种跨城市行业协会协调组织，能够有效协调城市之间的利益冲突，进而降低市场交易成本。中原城市群作为横跨5个省份30个城市的国家级城市群，单靠政府机构之间的协调远远不够，必须充分发挥各种行业协会的协调作用。鼓励成立各种行业协调组织或机构，通过各种行业协调组织，更多运用市场化手段来解决跨行政区划的基础设施布局、产业分工和环境保护等问题。各种行业协调组织或机构既可以是行业自发成立的民间组织，也可以是在政府支持下成立的官方或半官方机构，从而形成政府组织与非政府组织相结合、多方参与、体现各方意志的新城市群管理模式。

城市群高效运行的关键是处理好城市间的利益关系，找到城市间的利益平衡点。当前，要积极完善城市群内部跨城市的利益分享机制，其核心是跨区域的财税利益分配机制，将总部经济、企业兼并重组、项目合作共建、园区合作共建、飞地经济、企业迁建、招商引资等纳入城市群合作范围，实现城市群内部优质资源高效利用、区域市场相互开放、优势产业集聚发展。此外，还应建立健全城市间和省际利益补偿机制，通过城市群协调发展基金、财政转移支付等方式，对城市间的市场失灵行为进行调节，进而推动城市群内部资源配置优化和整体效益提升。

二　推动城镇空间布局优化

对于城市群的形成和培育，空间布局的优化以及拥有一个强有力的核心城市至关重要，对于河南，发挥好郑州国家中心城市的带动作用至关重要，但对于当前的河南和中原城市群，郑州的能级依然不够、带动作用仍然较弱。在今后的城镇化过程中，要继续提升郑州的能级，首先要利用好郑州航空港经济综合实验区、河南自由贸易试验区、郑洛新国家自主创新示范区等国家战略赋予的政策上先行先试的优势，强化交通物流枢纽、内陆地区对外开放高地功能，打造强有力的城市群发展引擎。其次应当加快与周边的开封、新乡、焦作、许昌等城市的融合发展，形成现代化都市圈，打造城市群核心增长板块。

科学合理的城镇体系是优化城镇化空间形态的重要方向和重要内容。要依托郑州中心城区、航空港经济综合实验区等载体，强化郑州交通和物流枢纽功能，打造郑州都市圈核心板块。加快一体化综合交通网络建设，促进开封、新乡、焦作、许昌与郑州中心城区联动发展，形成网络化、组团式、集约型的都市圈空间体系。推动豫西北各市与洛阳联动发展，进一步提升洛阳中原城市群副中心城市地位，打造新的区域经济增长极。以长治、邯郸、聊城、安阳、蚌埠、阜阳、商丘、南阳等城市为重点，积极优化城市形态,提升承载和辐射能力,打造区域中心城市。支持工业基础较好的漯河、济源等城市,周口、信阳、驻马店、菏泽、运城等传统农业区城市,以及平顶山、鹤壁、濮阳、三门峡、宿州、淮北、亳州、邢台、晋城等资源型城市建设成为中原城市群重要节点城市。以 20 万人口以上、100万人口以下的县城为重点,积极培育现代化中小市。选择区位条件优越、基础好、潜力大的乡镇,大力发展特色产业,传承弘扬传统文化,加强生态环境保护,建设特色小城镇。

继续深化户籍制度改革,落实国家和省市关于户籍制度改革的各项政策措施,加快农业转移人口落户城镇。河南要进一步明确地方政府尤其是人口流入地政府对农业转移人口市民化负主体责任,推动一批有能力有意愿在城镇稳定就业和生活的农业转移人口举家进城落户。按照国家和省市主体功能区规划的布局,积极引导人口向重点开发区域、优先开发区域集聚,推动产业继续向重点开发区域和优先开发区域集中。以重点生态功能区为重点,加强生态系统保护和修复,引导人口有序退出,有效降低人口和产业活动对生态系统的压力。

三 加强基础设施互联互通

从河南乃至中原城市群的城镇化发展历程和布局来看,交通枢纽是城市发展的重要载体和支撑,在今后的新型城镇化过程中,河南及中原城市群要继续发挥好铁路、机场等交通枢纽的作用。完善提升郑州、洛阳、南阳、运城、邯郸、阜阳、长治等机场功能,有序推进信阳、商丘、邢台、菏泽、聊城、安阳、蚌埠、亳州、宿州等机场建设,拓展国内航线和城市群内支线航线,优化航线网络,构建高效便捷的航空运输网络。继续完善以郑州为中心的"米"字形高速铁路网建设,积极推进"四纵六横"货运干线铁路建设,有序推进支线和地方铁路建设,构筑网络化现代化铁路运输格局。加快建设郑州南至登封至洛阳、焦作至济源至洛阳城际铁路和郑开城际铁路延长线;有序建设新乡至焦作、合肥至蚌埠至宿州至淮北、徐州至淮北至宿州至阜阳等城际铁路。加快推进淮河沙颍河航道建设,打通中原内陆地区直通华东地区的水运通道。大力发展智慧交通,推进物联网、云计算、大数据等现代信息技术在交通运输领域的创新集成应用,提升交通管理和服务水平。

随着互联网技术和数字经济的发展和广泛应用，信息基础设施在城市和城市群中的作用越来越强。着眼未来，中原城市群要对标国内外先进地区标准，将提升信息基础设施服务能级作为中原城市群建设重点，以实现全域互联、智能感知、数据开放、融合应用为目标，推动5G信息基础设施普及，扩大5G技术应用场景。发挥好郑州作为国家级互联网骨干直联点综合带动作用，高效疏通河南、山东、山西、安徽等省网间流量。积极推动城际骨干网、城域网升级改造，优化信息通信网络结构。加快推动实现无线局域网主要公共场所全覆盖，打造"无线城市群"。以郑州和洛阳两大国家级大型数据枢纽建设为重点，加快推动城市群统一的数据共享交换和开放平台建设，建立统一标准，开放数据端口，建设一体化公共应用平台，打造智慧城市群。

能源是经济社会发展的基础动力，是城市的血液。河南以煤为主的能源生产和消费结构，决定了在未来的城镇化过程中，必须将绿色低碳作为发展方向，继续推动能源供给侧结构性改革，加快打造清洁、低碳、安全、高效的现代能源供给体系。首先，要积极推动煤炭应用科技创新，提升煤炭资源利用效率，降低碳排放和对环境的污染。其次，继续发展太阳能、风能、生物质能等新兴能源，提高清洁能源在能源生产和消费结构中的比重。最后，加强电力资源的统筹，提升省际电力交换能力，为城市发展提供坚强电力保障。

水是城市形成和发展的基础。河南是水资源严重短缺地区，在城镇化过程中，要严格贯彻习近平总书记"以水定城、以水定地、以水定人、以水定产"[1] 的发展要求。首先，将水资源作为最大的刚性约束进行城镇化发展规划，加快构建水资源保障体系，提升供水保障能力，强化水资源安全保障。其次，加强水资源的统筹，加快推进骨干水源工程、水资源调配工程、应急备用水源工程、管网互联互通工程建设，加大城市再生水利用力度，提高城市饮水保障能力。再次，落实好黄河流域生态保护和高质量发展战略，稳妥推进跨流域引调水工程建设，提高水资源调配能力，推进城乡节水。最后，构建跨城市的水利协作平台，完善黄河中下游协调机制，形成共同保护和开发利用水资源的管理机制。

---

[1] 《习近平谈治国理政》（第四卷），外文出版社，2022。

第三节　以全生命周期理念为指引推进
城市建设和治理现代化

城市是生命体、有机体。2020 年 6 月 2 日，习近平总书记在北京主持召开专家学者座谈会时强调，要推动将健康融入所有政策，把全生命周期健康管理理念贯穿城市规划、建设、管理全过程各环节。[①] 这既为统筹解决现代城市治理难题，系统推进城市治理体系和治理能力现代化提供了全新的思路，也为河南今后推进以人为核心的城镇化工作指明了方向。

一　强化全生命周期管理理念引领

改革开放以来，我国城市发展迅猛，城市规模不断扩张，城市化水平显著提高，由此所导致的城市病也给城市治理和城市发展带来了前所未有的困扰和挑战。因此，如何因应城市发展的变化及需求，寻求解决问题的途径和方法，已经成为一个亟待思考的现实问题。全生命周期管理理念强调要将城市作为有机的生命体来看待，在城市规划、建设和管理的全过程和各环节，都要遵循可持续发展的原则。2015 年的中央城市工作会议指出，城市工作是一个系统工程。做好城市工作，要顺应城市工作新形势、改革发展新要求、人民群众新期待，坚持以人民为中心的发展思想，坚持人民城市为人民。[②] 2017 年全国两会上，习近平总书记提出了"城市管理应该像绣花一样精细"[③] 的总体要求，精细化管理成为河南进行城市管理工作的重要遵循。

无论是"精细化管理"，还是"全生命周期管理"，都是以人民为中心进行城市管理工作的重要理念。精细化管理从结构维度强调城市治理的方式和方法，而全生命周期管理更多是从时间维度，将城市看作一个生命有

---

① 《加快"将健康融入所有政策"》，中国政府网，2020 年 6 月 8 日，https：//www.gov.cn/xinwen/2020-06/08/content_5518040.htm。

② 《中央城市工作会议在北京举行》，新华网，2015 年 12 月 22 日，http：//www.xinhuanet.com//politics/2015-12/22/c_1117545528.htm。

③ 《习近平的"花"之喻》，新华网，2017 年 3 月 27 日，http：//www.xinhuanet.com//politics/2017-03/27/c_1120698895.htm。

机体进行城市管理工作。坚持全生命周期管理理念，首先，要将城市社会作为一个有机共同体，将城市治理视为一项系统工程，从整体性和周期性的角度分析城市发展的阶段，从而实施有针对性的政策措施，保持城市治理工作的稳定和可持续。其次，要在尊重自然、保护自然理念的指引下，立足河南省情和城镇化发展的阶段性特征，坚持集约发展和可持续发展，框定城镇化发展总量、限定城镇化发展容量、盘活城镇化发展存量、做优城镇化发展增量、提高城镇化发展质量，提升城镇化发展的可持续性。最后，要在尊重城镇化发展规律的基础上，统筹好城镇化的空间结构、规模结构和产业结构，统筹好城镇化的规划、建设和管理三大环节，统筹好城市生产、生活、生态"三生"空间。

二　坚持规划统领城市建设和治理

2014年2月，习近平总书记考察北京时指出，城市规划在城市发展中起着重要引领作用，考察一个城市首先看规划，规划科学是最大的效益，规划失误是最大的浪费，规划折腾是最大的忌讳。[①] 规划是城市发展的引领，是城镇化工作的引领，一切城市建设和管理工作都要从规划开始。以全生命周期管理理念为指引推进城市建设和治理现代化，科学合理的规划是前提和基础。

一个好的城市规划，必须能够处理好昨天、今天和明天的关系，延续好城市历史演进脉络，突出好历史韵味，留好城市文脉，既要深刻理解城市的历史演进脉络，又要准确把握城市发展的时代机遇。为此，首先，河南进行城市规划，要尊重城市历史文化和文脉传承，保护好传承好城市的历史遗存遗迹。其次，要站在时代发展的前沿，注重规划理念与方法的与时俱进，用先进的规划理念和方法来破解城市发展中存在的现实问题。再次，要注重规划的前瞻性，既要立足现在，又要着眼长远，坚持规划先行、超前引领，加快构建科学合理的城镇化发展格局。最后，有了好的规划，还要努力做到"一张蓝图绘到底"，持之以恒、久久为功，切忌"朝令夕改""来回折腾"。

城市是一个复杂的系统，城市治理也是一项复杂的系统工程，涉及经济、

---

① 中共中央党史和文献研究院编《习近平关于城市工作论述摘编》，中央文献出版社，2023。

社会、人口、生态、资源等方面。一个好的规划不仅是推进城镇化的纲领性文件，也是开展城镇化建设的依据，更是城市和区域竞争的潜力和资本的集中反映。这就要求河南在制定城市规划时，要立足实际，根据所在地区的地理环境、自然状况、资源条件等具体情况，对城市的产业、建设用地、基础设施、景观特色等做出科学合理的安排。要依靠改革、科技、文化"三轮驱动"，进一步增强城市规划的科学性和权威性。要把尊重自然、传承历史、绿色低碳等理念融入城市规划全过程，科学划定城市开发边界，防止"摊大饼"式扩张，推动城市发展由外延扩张式向内涵提升式转变。

三 提升大城市资源配置能力和协调带动能力

大城市一般都是城市群、都市圈的核心城市，承担着辐射带动更大区域发展，以及代表国家参与国际合作与竞争的特殊使命。河南在新的发展阶段，要不断提升郑州、洛阳、南阳等大城市的能级和核心竞争力，更好地带动郑州都市圈和中原城市群发展，更好地带动河南城镇化进程。一是要持续提升大城市核心功能，增强其集聚和辐射能力，特别是提升配置资源要素的能力，为大城市提供高水平的制度供给、高质量产品供给、高效率资金供给，推动大城市金融、商贸、科技等核心功能全面升级，进一步做大其经济规模。二是要持续扩大高水平对外开放，充分发挥大城市作为国内大循环的重要节点和国内国际双循环的重要枢纽功能，积极推进开放型制度建设，全面对接国际高标准经贸规则，积极参与国际竞争和合作，增强全省开放发展动能。三是要持续深化区域协同发展，强化大城市和周边城市协同联动，形成龙头带动和各扬所长的发展格局，打造区域发展共同体，提升区域发展整体效能，打造强劲活跃的增长极。

河南应跳出传统地域观念的限制，运用更具战略性的思维和眼光，通过促进城市多中心发展，协同处理城市治理的难题。国内外实践证明，采取组团式发展的城市结构，形成优势互补、合理分工、高效运作的城市分工体系，是一种有效的城市化发展模式。大城市往往具有强大的综合实力、区域服务能力、经济影响力、资源调动力和创新推动力，应在立足自身发展的同时带动周边城市协同发展。为此，大城市对内要优化功能布局，统筹推进城乡一体化发展。一方面，坚决破除以往城乡二元结构的观念，将城市和乡村看作一个有机整体，全面推动城乡一体化建设，通过制度创新、实施乡村振兴战略以及优化各区功能和空间布局来实现大城市中心城区与周边城区之间的融合发展。另一方面，要抛弃传统的单一功能分区模式，采用基于地域特点的综合规划对大城市各区域进行科学分工，适度疏解中心城区功能，实现大城市内部功能重组和平衡发展。对外则要优化资源配置，加强与城市群其他城市的协同治理。

四 构建共建共治共享的城市治理格局

坚持整体治理理念，着力构建共建共治共享的城市治理格局，这也是以人民为中心的城市治理理念的具体体现。只有让居住在城市里的居民感觉到他们与这个城市是一体的，城市工作才能得到居民发自内心的拥护和支持。河南要做到共建共治共享，就需要主动将城市居民吸纳到城市的建设和治理过程中，如通过建立议事协商制度、开展公共决策讨论等多种渠道听取公众意见。政府要努力从微观、具体的管理中抽身出来，注重向综合协调处理转变，政府要积极主动放权，为市场和社会让渡治理空间。同时，要积极推动城市发展成果共享。城市治理必须始终把人民利益摆在至高无上的地位，坚持问需于民、问政于民、问计于民、问效于民，切实增加公众在城市治理中的主动权和话语权，努力构建一个人人有责、人人尽责、人人享有的城市治理共同体。

城市治理的基础是城市，治理的核心在"人"，终点是文化。① 以人为核心的城市治理，最终要通过文化治理的方式，更好地服务和满足人民的发展需求。城市既是有温度的，又是有厚度的。城市的温度是指以人为本的理念，城市的厚度就是城市的文化涵养。城市的温度能让身处其中的人们不断感受城市的关怀，激发积极向上的能量。城市的厚度，赋予了城市灵魂和精神，是城市发展永不衰竭的动力。共建共治共享的城市治理理念，是尊重城市历史和文化的治理，是遵循城市和文化发展规律的治理，是以文化的力量推动城市的车轮向前滚动。共建共治共享的城市治理理念，必须顺应新时代人民对城市生活的美好期待，综合运用现代化的管理手段，以服务为先，构建全民参与的城市治理新格局，从而解决人民日益增长的美好生活需要和不平衡不充分的发展之间的矛盾。

---

① 王永健、汪碧刚：《探索共建共治共享的城市治理新格局》，《人民论坛》2017 年第 36 期。

第四节 以有机结合为目标统筹新型城镇化和
乡村全面振兴

城乡融合发展是中国式现代化的必然要求。从根本上来说，城市和乡村之间是相互依存、相互促进的关系。乡村为城市的发展提供支撑，城市为乡村的发展提供动力。但是，受长期以来城乡二元结构体制的影响，城市和乡村呈现一定程度的割裂状态，已经成为影响河南城镇化进程和城镇化质量提升的最大短板。必须统筹新型工业化、新型城镇化和乡村全面振兴，全面提高城乡规划、建设、治理融合水平，促进城乡要素平等交换、双向流动，缩小城乡差别，促进城乡共同繁荣发展。①

一 完善城乡融合发展的体制机制

从我国城乡发展的进程来看，二元化的体制机制安排是影响城乡融合发展的最大障碍。河南是农业大省，也是人口大省，城镇化发展滞后，乡村地区人口依然较多，乡村地区发展不充分，城乡之间发展不平衡。广大乡村地区劳动力外流严重，基础设施年久失修，乡村振兴的步伐格外沉重迟缓。究其根本，在于城乡之间关系的失衡，在于长期以来城乡二元结构的体制机制障碍。在中国特色社会主义进入新时代的大背景下，河南必须给予乡村与城镇、农民和市民同等重要的地位，将乡村和城市作为一个整体，共同纳入现代化建设的过程中。首先，转变过去重城市轻乡村的思维定式，加快形成工农互促、城乡互补、全面融合、共同繁荣的新型工农城乡关系。其次，打破二元分割的城乡制度，建设有利于城乡一体化发展的产业体系、基础设施体系、公共服务体系、生态空间体系和社会治理体系。最后，统筹推进新型城镇化和乡村振兴，赋予乡村振兴地区更多更灵活的政策便利，在城镇化过程中实现城乡一体化发展。

加强城乡规划的统筹安排。规划是发展的引领，城乡融合发展更需要

---

① 《中共中央关于进一步全面深化改革 推进中国式现代化的决定》，中华人民共和国中央人民政府网，2024 年 7 月 21 日，https：//www.gov.cn/zhengce/202407/content_6963770.htm? sid_for_share=80113_2。

发挥好规划的统筹引领作用。统筹城镇和乡村规划建设，通盘考虑土地利用、产业发展、居民点布局、人居环境整治、生态保护、防灾减灾和历史文化传承，推进城乡一体化规划设计。加强对全省城镇化趋势、城乡格局变化趋势的研判，科学谋划城乡布局，增强规划的前瞻性、指导性、可操作性。全面完成国土空间规划修编工作，科学划定耕地和永久基本农田、生态保护红线和城镇开发边界。继续完善城镇体系规划，提升中原城市群一体化发展和郑州都市圈一体化发展水平，促进大中小城市和小城镇协调发展，形成疏密有致、分工协作、功能完善的城镇化空间格局。立足河南实际，优化城市空间格局和建筑风貌，提高建设用地利用效率。保留中原地区乡村原始风貌，体现中原地区乡村特色，提升乡村建设规划管理水平，建设和美乡村。

二　构建城乡产业融合发展新格局

河南是农业大省，但还不是农业强省，一个重要原因就是三次产业的融合发展程度不够。推动城乡融合发展的关键在于打通城市和乡村之间产业协同发展的堵点，实现三次产业的融合发展。一是坚持因地制宜的原则，加快培育和发展新质生产力，推动郑州、洛阳这样的大城市培育壮大新兴产业，布局建设未来产业，率先形成以现代服务业为主体、先进制造业为支撑的产业结构，提高城市能级和区域竞争力，形成带动全省产业层次提升的动力源。二是新乡、许昌、南阳这样的大中城市要加快提升功能品质，因地制宜建设先进制造业基地、商贸物流中心和区域专业服务中心，夯实实体经济发展基础。三是要素条件良好、产业基础扎实、发展潜力较大的小城市要培育发展特色优势产业，增强要素集聚能力、产业承载能力和人口吸引力。四是发挥好县城连接城乡的载体作用，加快县域经济发展，提升承载能力，更多集聚产业和人口，打造成为带动乡村产业发展的纽带。五是因地制宜加快推动中小城镇发展，做好中小城镇特色产业发展规划。

产业兴旺是乡村振兴的动力和标志，推动城乡融合发展，必须加快推动乡村地区产业发展，增强乡村地区产业的"造血"功能。从产业融合的表现形式上，城乡产业融合主要分为三大类：一是三次产业在生产模式上的融合，二是高新技术产业与农业生产方式的融合，三是农业和现代生产组织方式的融合。基于此，在推动城乡产业融合的过程中，首先，树立大农业的发展理念，用工业的方式来发展农业，用工业的理念来经营农业，提升农业生产效率；其次，延长农业产业链、价值链，推动农业精深加工，加快推动农业与数字经济、网络经济的融合发展；最后，加快推进农业供给侧结构性改革，在稳定粮食产量、保障粮食安全的前提下，调整乡村产业布局，积极培育新产业、新业态、新模式，提升农业产业发展质量和效益。

三 促进城乡要素平等交换双向流动

市场经济条件下，要实现城乡融合发展，其中一个重要的前提就是生产要素在城乡之间自由流动、平等交换。长期以来城乡之间的"价格剪刀差"是造成乡村地区发展落后的重要原因。在河南这样一个农业大省，要实现新型城镇化和乡村振兴的有机融合发展，最关键的就是要推动城乡之间土地、劳动力和资本等生产要素的自由流动、平等交流和均衡配置。当前，生产要素在城乡之间的流动仍呈较为明显的单向性。从"人"的流动来看，每年上千万农业转移人口来到城市，而返乡创业的城市人口却微乎其微；从"地"的流动来看，大量农业用地转换为城镇建设和工地用地，却很少见城镇建设用地转换为农业和农村用地；从"钱"的流动来看，大量的农民积累的财富通过消费等形式流入城市，资本下乡却受到各种制约。为此，要加快消除妨碍城乡要素自由流动和平等交换的体制机制障碍，加快构建有利于城乡要素合理配置的体制机制，促进各类要素在城乡之间自由有序流动，更好地引导城市的资本和人才投入乡村振兴伟大事业。

落实建设全国统一大市场部署，推动资金、劳动力等要素资源实现城乡自由有序流动和优化配置，加快技术和数据等要素市场建设，完善全国统一的市场监管规则和执法标准。深化有利于城乡融合发展的投融资体制改革，更好地发挥政府投资的引导和放大效应，夯实企业投资主体地位，放宽放活社会投资，拓展多元化城乡建设融资渠道。在尊重市场规则的前提下，加强政府对各类社会资本的引导，鼓励采取特许经营等模式，支持社会资本参与乡村地区基础设施、公共服务等领域投资。依法引导和规范资本下乡，鼓励工商资本到农村发展适合企业化经营的现代种养业，允许农民以土地承包经营权入股，发展农业产业化经营。完善生态产品价值实现机制，拓宽绿水青山转化为金山银山的路径。建立健全乡村人才振兴体制机制，完善人才引进、培养、使用、评价和激励机制，大规模培养乡村本土人才，引导城市人才入乡发展。强化农业科技人才和农村高技能人才引育，持续大规模开展面向新生代农民工的职业技能培训。深入推行科技特派员制度，推动城市教文卫体等工作人员定期服务乡村。

四 促进城乡基础设施一体化规划、建设、管护

要扭转城乡发展失衡的状况，乡村基础设施建设的短板必须首先补齐。2023年，河南地区生产总值达到59132.39亿元，财政总收入达到6972.49亿元，已具备了城市反哺农村的实力和能力。一方面，要顺应城镇化和科技发展新趋势，加快建设宜居、韧性、创新、智慧、绿色、人文的现代化城市，推动城市路网、燃气、网络等基础设施向乡村地区延伸。另一方面，学习运用"千万工程"经验，统筹推进广大乡村地区路网建设、电网巩固提升、危旧房屋改造等工作。此外，还应加强乡村地区公共充换电设施、新一代移动通信网络等新型基础设施的布局和建设，提升广大乡村地区现代化建设水平，为乡村繁荣发展提供基础设施新支撑。

对城乡基础设施进行统一规划、统一建设、统一管护，促进城镇基础设施向村覆盖、往户延伸，为村民生产生活提供城乡一体的基础设施。按照先建机制、后建工程的原则，加快构建城乡基础设施一体化规划建设管护机制，推动乡村基础设施提档升级。推动基础设施建设由"城市偏向"转向"城乡并重"，这些基础设施不仅包括道路、供水、供气、环保、电网、物流等生产性基础设施，也包括村内道路建设、垃圾处理、污水处理、路灯亮化等生活性基础设施，让乡村地区平等共享现代文明的发展成果。

五 推动城乡公共资源合理配置

以人民为中心是一切事业的初心和使命，共享发展是中国特色社会主义的本质要求。长期以来，受行政管理体制等制度性因素的影响，公共资源更多向城市地区倾斜，大量优质的公共资源被布局在以大城市为主的城市地区，对广大乡村地区的公共资源建设却没有给予应有的重视，这成为阻碍农民享受经济社会发展成果的重要原因，成为乡村繁荣发展的最大障碍。

推进以人为核心的新型城镇化，推动城乡融合发展，应该按照"乡村优先、强弱项、补短板"的发展要求，完善政策制定和资金倾斜，推动公

共资源更多向乡村地区布局、公共服务向农村延伸、社会事业向农村覆盖，最终实现城乡之间公共服务均等化布局。"乡村优先"主要是指优先发展农村地区教育事业，全面改善农村地区的办学条件。"强弱项"主要是指加强农村地区医疗卫生体系建设，筑牢几千万农民群众的健康防线，增强农民身体素质。按照尽力而为、量力而行的发展原则，以普惠性、基础性、兜底性民生工程为重点，全面推动基本公共服务向农村地区延伸，完善提升全民覆盖、普惠共享、城乡一体的基本公共服务体系。"补短板"主要是指加强农业转移人口就业指导和农民职业技能培训，健全覆盖城乡的公共就业服务体系，促进农民多渠道转移就业，提高农业转移人口就业质量，千方百计增加农民收入。适应城乡之间人口变化趋势、人口流动趋势的新特征，加强教育、医疗、养老、托幼等普惠性公共服务在城乡之间的合理分配和布局。

第十二章　以人为核心推进新型城镇化的新任务、新举措

从全国城镇化发展阶段来看，2023 年全国常住人口城镇化率已经达到 66.16%，接近 70% 的成熟阶段，意味着城镇化发展速度正在放缓。从河南省城镇化发展阶段来看，2023 年河南省常住人口城镇化率达到 58.08%，落后于全国 8.08 个百分点，也正在进入"整体放缓、局部加快、量质并重"的深度调整新阶段。河南省在新阶段加快推进新型城镇化发展，需要在夯实中心城市"起高峰"、县域经济"成高原"的基础上，围绕构建城镇化新格局、增强县级城市的城镇化载体功能、提升农业转移人口市民化的质量、打造城镇居民高品质生活空间、促进城乡深度融合发展、推进城市治理体系和治理能力现代化等方面持续精准发力。

第一节　加快构建"一主两副、四区协同、多点支撑"的城镇化新格局

坚持规模和质量双提升，推动中心城市"起高峰"，强化郑州国家中心城市龙头引领作用，打造现代化郑州都市圈，增强洛阳和南阳副中心城市辐射带动能力，推进区域协调联动发展，加快构建"一主两副、四区协同、多点支撑"的城镇化发展新格局。

一　提升郑州国家中心城市能级

坚持以创新为引领，提升郑州的核心竞争力和创造力。以当好国家中心城市、提升郑州国际化水平为努力方向，积极承接国内外重大生产力和创新体系布局，强化其科技创新、枢纽开放、教育文化、金融服务等核心功能，提升城市的集聚、裂变、辐射、带动能力，提升作为全球城市网络

体系节点的能级，加快将郑州打造成为国内一流、国际知名的创新高地、先进制造业高地、开放高地和人才高地。发挥郑州作为"全国大众创业万众创新活动周"举办地的优势，将"中原龙子湖智慧岛"打造成为全国双创名片，营造"大众创业、万众创新"的浓厚氛围，促进创新创业人才交流，形成创新创业新经验、新模式，进一步激发优秀人才的创新创业潜能，推动驻豫单位在郑落地一批重点项目和重大平台。建立柔性引才引智机制，吸纳、集聚、培养创新领军人才和创新团队，实施高层次专业技术人才培养集聚工程。

坚持以开放为动力，提升郑州的区域影响力和国际参与度。高水平推进制度型开放，以国际开放为重点，不断提高郑州的国际交往和参与能力。加快推进郑州航空港经济综合实验区建设和郑州综合保税区改革创新，提升郑州—卢森堡"空中丝绸之路"在国际合作、经济发展、文化交流等方面的品牌优势，加快中欧班列（郑州）集结中心示范工程建设，提升航空口岸承载能力，深化与共建"一带一路"国家和地区的合作交流，增开一批洲际客运航线，争取更多的友好国家、友好城市在郑州成立商贸办事处、签证中心，加快郑州国际消费中心城市建设。

推动郑州制造业高质量发展，打造国家先进制造业基地。继续发挥制造业在郑州国家中心城市建设中的基础性作用，加快发展信息技术、新能源、生物医药、高端装备制造等战略性新兴产业，积极发展人工智能、氢燃料电池汽车、5G及北斗应用等未来产业，壮大"芯屏网端"全产业链，打造世界级智能终端产业集群，促进汽车产业集聚发展，加快推动电子信息、现代食品、铝制品等现有主导产业提档升级。强化数据赋能，以数字产业化和产业数字化为重点方向大力发展城市数字产业体系，培育一批具有核心竞争力的数字产业和平台，全面提升数字发展能力。

优化郑州城市发展空间布局，强化郑州周边县级组团产业支撑，加强各组团与郑州中心城区的快速交通联系，将其打造成为城市功能完善的郊区新城。推进郑州中心城区城市有机更新和品质提升，提升开发强度和人口密度，高标准打造城市核心功能板块，对一般性制造业、物流基地、专业市场等非核心功能逐步进行合理疏解，鼓励和引导优质教育、医疗资源转到郊区新城，提高郊区新城人口承载能力。

二　提速郑州都市圈建设

推动郑州都市圈扩容提质。优化重塑郑州都市圈"1+8"空间格局，加快构建"一核一副一带多点"的空间格局。中心城市引领周边城市形成的大都市圈格局，是当前区域竞争的重要表现形式。郑州都市圈是河南人口迁移和各类要素的集中流向地，是河南城镇化最重要的空间载体，目前郑州都市圈已经获批为国家级都市圈。推动郑州都市圈扩容提质，将开封、新乡、焦作、许昌、洛阳、平顶山、漯河、济源8市纳入郑州都市圈，构建"一核一副一带多点"的城市发展空间格局，有助于放大郑州这一核心城市的影响力，带动周边城市形成"头雁"振翅"群雁"飞的效应。"一核"即郑汴许核心引擎，以郑州国家中心城市为引领，以郑开同城化、郑许一体化为支撑，将兰考纳入郑开同城化进程，发挥郑州航空港经济综合实验区枢纽作用，打造郑汴许核心引擎。"一副"即洛阳、济源深度融合，形成都市圈西部板块强支撑。"一带"即以郑开科创走廊为主轴、郑新和郑焦方向为重要分支，打造以创新为引领的城镇和产业密集发展带。"多点"主要包括新乡、焦作、平顶山、漯河等新兴增长中心。

促进郑州都市圈一体化高质量发展。完善郑州都市圈高快路网体系，加快建设快速路网基础上的都市圈。统筹推进郑州都市圈城际铁路、市域（郊）铁路、城际轨道交通建设，推进城市轨道交通、骨干路网高效接驳，有效缩短全通勤时间至1小时，提高换乘效率，打造建立在"轨道+快速公路"上的都市圈。完善郑州都市圈深度融合发展体制机制，加快建设体制机制衔接基础上的都市圈。健全"重合作、促共赢"的政府协商机制，"重协同、促实施"的规划协调机制，"重分工、促落地"的项目协作机制，"重效率、促顺畅"的要素协同机制，以确保各项机制有效落地实施。提高郑州都市圈公共服务一体化水平，加快建设大中小城市协调发展基础上的都市圈。推动城镇之间的特色化、差异化、专业化发展，缩小城镇之间的公共服务落差，通过分工、协同、重组等过程，优化城镇职能布局，提升所有城镇的宜居、宜业、宜游价值，推动郑州都市圈持续保持对农业转移人口和外来城镇人口的吸纳能力。

三 培育壮大副中心城市

推进洛阳中原城市群副中心城市提级扩能。以实现万亿元级 GDP 为发展目标，发挥洛阳在先进制造、生态环境、人文资源、交通枢纽等方面的资源禀赋优势，聚焦提升洛阳的集聚辐射、交通枢纽、开放门户、协同引领等副中心城市功能，提速提质建设洛阳中原城市群副中心城市。以先进制造业为引领，加快构建现代化产业体系。协调推进传统产业转型升级与新兴产业迅速成长，把先进装备制造、新材料、高端石化等具有坚实发展基础和持续增长趋势的领域作为核心支撑，运用新技术改造提升传统产业，加快推动洛阳传统制造业转型升级。把培育机器人、新能源、生物医药等具有战略前沿性和爆发式增长潜力的产业作为突破口，推进洛阳数字产业化和产业数字化发展，促进更多优势产业领域发展壮大为支柱产业。以科技创新为根本，加快构建多元开放创新体系。用足用活郑洛新国家自主创新示范区政策，强化洛阳在股权激励、科技金融、人才引进与培养、科技成果转化等体制机制方面的先行先试优势，叠加自贸区对外开放和高新区科技创新驱动优势，着力推动体制机制共用、创新政策叠加、服务体系共建，打造"三区"融合的创新策源地。以交通互联互通为先导，加快完善洛阳基础设施体系。协同推进城际铁路、高速公路、城市轨道交通、区域快速路网建设，加快构建"十"字形高铁通道，实施洛阳机场改扩建工程，将洛阳打造成为全国重要的综合交通枢纽。以河洛文化为核心，加快构建文旅深度融合体系。积极融入黄河国家文化公园、大运河国家文化公园体系，塑造"盛世隋唐""国花牡丹"等洛阳特色文化品牌，创新发展新产品、新业态，壮大文旅文创龙头企业、文创园等市场主体，建设全国区域性石窟寺保护研究基地和国家级河洛文化生态保护区。以对内对外开放为导向，加快完善包容、多元、开放的服务体系。加强洛阳与海外特别是共建"一带一路"、RCEP 等国家和地区的合作，密切与省外特别是长三角、珠三角等经济发达地区的联系，形成多层次、宽领域、全方位的开放新格局。以协同互补为基础，加快构建区域联动合作体系。加强洛阳与其他周边地区联动发展，强化洛阳与周边三门峡、济源、平顶山及焦作部分地区的联动发展，增强洛阳带动中原城市群西部区域的辐射能力。

提升南阳省域副中心城市辐射带动能力。健全南阳国土空间规划体系，坚持全市域一体化布局，全面加快实施一批具有支撑性、引领性、带动性的基础设施建设项目，做强做大南阳中心城区，全面提升其城市辐射力、承载力、带动力。强化南阳的产业支撑，坚持制造业高质量发展主攻方向，推动南阳精密制造、绿色食品、电子信息等产业率先突破，建成千亿元级产业集群，蓄势发展生物产业、新型建材产业等千亿元级产业集群和若干五百亿元级以上及一批百亿元级以上特色产业集群。支持南阳创建全国小微企业创业创新基地示范城市，培育一批具有核心竞争力的专精特新企业和"瞪羚"企业。大力发展南阳中医药产业，支持南阳建设国家中医药综合改革试验区，高标准恢复建设张仲景国医大学，提升"八大宛药"规模、品质。加快补齐南阳服务经济短板，鼓励制造企业服务延伸，积极发展区域型会展经济、金融服务、中介服务等商务经济，支持南阳优质商业企业多址经营、连锁发展，优化城镇商业布局，提升商业消费品质，大力发展"首"经济、"免"经济。完善南阳现代综合交通运输体系，补齐交通短板。加快推进呼南高铁豫西通道建设，加快推动途经南阳的"宁西高铁"落地，加快推动阜阳—驻马店—南阳—十堰等线路尽早进入国家规划，积极审慎谋划城市轨道交通，加快航空枢纽优化布局和水运交通建设，争取将南阳打造成为外通内畅的豫鄂陕交界地区综合交通枢纽城市和国家区域综合交通枢纽。加快南阳新型数字基础设施建设，推动大数据与综合交通运输深度融合。发挥南阳绿色优势，实施南水北调中线工程丹江口库区石漠化治理等生态保育工程，守好生态屏障、守牢生态安全，确保"一泓清水永续北上"。发挥南阳生态环境、传统文化等优势，打造南水北调中线水源地区、豫南高效生态经济区商旅服务中枢，优化文旅线路、丰富文旅产品、创新文旅体验，建设健康养老基地，大力发展文旅、康养产业。联动省际毗邻地市发展，发挥南阳作为南水北调中线水源地区协同创新发展中心城市作用，促进深化南水北调对口协作，不断加强南阳与湖北襄阳、陕西商洛等地的联动发展。

四 强化区域发展多极支撑

培育壮大若干区域中心城市，打造豫西、豫南、豫东和豫北四大城镇协同发展区，形成各具特色的发展引擎，强化新型城镇化发展的多极支撑。统筹考虑区位交通、产业基础、发展潜力等优势，支持安阳、鹤壁、濮阳、三门峡、商丘、信阳、周口、驻马店等辐射带动能力强的城市发展成为区域中心城市。建立完善区域协同发展机制，强化跨市域交通对接、功能衔接、产业连接，吸引人口、经济要素加速集聚，打造豫西、豫南、豫东和豫北四大城镇协同发展区，提升区域竞争合作能力。以洛阳中原城市群副中心城市为引领，推进洛阳与豫西的济源协作联动发展，支持设立洛济融合发展示范区，加快洛济一体化发展，促进洛阳、济源、三门峡协同发展，将洛阳、济源和三门峡作为一个整体打造成为豫西转型创新发展示范区。以南阳省域副中心城市为引领，与信阳、驻马店协作互动，提升交通枢纽、产业创新、文化交往等功能，加快构建绿色产业体系，建设豫南高效生态经济示范区。支持商丘、周口依托战略通道和水运等优势，联动向东推进开放协作，建设豫东承接产业转移示范区。密切安阳、濮阳、鹤壁之间功能和产业联系，加快区域资源综合利用和产业协同转型，打造豫北跨区域协同发展示范区。

释放城镇化滞后地区的发展潜力。加快革命老区振兴发展，完善大别山、太行山等革命老区现代特色产业园区的平台功能，推动符合条件的新兴产业向革命老区优先布局，依托革命老区"红、绿、特"资源优势，因地制宜发展特色种养业、康养和大健康产业。补齐大别山、太行山等革命老区的现代化基础设施和公共服务短板，消除革命老区基础设施欠账较多、公共服务保障能力较弱等突出问题。在革命老区率先进行生态产品价值实现机制试点，通过加大转移支付力度和生态补偿，以生态价值转换促进共同富裕。合理开发利用革命老区红色资源，以红色资源为特色打造一批经典红色旅游线路、红色旅游景区和爱国主义教育研学游基地，促进革命老区全域旅游发展。在大别山、太行山、伏牛山等具有生态资源优势、红色资源优势的区域创建践行生态文明的绿色发展示范区、红色文化传承示范区、国家级风景名胜区和红色旅游融合发展示范区，实现革命老区的绿色发展和共同富裕。加快提升信阳等革命老区重点城市规模能级，创建革命老区高质量发展示范区，探索与安徽、湖北境内的大别山革命老区协作互动发展。

第二节　加快推进以县城为重要载体的
新型城镇化

河南坚持把县域治理"三起来"作为根本遵循，大力推进新发展格局下县域经济高质量发展，因地制宜补齐县城短板弱项，激发县域发展活力，提升县城发展质量，建设各具特色、富有活力、宜居宜业的现代化县城，更好地满足农民到县城就业安家需求和县城居民生产生活需要。

一　推动县域经济高质量发展

根据宜水则水、宜山则山，宜粮则粮、宜农则农，宜工则工、宜商则商原则因地制宜发展县域经济，着眼国内国际双循环、现代产业分工大体系，找准县域经济高质量发展的关键路径，明确县域经济的产业定位，厚植比较优势，壮大优势产业集群和特色产业集群，在县域培育探索头部带动型、配套基地型、块状集群型、流通贸易型、专精特新型等各具特色的发展模式，建设一批经济强县。中牟、荥阳、新密等 25 个优化开发县（市）突出转型提质，壮大优势产业集群，强化主导产业链式配套、基础设施统一构建，形成与中心城区梯度发展、优势互补的产业体系和联建共享、畅通快捷的交通体系。杞县、通许、新安等 65 个重点发展县（市）突出特色高效，稳固粮食生产能力，积极发展特色产业集群，由农业生产基地加速向制成品加工基地转变，以新型工业化促进农业农村现代化。栾川、嵩县、卢氏等 12 个生态功能县（市）突出环境保护，树立全域一体的大生态发展理念，提升重要生态产品供给能力，发展资源环境可承载的适宜产业，增强生态、文化、旅游和产业配套综合功能。

二　持续增强"一县一省级开发区"载体功能

加快完善开发区体系，依托县域内现有国家级和发展基础好的省级开发区，推进区域范围内各级开发区整合，形成布局合理、错位发展、功能协调的发展格局。在开发区推行"管委会（工委）+公司"先进管理模式，构建扁平化的管理体系，为开发区的创新创业提供强劲动力，将开发区建设成为县域经济发展的主阵地、主战场、主引擎。推动开发区产业升级，加强分类指导，对于工业基础较好的县（市）来说，可以加快壮大优势产业集群；对于农业基础较好的县（市）来说，要在保障粮食安全的基础上发展特色产业集群；对于生态功能突出的县（市）来说，要在确保生态安全的前提下探索生态产品价值实现的多种形式，发展资源环境可承载的适宜产业。推动开发区融入中心城市产业链供应链，鼓励开展跨区域合作，共建产业园区和发展"飞地"经济。引导支持开发区布局建设各类创新平台，完善创业创新孵化和成果转移转化机制，构建开发区创新生态体系。

三 推动县城扩容提质

持续开展县城补短板强弱项行动，加快补齐县城在公共服务、环境卫生、市政公用设施、产业培育设施等方面的短板弱项，吸引农业转移人口就近就地城镇化。推进县城扩容提质，推动常住人口过100万人的县，按照中等城市的标准、规模、建制来打造县城，支持永城、林州、项城、长垣、新郑、禹州、巩义、固始、荥阳、邓州等县城发展成为中等城市。发挥兰考、鄢陵、新安、南乐、新郑5个全国县城新型城镇化建设示范县（市）带动作用，促进人口集聚、产业集中和功能集成。

强化小城镇连接城乡纽带作用。因地制宜发展特色鲜明、产城融合、充满魅力的小城镇。引导区位优势明显、资源禀赋独特的小城镇发展成为先进制造、交通枢纽、商贸流通、文化旅游等专业功能镇；促进远离中心城区的小城镇发展成为服务乡村、带动周边的综合性小城镇，增强其对周边乡村的辐射带动作用。推动乡镇基础设施向农村延伸、公共服务向农村覆盖，构建以乡镇政府所在地为中心的农村居民半小时生产生活圈。小城镇在交通、市政、通信、防灾减灾等基础设施由乡镇向农村延伸覆盖的过程中应遵循适度超前、量力而行的原则，通过城乡基础设施、公共服务的共建共享加快提高居民生活服务便利化程度。引导小城镇积极对接中心城市发展需求，融入产业链条，逐步发展成为卫星镇，推动周边农民就近就地城镇化。

促进特色小镇规范健康发展。特色小镇建设要因地制宜、分类施策，围绕先进制造、科技创新、创意设计、数字经济、创投基金、金融服务、商贸流通、文化旅游、体育运动、三产融合等产业类型，培育建设一批产业特而强、功能聚而合、形态小而美、机制新而活的精品特色小镇。对于已经有一定规模和影响的小镇要着力完善基础设施、社区服务、商业服务和交通站点，因地制宜开展绿化、亮化、美化，打造彰显地域特色的建筑，促进产业、旅游、文化的多种功能融合。

四　深化县域放权赋能改革

加大赋权力度，扩大县域经济发展自主权。以放权赋能改革牵引营商环境优化，加快推动县域经济"成高原"。围绕"能放尽放"这一赋权原则，充分赋予县（市）审批权限，着力构建市县一体化、扁平化的审批机制，力求放权赋能做到"放得下、接得住、程序简、有监管、运行畅"。积极推动符合条件的县和常住人口在20万人以上的特大镇设市，赋予其同人口规模和经济社会发展相适应的管理权。稳步推进撤县（市）设区、撤乡设镇。优化省直管县（市）体制，全面推行省直管县财政管理体制改革，加快在省、市、县之间形成权责清晰、财力协调、区域均衡的财政关系。推进县域开放型经济体制改革，实施审批服务事项权力清单和监管清单"一单规范"管理，全面推进"一网通办"。优化营商环境，积极探索招商服务新模式，为企业经营和项目落地排忧解难，助力县域经济高质量发展。

第三节　加快推动农业转移人口全面融入城市

深化户籍制度改革，完善农业转移人口市民化配套政策，促进农业转移人口就业，加快推进农业转移人口全面融入城市，切实提升农业转移人口市民化质量，推动常住人口全面享有高质量城市基本公共服务，真正让农业转移人口"离得开、进得来、留得住、过得好、融得进、可持续"。

一　畅通农业转移人口市民化的制度性通道

提升河南城市户籍人口城镇化率的重点是畅通农业转移人口市民化的制度性通道，让数量庞大的农业转移人口能够留在城市安家落户。首先，重点考虑农村大学生、参军转业、新生代农民工等群体，吸引这部分群体中有能力有意愿在城镇稳定就业的重点人群顺利落户。其次，进一步放宽其他城市和郑州中心城区落户条件，抓住吸引人口重要窗口期，推动在城镇具有稳定就业和稳定住所的农业转移人口顺利落户。完善人口管理制度，建立常住地登记户口制度，提高户籍登记、迁移便利度，促进人口自由流动和迁徙。最后，按照农业转移人口的流动趋势，推行由常住地登记户口提供基本公共服务制度，剥离以往附着在户籍上的、用以分割城乡的配套政策，形成城镇常住人口与城镇户籍人口在住房、教育、社保等方面享有平等无差别服务的制度，真正消除城镇常住人口和城镇户籍人口的公共服务差别。

二 推动城镇基本公共服务均等化

健全由常住地登记户口提供基本公共服务制度，使农业转移人口教育、医疗等基本公共服务需求得到有效满足。加强农业转移人口随迁子女教育保障，建立按常住人口规模配置教育资源机制，增强保障农业转移人口随迁子女在学前阶段、高中阶段进入公办学校就读的能力。提升农业转移人口就业公共服务水平，制定农业转移人口精准就业帮扶解决方案。支持农业转移人口紧跟产业转型升级需求，从事互联网营销、移动出行、数字娱乐等新业态，推动实现产业与劳动力精准匹配，加大对个体经济、新就业形态的支持力度。健全农业转移人口就业创业机制，解决进城农民就业问题。健全劳动合同制度和劳动关系协调机制，完善欠薪治理长效机制和劳动争议调解仲裁制度，探索建立新业态从业人员劳动权益保障机制。畅通失业人员求助渠道，健全失业登记、职业介绍、职业指导、生活保障联动机制。加强农业转移人口社会保障，全面落实企业为进城务工人员缴纳职工社会保险费用制度，支持有意愿、有缴费能力的灵活就业和新就业形态的农业转移人口参加城镇职工基本养老和医疗保险。鼓励有条件的县（市、区）将城镇常住人口全部纳入住房保障政策范围，帮助能进城、愿进城的农民更好融入城市。

三 提高农业转移人口劳动技能素质

围绕重点群体就业实施精准职业技能培训，提升职业教育和技能培训质量。统筹发挥企业、职业院校、技工学校等的作用，聚焦智能制造、信息技术、医疗照护、家政、养老、托育等用工矛盾突出的行业和网约配送、直播销售等新业态，持续大规模开展面向新生代农民工等进城务工人员的职业技能培训，提升农业转移人口在城市稳定就业的能力，增强农业转移人口在城市扎根落户的安全感。完善技能人才培养、评价、使用激励机制，建立健全职业技能等级与薪资待遇挂钩机制，培养更多高素质技能人才、能工巧匠、大国工匠。加强进城务工人员就业创业服务，推进劳务输出工作信息网络建设，提升用工培训、管理维权等服务质量，持续开展"春风行动"等公共就业服务专项活动。扩大职业院校招收农业转移人口规模，依托职业教育国家学分银行，建立"学历证书+职业技能等级证书"制度，推动各类学习成果认证、积累和转换，畅通农业转移人口向上通道。

四 完善农业转移人口市民化配套政策

农业人口向城市转移是农业农村现代化的必然选择，推进新一轮农业转移人口市民化行动要着力完善配套支持政策和激励机制，创造良好条件吸引农民进城。健全城镇建设用地增加规模与吸纳农业转移人口落户数量挂钩机制，加快构建科学合理的人地挂钩机制和政策。完善财政转移支付与农业转移人口市民化挂钩机制，使中央预算内投资和中央财政专项转移支付安排能够向吸纳农业转移人口落户多的城市倾斜。对进城落户农民的宅基地使用权、土地承包权以及集体收益分配权，在保障其权益的基础上鼓励依法自愿有偿转让，进而提升农业转移人口进城生活的能力与底气，推动具备条件、有意愿的农业转移人口及其他常住人口进城落户。

第四节 加快打造城镇居民高品质生活空间

坚持人民城市人民建、人民城市为人民，统筹发展与安全，建设宜居、韧性、创新、智慧、绿色、人文城市，打造高品质生活空间。

一 建设便捷舒适的宜居城市

以人性化、便捷化为导向，科学配置公共资源，统筹安排城市建设、产业发展、基础设施和公共服务，优化完善城市功能，提高城市宜居水平。提升公共服务能力，加快市政配套设施和康养、育幼、文体等公共服务设施改造，构建城镇社区"15分钟公共服务圈"，全面提升居住社区公共服务覆盖率，让各类优质的公共服务近在咫尺。弥补城市优质医疗资源短板，加快教育资源均衡配置，提升文化馆、体育场馆等基本公共服务水平。完善市政公用设施，优化城市道路网络功能和级配结构，优化公交地铁站点线网布局，完善"最后一公里"公共交通网络。推进城市步道和自行车道合理改造与建设，合理布局公共停车场，构建适度超前、车桩相随的公共充电网络。结合水、电、气、暖、通信等管网更新改造，因地制宜协同推进地下综合管廊建设。完善住房市场体系和住房保障体系，加快建立多主体供给、多渠道保障、租购并举的住房制度，加大住房保障力度，满足新市民和住房困难群众的基本住房需要。培育发展住房租赁市场，完善长租房政策，逐步使租购住房在享受公共服务上具有同等权利。实施城市更新行动，重点推进老旧小区、老旧厂区、老旧街区、城中村等城市更新行动，坚持体检评估先行，针对各类"城市病"确定城市更新内容和方案。

二　建设安全可靠的韧性城市

加强城市"里子工程""避险工程"建设，开展燃气管网、交通物流、供电供水、信息通信、电力系统、热力管网等风险隐患排查，强化老旧管道检测评估，滚动实施更新改造项目，全面消除安全隐患。科学利用地下空间，合理规划布局应急避难场所，提升体育场馆等公共建筑和设施的应急避难功能。推动数字孪生城市建设，加快推进城市地上、地面、地下设施数字化建设，全面提升城市安全系数。加强城市内涝治理，统筹推进城市防洪排涝设施建设和提标改造，建设自然积存、自然渗透、自然净化的海绵城市，有效减少城市建成区内涝现象发生。提高城市公共卫生防控救治能力，加强疾病预防控制机构能力建设，推进综合医院和疾控中心提标改造，增强传染病科室和重症监护室诊疗救治能力，健全传染病疫情和突发公共卫生事件监测系统，提升疫情发现和现场处置能力。加强重大突发公共卫生事件应急物资储备、技术储备和产能储备，完善应急响应体系。健全城市应急管理体系，完善安全生产、消防、森林防灭火、防汛抗旱、防灾减灾、灾难救助、地震地质灾害等工作的部门联动协同机制，提升突发事件应急处置能力。建设豫中、豫中南、豫东、豫西、豫南和豫北六个区域性综合应急救援保障基地，完善区域应急联动机制。

三　建设更具活力的创新城市

发挥城市集聚创新要素主要载体作用，增强城市创新能力。加快构建产业创新发展格局，持续推进国家创新型城市建设。提升郑州创新首位度，引导洛阳、南阳副中心城市布局专业型产业创新基地，支持商丘、安阳、信阳等加大产业创新资源引进力度，打造新兴产业创新发展策源地。推动科技、商务、金融、文化等产业创新与城市功能布局融合互动，打造创新街区。强化创新平台载体建设，加快嵩山实验室、神农种业实验室、黄河实验室和省产业研究院、中试基地等建设，布局量子信息技术基础支撑平台等大科学装置，抢占人工智能、仿真机器人等未来产业发展先机。建设"楼上楼下"创新创业综合体，让科技创新成果与市场、产业无缝衔接。完善科技金融服务体系，营造一流创新生态。完善青年人才引进政策体系，实施青年安居保障工程，提高青年人才配偶就业、子女入学、医疗等方面的保障水平，吸引会聚青年人才。

四 建设数字孪生的智慧城市

加快布局数字基础设施，以数字化赋能城市高质量发展。一方面，对重大科技基础设施、科教基础设施、产业技术创新基础设施等进行前瞻布局，加快部署建设5G/6G、千兆光纤宽带、互联网协议第六版（IPv6）、数据中心、云边端设施、工业互联网、人工智能、超级计算中心等通信网络基础设施、新技术基础设施以及算力基础设施。另一方面，对交通、能源、水利、生态等传统基础设施进行智能化升级和智慧化改造，推动经济社会数字化转型。构建安全统一的数字孪生智能底座，夯实城市数字孪生治理的技术基础。丰富数字技术应用场景，把广大市民生活的痛点、营商环境的堵点、城市治理的难点，作为城市数字孪生应用场景开发的重点，聚焦交通出行、生态环保、防灾减灾、垃圾处理、健康养老、供水供电等重点领域，构建智慧交通、智慧城管、智慧安防、智慧应急、智慧水务、智慧能源、智慧政务等数字孪生技术城市应用场景体系。加快数字政府建设，推行政务服务"一网通办"，提高市场监管、税务、证照证明、行政许可等线上办事便利化程度。推行公共服务"一网通享"，促进学校、医院、养老院、图书馆等公共服务机构资源数字化，提供全方位即时性线上公共服务。

五 建设美丽低碳的绿色城市

优化城市生态空间，丰富优质生态产品供给。依托山水林田湖草沙等自然基底建设城市生态绿色廊道，提高森林公园、湿地公园、郊野公园覆盖率，保护城市内部及周边地区的山地、林地、湿地，保持城市生态用地规模，让城市绿水青山常驻。加强城市中心区、老城区园林绿化建设和绿地品质功能提升，形成点状绿色空间与线性绿道相结合的绿色服务网络。促进产业绿色发展，以实现碳达峰碳中和目标为引领，加快构建绿色低碳产业体系。面向"双碳"未来，加快对石化、化工、钢铁、有色、电力、建材等重点高耗能行业和企业进行节能降碳改造，推动产业园区和产业集群开展绿色低碳循环化综合改造，促进能源梯级利用。积极发展低碳高效产业，培育壮大智能装备、生物医药、节能环保、新能源汽车等战略性新兴产业。大力发展太阳能、风能、水电、生物质能等清洁能源，构建以新能源为主体的城市能源生产和消费系统。加快许昌、三门峡等"无废城市"建设，提高资源循环利用水平。大力发展绿色建筑和装配式建筑，加快推进对既有建筑、老旧建筑的绿色节能改造。倡导绿色生活方式，积极开展绿色出行创建活动，鼓励有条件的城市沿河流、绿廊、绿楔等打造城市绿道，完善慢行交通系统，提升市民骑行、步行体验，让绿色出行成为一种时尚生活方式。积极创建城市绿色社区，培育社区绿色文化。

六 建设极富魅力的人文城市

完善城市历史文化资源保护体系。河南是国内大遗址分布最为密集的省份，拥有一批文物价值高、代表性强、影响力大的遗址，如史前文明遗址、古代都城遗址、帝王陵寝等，河南要加强对这些遗址的系统考古研究和发掘保护。河南是农业大省，农业水利历史文化体现了中国农耕文化的深厚底蕴和独特价值，因此要对治水兴水历史文化、农业起源及发展脉络进行资源普查，提高水利文化、农耕文化、红色文化等重要文化遗产的保护展示水平，更好地展现河南作为中国农耕文化重要发源地的特色和贡献。传承城市历史文脉，用历史文化为城市发展赋能。文化是城市的灵魂，也是城市发展的重要推动力。深入挖掘城市的文化底蕴和时代内涵，在延绵流淌的历史中寻找城市的文化品格，从中提炼出既能够体现城市历史传统，又能够适应新时代发展要求的价值理念与人文精神，让城市文化在传统与现代、继承与发展中得到融合提升。对历史文化街区、名镇、名村和传统村落民居开展区域性整体保护利用，保持和延续其传统格局和历史风貌。尤其要保护洛阳、郑州、开封、濮阳、商丘等国家历史文化名城的整体格局和传统空间特色，营造"记住历史、留住乡愁"的文化氛围。高标准建设一批大遗址保护展示工程、遗址博物馆、考古遗址公园，加强对仰韶文化遗址、大河村遗址、二里头遗址、郑州和偃师商城遗址等的研究、保护、展示和宣传，规划建设三门峡—洛阳—郑州—开封—安阳世界级大遗址公园走廊，向世界展示中华文明从起源到国家形成再到"大一统"国家观念形成发展的历史脉络。依托自然标识、水利工程、重要文化遗址遗迹等重要资源建设核心文化街区。郑州、洛阳、开封、安阳等城市历史文化积淀深厚，对这些城市的优秀历史建筑、历史文化街区等具有重要开发价值的历史文化资源加以活化利用，打造城市文化新地标。推动文化地标和旅游、文化创意、网络技术等融合发展，形成新的城市文化记忆。强化公共文体服务供给，加强全民健身场地设施建设，丰富文化惠民活动。

第五节　加快促进城乡深度融合发展

坚持以工补农、以城带乡，促进城乡要素双向自由流动和公共资源合理配置，缩小城乡发展差距和居民生活水平差距，形成工农互促、城乡互补、协调发展、共同繁荣的新型工农城乡关系。

一　推动城乡发展要素合理配置

发挥许昌国家城乡融合发展试验区的带动效应，促进城乡要素自由流动和公共资源合理配置。推动城乡融合发展，深化土地制度改革是非常关键的影响因素。农村土地制度改革要以赋权赋能为核心，进一步完善农村承包地制度改革，稳定农户承包权，进一步巩固农村基本经营制度。继续深化落实农村土地"三权分置"制度改革，推广巩义、长垣、孟津、宝丰、新县等全国农村宅基地改革试点的实践经验，盘活农村闲置宅基地和闲置房屋，不断探索农民宅基地所有权、资格权、使用权"三权分置"新的有效实现形式。完善农村集体经营性建设用地的价格机制、交易规则和收益分配机制，为城乡土地市场的一体化积累经验。开拓乡村建设多元化融资渠道，积极争取国家城乡融合发展基金，鼓励有条件的地方设立城乡融合发展专项资金，加大对城乡融合发展项目的支持力度。加大财税支持力度，引导社会资本广泛参与乡村产业发展和生态文化建设，健全农村金融市场，撬动更多金融资本和工商资本投向农村，鼓励各类金融机构为农业和涉农产业提供融资优惠。健全农业融资担保体系，开展农村集体经营性建设用地使用权、农村宅基地、集体林权等抵押融资以及承包地经营权、集体资产股权等担保融资。加快科技成果入乡转化，完善农业科技成果入乡转化激励机制，使科研人员能够合法享有涉农科技成果所有权、使用权和收益分配权，通过提供增值服务合理取得报酬。引导城市人才入乡发展，推广科技特派员制度，壮大涉农科技人才队伍。建立科研人员入乡兼职兼薪和离岗创业制度，为乡村建设行动提供技术支撑。通过职称评定和工资待遇等政策激励城市教文卫体等工作人员服务乡村，支持有技能有管理经验的农民工等人员返乡入乡创业。

二 提升乡村建设与治理水平

强化规划引领。推进城乡一体化规划设计，强化县域国土空间规划对城镇、村庄、产业园区等空间布局的统筹，顺应城镇化发展趋势和未来乡村人口变化趋势进行村庄布局、产业结构和公共服务配置优化，既要保障基本民生需求，又要避免村子建好人却都迁走了，造成巨大浪费。持续改善农村人居环境。加强农村生态文明建设，开展农村人居环境整治提升行动。生活污水垃圾治理和农村厕所是影响农村人居环境的关键，要下大力气实施农村厕所改造，健全农村生活垃圾分类收运处置体系和再生资源回收利用网络体系，一体化推进乡村生态保护修复，让农村天更蓝、地更绿、水更清。实施农村基础设施补短板行动。提升农村供水水质，推进城乡供水一体化、集中供水规模化。推进城镇基础设施向乡村延伸。推进农村电网巩固提升工程，加强重点村镇新能源汽车充换电设施规划建设。实施"气化乡村"工程，推动城区管道天然气向重点乡镇、农村新社区延伸，基本实现全省重点乡镇燃气管网全覆盖。完善县域城乡物流体系，发展联结城乡的冷链物流、配送投递、电商平台和农贸市场网络。改善交通管理和安全防护设施，改造农村公路危桥，加强农村资源路、产业路、旅游路建设，推动"四好农村路"提质扩面，实施农村危房改造和农房抗震改造。持续实施数字乡村发展行动，发展智慧农业，缩小城乡"数字鸿沟"。完善农村公共服务体系，促进城乡基本公共服务普惠共享。深化完善乡村公共服务队伍补充机制，推动职称评定、工资待遇等向乡村岗位倾斜，为乡村振兴培育优秀人才队伍。优化公共教育服务供给，推进义务教育教师"县管校聘"改革，积极推行"学校联盟""集团化办学"等城乡教育联合模式。加强乡镇卫生院和村卫生室服务能力建设，实施基层医疗卫生能力提升工程，提升防病治病、健康管理和传染病防控处置能力。深化紧密型县域医疗共同体建设，提高县域医疗卫生服务一体化均等化水平，大力发展远程诊疗，推行基层卫生人才"县管乡用""乡聘村用"制度。健全农村养老服务体系，健全县、乡、村衔接的三级养老服务网络，发展农村普惠型养老服务和互助式养老，鼓励发展农村老年助餐和互助服务。加强农村生育支持和婴幼儿照护服务，做好流动儿童、留守儿童、妇女、老年人、残疾人等关心关爱服务。提升乡村治理水平，健全党组织领导的自治、法治、德治相结合的乡村治理体系，确保农村社会稳定安宁。

三　扎实推动城乡共同富裕

促进农民就业增收，促进农村劳动力多渠道就业，增加农民工资性收入。畅通劳务输出通道，健全跨区域信息共享和有组织劳务输出机制，培育壮大"河南护工""河南建工""豫菜师傅"等劳务品牌。鼓励产业园区、农业龙头企业、小微企业以多种形式提供就业岗位，加强乡村公益性岗位开发，引导农村劳动力转移就业和就地就近就业。增加农民经营性收入，发展农民合作社和家庭农场，引导龙头企业与农民共建农业产业化联合体，让农民分享加工销售环节收益。培育专业化社会化服务组织，帮助小农户节本增收。增加农民财产性收入，丰富创新集体经济发展形态，促进村级集体经济发展壮大，鼓励以出租、合作开发、入股经营等方式盘活利用农村资源资产，比如可以将宅基地改造成民宿酒店以及其他经营性场所，实现"资源变资产、资金变股金、农民变股东"，以此提高经济收益。发挥粮食生产优势，深化粮食收储制度改革，使农民的"好收成"变成"好收益"。健全农民种粮直接补贴政策，保护农民种粮积极性，保障种粮收益。完善现代乡村产业体系，推动三产融合和农业农村农民的全面深度融合发展，通过产业链延伸、功能拓展等方式发展"互联网+""旅游+"
"生态+""康养+"，推进农业与旅游、教育、体育、养生等产业深度融合，
助力乡村全面振兴。加强对低收入困难群体的就业帮扶和困难救助，建立
农村低收入人口发现、跟踪监测和快速响应机制，实现对低收入困难群体
的精准帮扶。加强城镇低收入群体生活保障，推动城乡居民社会保险与社
会救助制度相衔接，织密兜牢困难群众基本生活保障底线。

第六节　加快推进城市治理体系
和治理能力现代化

　　树立全周期管理理念，聚焦空间治理、社会治理、人口服务、投融资
等领域，提高城市治理科学化、精细化、智能化水平，推进城市治理体系
和治理能力现代化。

一　加强城市空间治理

　　优化城市空间结构和城市形态，合理确定开发强度，推进城市空间治
理现代化。发挥国土空间规划的基础性作用，划定落实耕地和永久基本农
田、生态保护红线和城镇开发边界。坚持以水定城、以水定地、以水定人、
以水定产，根据水资源承载能力优化城市空间布局、产业结构和人口规模。
优化居住、工业、商业、交通、生态等功能空间布局，适当提高居住用地
比例。合理控制老城区开发强度，推动新城新区高质量高标准建设，统筹
布局各类市政公用设施和公共服务设施，促进产城融合、职住平衡。建立
地下空间开发与运营管理机制，推行分层开发和立体开发。推动开展城市
设计，塑造城市特色风貌。根据城市建设与自然山水之间的关系构建城市
开敞空间系统、生物迁徙等重要廊道以及天际轮廓线。对城市标志节点、
建筑风格、色彩、街道界面等提出导控要求，严格控制新建超高层建筑，
构建错落有致、疏密有度、显山露水、通风透气的城市总体空间格局。加
强城市中心区、新区核心区、旧城更新区、交通枢纽地区、滨水地区、沿
山地区以及历史风貌与遗产保护区等城市重点地区的公共空间与建筑设计
引导，促进新老建筑体量、风格、色彩相协调。落实适用、经济、绿色、
美观的新时期建筑方针，优化建筑形态组织，合理配置人性化服务设施和

公共空间。

二　提升城市社会治理水平

提高城市街道社区治理水平，完善党委领导、政府负责、群团助推、社会协同、公众参与，自治、法治、德治、数治相结合的城市基层社会治理体系。坚持党对基层治理的全面领导，强化和巩固党建引领基层治理作用。培育社区社会组织，深入开展志愿服务活动。推进城乡社区公共服务综合信息平台建设，打造数据驱动、人机协同、跨界融合的智能化治理模式。完善网格化管理服务，畅通群众诉求表达、利益协调、权益保障通道。加强社会工作专业人才队伍建设，健全社区工作者职业体系，提高物业服务管理水平。推动人文关怀进家庭，针对困难群体和特殊人群建立"一对一"帮扶机制。完善社区应急组织体系和工作预案，加强防灾减灾知识宣传和应急演练。防范化解社会矛盾风险。践行新时代"枫桥经验"，构建源头防控、排查梳理、纠纷化解、应急处置的社会矛盾综合治理机制。建设"一站式"矛盾纠纷多元调处平台，健全"一站式"多元化解决机制，推动矛盾纠纷调处"最多跑一次"。加强行业性、专业性调解组织建设，拓展第三方参与人民调解途径，推广"流动调解""网络调解"，培育"金牌调解员"。健全社会心理服务体系和危机干预机制，针对重点人群加强帮扶救助、法律援助、心理疏导、社会融入、社区康复等服务。加强社会治安防控体系建设，动员全民参与社会治安防范，织牢织密社会治安防控网格体系。

三　深化城市治理体制机制改革

创新人口服务管理制度。以"一老一小一青壮"为重点，建立健全从出生到老年、涵盖全生命周期的人口服务体系，促进人口高质量发展。构建生育友好环境，促进人口结构逐步优化，实现人口长期均衡发展，为河南发展提供坚实基础和持久动力。优化生育政策，实施生育支持配套措施，落实产假、护理假、育儿假等生育支持政策，推动实现适度生育水平。加快完善普惠育幼服务体系，降低生育、养育、教育成本，使幼有所育服务水平与人民群众对美好生活的需要相适应。积极推进老年友好型社区建设，建立以社区为平台、社会组织为载体、社会工作者为支撑的居家社区养老服务机制，加快完善养老服务设施。支持社会力量投资兴办养老服务机构，逐步提高养老机构床位补助和运营补贴，健全养老服务标准体系，提升标准化、规范化水平。为老年人提供系统的健康管理，推动医院设立老年医学科，完善适老化医疗设施，为老年人提供就医绿色通道，方便老年人就医。积极倡导青年优先发展理念，聚焦青年就业创业、租房住房、婚恋生育、身心健康、权益维护等需求，制定配套支持政策，构建青年友好发展型城市，努力让城市对青年更友好、让青年在城市更有为。完善投融资体制机制，强化企业投资主体地位，放宽放活社会投资，引导社会资本参与城市开发建设运营。发挥政府投资引导作用和放大效应，推动政府投资聚焦公共领域、公益性项目。提升财政资金预算管理水平，确保建设项目综合收益平衡稳定。加强政府信用评级和投融资风险定价指导，有效防范各类债务风险。优化行政资源配置和区划设置，科学配备、动态调整人员编制，优先满足贴近群众生产生活的社会管理、公共服务等领域的编制需求。推进市辖区结构优化和规模适度调整，加快省辖市市区范围内撤乡镇设街道。

第十三章 以人为核心推进新型城镇化的
新改革、新保障

　　未来一段时期，河南仍处于城镇化快速发展期，城镇化动力依然较强，与此同时，城镇化发展面临的机遇动力和问题挑战并存，城镇化的质量需要得到进一步提升。党的二十届三中全会明确提出要统筹新型工业化、新型城镇化和乡村全面振兴。党的部署为新时期河南深入推进以人为核心的新型城镇化战略提供战略指引和基本遵循。河南要以贯彻落实党的二十届三中全会精神为契机，以转变城市发展方式为主线，以体制机制改革创新为根本动力，全面提高城乡规划、建设、治理融合水平，围绕要素顺畅流动、城乡融合发展、城市现代化治理等推出一批改革创新举措，着力化解河南新型城镇化发展不平衡、不充分的突出问题。同时，新时期以人为核心的新型城镇化建设是一项系统工程，应强化顶层设计和协调配合，注重全局性谋划、战略性布局、整体性推进，充分激发政府、市场、社会组织和公众等多元主体的参与积极性，凝聚各方力量，形成推进合力。

第一节 创新现代人口服务管理制度

　　作为全国人口总量第三的人口大省，河南在推进以人为核心的新型城镇化进程中，尤其需要立足人口发展实际，以提高人的获得感、幸福感和安全感为着眼点，顺应人口结构变化，响应多元人群的差异化需求，不断完善适应城乡人口流动的体制机制建设和政策配套，推动城镇化健康、高效、可持续发展。

一 全面深化户籍制度改革

　　户籍制度是我国特有的人口管理制度，由于户籍本身具有赋予公民身份证明、各种公共福利附着等多重功能，户籍制度也成为一项与资源配置和利益分配直接相关的制度设计。户籍制度改革不仅影响居民个体的就业、教育、社会融合等方方面面，也深刻影响人口流动格局和城镇化进程。户籍制度改革过去是，现在仍然是新型城镇化进程中最重要的改革课题之一。

党的十八大以来，党中央、国务院不断完善农业转移人口市民化的顶层设计，密集出台一系列重大户籍制度改革措施，户籍相关配套政策逐步完善，户籍制度改革取得历史性成就，常住人口在城镇落户的规模和效率得到明显提升。党的二十届三中全会对户籍制度改革做出进一步部署，提出要推行由常住地登记户口提供基本公共服务制度，加快农业转移人口市民化。近年来，河南顺应农村劳动力大量向城镇转移就业的发展趋势，出台《河南省公安厅关于进一步放宽户口迁移政策深化户籍制度改革的通知》《河南省公安机关户口居民身份证管理工作规范（试行）》等一系列文件，不断深化户籍制度改革，全面放宽城镇落户限制，着力破除各种阻碍人口合理流动的制度性壁垒，有力促进劳动力从低劳动生产率部门向高劳动生产率部门流动转移就业。河南已经成为全国落户政策最为宽松的省份之一，全省人口落户基本实现零门槛，各类人才的落户渠道得到进一步畅通。

当前，河南正处于人口增长出现拐点、人口年龄结构分化与人口流动加速，人口总量红利向人口结构红利转化的关键时期，河南新型城镇化也正处于迈向高质量发展的关键阶段。新一轮户籍制度改革的政策设计应当更加注重适应人口变化态势，持续推进户籍制度改革提质增效，以在城镇有稳定就业和生活的常住人口有序市民化为重点，进一步畅通重点人群举家进城落户渠道，解决好农业转移人口的"后顾之忧"，满足农业转移人口在城市定居的美好愿望。

在全面放宽城镇落户限制方面，除郑州市中心城区，河南省内的其他城市迁移户口已经全面取消社保缴交年限、居住年限等限制，郑州市也在不断调整户口迁移政策，提出在中心城区具有合法稳定就业或合法稳定住所的人员可以不受社保缴费年限和居住年限限制，直接申请登记城镇居民户口。未来应按照以常住地登记户口制度的总体思路，充分尊重城乡居民自主定居意愿，不以退出"三权"作为农民进城落户的条件，进一步完善城乡统一的户口登记制度，使符合迁移条件的居民可以在城乡之间自由迁移。特别是对于返乡就业创业的城镇人员，应当允许在原籍或就业创业地落户。此外，还要深入推进"放管服"改革，深入开展户籍窗口规范化建设，不断优化户籍审批流程，缩短审批时限，畅通各类人才落户渠道，提升迁移便利度，助推河南人才强省战略的深入实施。

在户籍制度配套改革方面，一方面，积极推进与户籍制度改革相适应的基本公共服务制度改革。完善城镇基本公共服务供给机制，聚焦影响农业转移人口在城镇长期定居的突出问题，按照"全覆盖、兜底线、均等化"的原则，稳步推进以幼有所育、学有所教、劳有所得、病有所医、老有所养、住有所居、弱有所扶为主要内容的基本公共服务体系建设，提升基本公共服务能力、服务质量和均等化水平，使其能够有效覆盖未落户的城镇常住人口。另一方面，进一步完善户籍制度改革公共服务的成本分担机制，明确不同层级政府的责任内容。其中，省级财政在负担省级部分公共服务成本的同时，还要对跨市流动人口较多的城市加大土地指标支持力度，推动财政转移支付向跨市流动人口较多的城市倾斜；市县级政府主要承担需要本级政府分担的各种公共服务成本、城市基础设施建设和运营维护成本等。河南应按照财权与事权匹配的原则深化财政管理体制改革，赋予基层一定的自主权，提高专项债券市场化水平，建立和完善多元化可持续的资金保障机制。

二　加强和改善城市流动人口管理

人口流动历来是城镇化的主要动力之一，流动人口为城镇化建设和地区经济社会发展做出了重要贡献。尽管如此，广大居于城镇的流动人口虽实现了空间上的转移，但没有完成户籍身份的转换，大量流动人口的涌入也给城市社会治理、公共服务、社会保障等带来不小的压力。要充分激发流动人口的积极性和创造性，就需要持续深化体制机制改革，构建协同高效的流动人口管理机制，使流动人口能更好地安居乐业，留在城市、融入城市。

在流动人口管理中，应坚持以人为本的原则，强调服务意识，顺应和尊重长期定居务工城市的农业转移人口及其家庭的意愿，将居住证制度作为流动人口管理的有效载体，推动居住证"强功能、扩数量"。健全居住证的功能体系和管理体系，赋予流动人口更充分的权益保障，用心用情解决好流动人口在子女教育、医疗保障、住房出租等方面遇到的困难。要进一步规范、简化居住证的申领程序和申领条件，进一步扩大居住证提供公共服务的辐射范围。实施电子居住证改革，推动实现居住证从"卡端"到"指端"的迭代升级，提高常住人口享受公共服务的便利化程度，使越来越多居住证持有人逐步享有与户籍人口同等的教育、就业创业、住房保障、医疗卫生、社会保险等基本公共服务。

流动人口数量众多、构成复杂、流动性强，流动人口的管理工作政策性强、涉及面广、社会关注度高，这就要求流动人口管理要及时转变观念，善于运用法治思维、系统思维，不断提高管理的科学性和规范化水平。切实加强流动人口管理立法，及时将好的管理经验在法律层面固化下来，为流动人口管理提供法律依据。根据经济社会发展情况和流动人口具体情况，适时出台和调整流动人口管理的公共政策，促进各项流动人口公共政策的有机对接。建立健全流动人口管理工作机制，完善政府领导下的协调办事机构，加强人口管理工作的统筹协调，构建党委领导、政府主导、社会协同、综合治理的流动人口管理新格局。

三 积极应对少子化、老龄化挑战

当前，人口发展已经进入转型期，人口老龄化和少子化将在未来一段时期成为我国人口发展的主要矛盾。党和国家高度重视老龄化、少子化问题，党的二十届三中全会明确提出要以应对老龄化、少子化为重点完善人口发展战略，健全覆盖全人群、全生命周期的人口服务体系，促进人口高质量发展。

受长期生育水平下降、人口平均预期寿命延长等因素的共同影响，同全国大部分地区一样，河南的人口年龄结构也日益呈现明显的少子化、老龄化特征。少子化、老龄化不仅是对少儿人口、老年人口的发展状态与趋势的描述概括，更是对经济社会发展影响的深刻揭示。在人口老龄化与少子化背景下，尽管少儿人口、老年人口是人口金字塔的底部和顶部人口，两者却相互影响、相互关联，人口少子化会进一步加速老龄化进程，人口老龄化也将对人口少子化产生影响。一边是"不生"、一边是"老去"，这种人口发展趋势使劳动力年龄结构、人口抚养比例、代际关系等发生重大变化，也给河南的新型城镇化进程带来深远影响。

对城市而言，由于教育、住房以及就业方面的压力，民众的生育意愿本就偏低，虽然流入人口的主体以青壮年居多，但其子女往往并不会全部随同迁移，流动儿童的随迁率较低，使得常住人口中少年儿童人口的比重反而进一步缩小。同时，伴随着近年来人口迁移流动增长缓慢，城市的老龄化问题日渐凸显，老年照护需求快速增长，社会保障服务供给压力进一步增大。因此，在城市建设和更新中需要充分认识到老龄化和少子化造成的双重压力，积极推进老年友好型城市和儿童友好型城市建设。例如，在社区建设中，大力创建满足老年人和儿童需求的友好社区，在部分公共空间布设能够满足老年人和儿童共同需求的设施，并在社区建立多功能活动中心，吸引老年人和儿童的共同参与；还可以积极创造条件，提供日常生活照料、健康咨询、课后托管、学习辅导、艺术体验、心理咨询等服务，解决好"一老一小"问题，使家庭成员可以有更多的时间和精力去工作或学习。针对老年人在保健、医疗等方面的消费需求，河南要加快发展银发经济，扩大老年助餐服务，拓展居家助老服务，完善养老照护服务，丰富发展养老金融产品，打造智慧健康养老新业态，全方位增进老年人福祉。

另外需要注意的是，城镇化在一定程度上加剧了人口空间分布和人口年龄结构的不均衡发展。随着由乡入城人口的地域流动，农村青壮年人口加速流失，农村率先进入老龄社会、率先经受老龄化大潮的冲击，农村的老龄化问题更为严重。应当把人口高质量发展放在推进城乡融合发展的重要位置，高度重视农村人口少子化、老龄化问题，坚持服务与管理相结合的导向，从户籍、用工、福利、教育和组织等各项制度入手，为农村人口的生产生活提供有力保障。

四　提高人口服务管理数字化水平

百年未有之大变局下，数字技术的发展速度之快、影响范围之广前所未有，正在成为重塑经济结构、重组要素资源的关键力量。以人为核心是新型城镇化的本质特征，对人口数据信息的有效治理和挖掘应用是提高城市治理现代化水平的基础，也是社会公共管理服务的重要内容。特别是郑州、洛阳等大中城市人口规模体量大、流动速度快，如何更好地管理和服务城市人口，成为数字政府建设背景下推进现代化治理、提高城镇化质量的重要课题。提高人口服务管理数字化水平，需要针对人口数据治理的难点与痛点，灵活运用数字化、智慧化的理念和思维，通过强化顶层设计、创新管理机制、夯实技术底座等,对全域人口数据进行归集优化,不失时机地推动人口管理转型升级。

一方面,坚持制度先行。通过制定和完善各种数据治理、数据流通、数据运营相关政策与制度,规范从数据采集至数据应用各环节的数据治理,解决人口数据采集职责的"越位""缺位"问题。同时,高效统筹推进城市数字政府建设管理,对城市人、财、物资源进行优化组合,明确数据采集主体、管理责任与治理要求,构建统一领导、上下贯通、协同推进、执行有力的组织保障机制,健全数据资源管理一盘棋机制,形成城市人口数据治理的合力。另一方面,强化数据应用。人口管理要充分运用大数据、云计算、区块链等技术,加快推动以人工为主的传统管理向数字化、智能化管理转变。河南应依托现代信息技术,积极搭建统一、集约、安全、高效的城市大数据平台,依托平台实现系统互通、数据共享、业务协同,联通各城市内外的数据要素,打造统一的人口数据库。在此基础上,健全数据要素市场,拓展数据交易平台功能,促进人口数据在城市社会治理各领域的创新应用,有效推动人口管理体制机制和业务流程变革、再造和优化,使人口管理更精准、协同更高效、服务更便捷。

第二节　深化土地管理制度改革

深化土地制度改革是党的二十届三中全会部署的一项重要任务。在很大程度上,城镇化是土地制度变迁的背景和动力所在,各种与土地有关的现象和问题,大多是在城镇化的背景下发生的,对土地管理制度改革也起到推动作用。同时,土地是城镇化的关键要素之一,城镇化涉及土地资源的再分配。对一些不合时宜的土地管理体制和土地产权制度安排进行调整和完善,是加快推进城乡融合发展、提高新型城镇化质量的应有之义。

一　深入推进农村土地制度改革

促进新型城镇化走深走实的一个重要支撑就是形成包括土地在内的城乡要素双向流动机制,实现土地资源在城乡之间以及城市内部和乡村内部的合理配置。当前,河南正处于由农业社会走向工业社会、由"乡土中国"走向"城乡中国"的转型时期,省内各地市都不同程度地面临农业收益递减、农村空心化、农民老龄化等问题的挑战。站在新的时代起点，需要立足省情、农情、民情，以处理好农民和土地关系为主线，推进城乡土地产权同权化，推动农村土地制度改革走向深入。

农村土地制度改革是一项长期且复杂的任务，需要始终注意处理好农民和土地的关系，审慎稳妥地加以推进。在农村承包地"三权分置"的背景下，完善农村土地承包经营制度，在落实集体所有权权能的基础上，以土地托管、代耕代种以及"土地银行"等社会化服务措施放活土地经营权。通过农业适度规模经营提高农业综合生产能力，同时也提高小农户进入市场的组织化程度，有利于构建以合作和联合为纽带、以社会化服务为支撑的现代农业经营体系。新时代全面深化农村土地制度改革，从历史经验来看，需要不断强化农业从业者土地产权的各项职能，最大限度维护农业从业者的现实利益。随着第二轮土地承包即将到期，河南要继续推进土地承包赋权，延长土地承包期，以保障农村土地承包关系的持久稳定。规范土地流转，围绕土地流转、抵押、担保、再流转等构建完备的法律保障体系，在经营主体通过签订流转合同、办理流转登记获取土地经营权时有效保障其合法权益。在征地过程中，要强化对农民的权益保护，完善征地补偿机制，对被征地农民积极开展就业培训服务，并在矛盾纠纷化解中确保农民的知情权、参与权、申诉权、监督权，使其权利得到充分保障。

从世界各个国家和地区的发展经验和发展趋势来看，在工业化和城市化进程快速推进的背景下，农村人口流失严重、发展活力衰竭已经成为全球面临的共同挑战。河南的农村社会也正处于剧烈的调整期和深刻的变革期，出现许多新的情况和问题。想让农村早日摆脱"传统已失、现代未得"的尴尬境地，就需要从更宏大的视角看待城乡关系，充分发挥好农村的社会稳定器功能，夯实农村稳定的基石。农村宅基地作为农民安身立命的场所，深化农村宅基地制度改革成为促进乡村振兴和构建新发展格局的关键切入点。要健全农村宅基地权利体系，坚守改革底线，不能借改革之名打农民宅基地主意，坚决避免以进城落户为由诱导农民退出宅基地的行为。在此基础上，将市场机制引入农村宅基地资源配置之中，建立并逐步完善宅基地集体所有权行使机制、资格权保障机制、使用权分配机制、流转与退出机制，适度放活宅基地使用权，在满足农村生态宜居的同时，有效盘活农村的"沉睡资产"。

增加农民收入，促进广大农民和全国一道实现共同富裕，历来是"三农"工作的中心任务。为此，必须盘活利用农村资源资产，增加农民的财产性收入，特别是要在坚持农村土地农民集体所有制不动摇、家庭承包经营基础性地位不动摇的前提下，深入推进农村集体经营性建设用地入市改革。坚持入市收益向集体和农民倾斜，科学合理地分配土地增值收益，着力解决长期以来土地增值收益"取之于农、用之于城"的问题。一方面，构建城乡统一的建设用地市场，破除城乡区域土地要素交易壁垒，赋予集体土地与国有土地同等权能，使农村集体土地所有权人对其不动产或者动产依法享有同等的占有、使用、收益和处分权利，积极探索农村集体经营性建设用地出让、租赁、入股的实现方式，实现与国有土地同等入市、同权同价。另一方面，落实2020年9月中共中央办公厅、国务院办公厅印发的《关于调整完善土地出让收入使用范围优先支持乡村振兴的意见》提出的"土地出让收入用于支持乡村振兴"的规定，建立完善的土地增值收益分配制度，把土地增值收益这块"蛋糕"切出更大一块用于支持"三农"发展，使广大农民能够更加公平地获得财产性收入。

二 积极开展全域土地综合整治

全域土地综合整治主要源于浙江省的"千村示范、万村整治"实践，旨在通过整体性推进建设用地整理、农用地整理以及乡村生态保护修复，着力解决农村耕地碎片化、土地资源低效利用、空间无序布局、生态系统质量退化等问题，进一步优化生产、生活、生态空间格局，促进耕地保护和土地集约节约利用，实现区域土地环境质量和土地利用效率的提升。从新型城镇化建设和城乡融合发展的视角而言，城乡关系调整的过程也是土地利用的方式和类型发生改变的过程，与此同时，土地利用的变化还会造成城乡在人口、产业、生态、基础设施、公共服务等方面发生空间局部的改变，进而对城乡关系产生影响。全域土地综合整治把城、乡两大空间作为整体加以统筹考虑和通盘谋划，围绕"人、地、业、权"等问题，有效整合土地资源，重新调整城市和乡村的生产、生活、生态空间结构，从而有效带动城乡人口流动、产业集聚、权属调整，是统筹城乡发展、协调人地关系的系统性整治工程。

为加强耕地保护和土地节约集约利用，河南省人民政府办公厅出台

《关于开展全域土地综合整治试点工作的实施意见》，试点实施全域土地综合整治，以发挥资源整合优势、破解自然资源瓶颈、助推新型城镇化和乡村全面振兴。在空间维度上，全域土地综合整治主要通过优化村庄内部生产、生活、生态三类空间的结构及城乡之间的空间结构，解决城乡空间碎片化、城乡空间结构失衡等问题。河南通过积极开展全域土地综合整治为新型城镇化和乡村振兴赋能，着眼于促进城乡要素均衡配置与城乡融合发展，统筹整治农用地、建设用地和生态用地，积极探索土地整治优化路径。

第一，推进农用地集中连片和高效使用。统筹推进土地整治、未利用地开发、损毁土地复垦和耕地提质改造，对零散分布的耕地开展集中整治，促进耕地和永久基本农田集中连片，使之成为适合规模化种植的优质农田，让"小田"变为"大田"，优化农用地空间布局。第二，有序开展工矿废弃地、农村闲置宅基地以及其他各类低效利用建设用地的综合整治。稳妥有序推动闲置宅基地退出，腾出更多的建设用地空间，以承接城市的功能和价值外溢。统筹农房建设、产业发展、公共服务、基础设施等各类建设用地，探索实施"点状供地"、"农业+"混合供地等新型供地方式，努力满足康养、休闲、观光等生态产业分散灵活布局的需要，为农村三次产业融合发展提供用地保障。第三，探索建立"自上而下"与"自下而上"相结合的治理机制，推进多元主体协同治理和利益共享。在确保地方政府隐性债务不新增的条件下，支持农村集体经济组织、社会资本、金融机构等参与全域土地综合整治，通过构建合理的投入产出分配机制，激发各类主体参与整治的积极性。第四，综合整治工程的开展要注重保护传承历史文脉，统筹山水林田湖草沙等生态要素，保护和提升乡村生态功能，推动实现人地系统协调与可持续发展。

三　加快盘活城市低效用地

随着大量人口进城、经济活动增加以及城市规模扩张，城市对土地的需求有增无减，同时城市"摊大饼"式的增长也带来建设用地外延扩张和低效利用并存的问题，土地资源短缺和土地利用浪费之间的矛盾日益突出。当前，河南城市建设的重点由大规模增量建设转为存量提质改造和增量结构调整并重，从重在增量拓展变为重视存量更新。积极回应群众关切、适应现代化要求，通过老旧工业区改造、老旧小区改造和棚户区改造等，解决城市生产生活及社会发展中的突出问题，成为城市持续发展的关键路径之一。需要优化城市工商业土地利用，将城镇化进程中未得到利用的闲置土地以及利用不合理、不充分、产出低的建设用地加以盘活改造，增加土地开发的复合性，提高土地利用的综合效益。

城市内部用地结构繁杂，土地管理与利用的全生命周期未完全打通，部分低效企业已将土地产权分割转让，土地所有权和土地使用记录等信息获取困难。因此，首先要做的就是从多层级、多维度建立低效用地评价体系，开展城市低效用地调查与识别，基于定性和定量结合的原则，从投入产出、安全风险、土地开发强度、合同履约能力、空间规划适宜性等方面进行综合评价，科学认定低效用地的范围和类型。在低效用地开发再利用过程中，考虑到低效用地往往涉及复杂的政策处理和周边环境，从现状基础、市场需求、开发模型、配套设施等方面进行全面论证，确定科学的土地再开发利益分配方式，有序推进土地混合开发利用、用途合理转换。盘活存量土地和低效用地，也可以对相应地块进行小规模合理切割、分期开发，做到区域统筹与小地块"针灸式"更新并行不悖，以充分挖掘土地价值、提高土地利用效率。城市低效存量土地开发涉及的历史包袱、利益主体较多，开发难度较大，需要强有力的财力支持，可由地方政府建立健全政府专项资金制度，通过财政划拨或发行专项债券的方式设立专项资金用于收储盘活低效存量土地，并鼓励引入民间资本，引导其有效且可控地参与到城市低效存量土地的更新改造中。同时，基于全生命周期视角，对城市更新项目的规模、类型和分布进行统筹考虑，构建完善的城市用地管理体系。坚持规划引领，与城市土地利用总体规划、近期建设年度实施计划、土地供应年度计划等协调推进，明确低效用地再开发的重点区域，合理确定低效用地再开发空间单元。因地制宜引入创新型产业用地，发展工业楼宇经济，完善配套产业邻里中心，促进使用地结构更加多元化和科学化。

第三节　构建可持续的新型城镇化投融资机制

新型城镇化资金耗费量巨大，无论是基础设施建设还是公共服务和社会保障等领域的改善都需要长期、大量、稳定的资金支撑。同时，新型城镇化建设中的基础设施及公共服务设施建设多属于公益性或者准公益性项目，资金的渠道和来源比较单一，主要依靠地方政府筹资。然而由于房地产供求关系发生重大变化，土地出让收入对城市政府的支撑作用趋于下降，已有的融资模式不再适用，因此河南需要深入推进城镇化投融资体制机制改革，拓宽多元化投融资渠道，探索出适合时代需要的城镇化投融资新机制和新模式。

一 加快完善新型城镇化投融资环境

从目前发展态势来看，新型城镇化建设资金供需不匹配、资金缺口较大的状况仍将持续，需要建立合理的成本分担机制，吸引各类投资主体参与新型城镇化建设。为此，河南要不断完善投融资环境，为吸引和扩大社会资本参与新型城镇化建设创造有利条件。

做好新型城镇化投融资的顶层设计。制定和完善城镇化投融资规划，并强化其与区域规划、城镇体系规划、国土规划、土地利用总体规划、国民经济社会发展计划的衔接统筹，根据各地发展特点科学有序推进新型城镇化投融资建设。明确政府间的事权和支出责任，赋予基层政府更多的自主权，探索赋予基层政府更多的土地整治出让管理权和资金支配权，保障基层政府新增建设用地指标需求，拓展小城市和乡镇的发展空间。基于"多规合一"要求，推进城乡空间统一规划、一体设计，统筹城乡产业、基础设施、公共服务等建设，推进城乡融合联动发展。

深化投资审批制度改革。积极探索实施投资项目承诺制，实行多个审批环节统一受理、同步评估、并联审批，推进行政审批标准化和数字化，加强各政府部门间的协调配合，提高行政审批效率。开辟新型城镇化项目绿色通道，建立重大项目审批会商协调机制，及时解决审批过程中出现的问题。为新型城镇化项目提供帮代办服务，科学分析项目报建要求，根据项目实际个性化定制报建审批方案，开展设计方案审查、消防工程验收等重要事项审批前指导工作，简化项目审批流程，提高项目一次办结通过率。多渠道收集采纳问题建议，针对企业反映的难点堵点问题，强化问题办理和督查督办，进一步提高企业满意度。对新型城镇化项目实行透明化管理，按照谁审批谁监管、谁主管谁监管的原则开展"双随机、一公开"监管。

发挥好财政资金的示范引领作用，进一步放宽社会资本市场准入条件。

为了应对土地财政难以为继给原有的新型城镇化资金供给模式带来的挑战，需要转变传统的土地财政理念，充分发挥财政资金"四两拨千斤"的示范引领作用，不断提高财政资金使用效率和效益，放大政府投资的引导作用和带动效应。设立新型城镇化专项基金，推动政府投资向市场失灵的公共领域聚焦。建立健全财政与金融协调配合机制，强化财政资金和市场资金的协调配合。财政资金部分以银行优惠贷款、贷款贴息等方式投入，通过发挥财政资金的杠杆作用，引导和鼓励政策性银行和开发性银行在新型城镇化建设中当好主力军和攻坚队。

二　积极推进投融资主体多元化和融资渠道多样化

在以往的新型城镇化建设中，城镇基础设施及配套公共服务设施由于自身盈利空间较小、盈利周期较长，导致短期经济效益不明显、项目收益期和融资工具的期限往往不匹配、收益成本平衡困难。因此，新型城镇化建设的投融资主体多为政府相关部门或者具有政府背景的投融资平台公司。民营企业、外资企业、个人投资等社会资本参与新型城镇化建设的情况相对较少，社会资本投资的空间和途径有待进一步拓宽。

为解决新型城镇化投融资主体单一和融资渠道相对不足的问题，河南需要强化金融创新，积极推进投融资主体多元化和融资渠道多样化。在新型城镇化建设中，对于一些外部性不明显、有望获取稳定持续现金流且能够覆盖全部或大部分融资成本的投资领域，应放宽放活社会投资，引入市场化企业作为融资主体，通过市场化运作的方式有效降低建设开发成本。为此，要打破行业壁垒，特别是破除政府对市政公用事业的垄断，进一步放宽外资企业和民营企业等社会资本投资参与建设经营的准入条件，允许各类投资主体以合股、参股、政府购买服务等方式参与城市基础设施和公共服务设施的建设和运营。针对一些具有一定外部性、现金流虽然比较稳定持续但不足以覆盖所有融资成本的城镇化建设投资领域，有序推进政府与各类社会资本广泛开展业务合作，以利益共享、风险共担为原则，由政府和社会资本作为一般合伙人共同成立城镇化建设引导投资基金，提供专业化的投资与经营管理服务。其中需要注意城镇化建设引导投资基金的运作规范问题，政府为了吸引潜在的社会投资者，可能会以政府信用为社会资本提供隐性收益率担保等承诺，最终演化为"明股实债"，或者投资者对建设项目不看好、认为项目收益回报与资本期望不匹配，导致财政资金形成无效沉淀，难以发挥对社会资金的撬动效应。

此外，还要积极拓展中长期建设资金来源。创新方式方法，盘活多年来在基础设施领域投资形成的存量资产，形成存量资产和新增投资的良性循环。以促进互联互通、普惠共享为目标导向，撬动政策性贷款支持，积极争取农发行、国开行专项建设基金对各类新型城镇化重点项目提供大额、长期、较低成本的资金支持。支持商业银行创新金融服务，提供灵活多样的专业化、个性化新型城镇化系列信贷产品，开展多种物权担保形式的产权抵押贷款，探索应用应收账款、仓单、林权等权利质押方式，拓宽新型城镇化建设融资渠道。通过设立产业基金、城镇化基金等形式提高直接融资比重，开展基础设施领域不动产投资信托基金（REITs）试点，探索发行市政收益债券、企业债券及专项资产融资计划等新型金融产品，撬动保险基金、社保基金、产业基金等资金量庞大的大型基金。

三　引导规范地方融资平台健康发展

通过地方融资平台融资，本质上是政府信用和市场化融资相结合的新型融资模式。长期以来，地方政府除了通过土地财政和税收支持新型城镇化建设，还通过各类投融资平台公司融资来支持城市基础设施和公共服务设施建设。不可否认的是，政府设立的融资平台作为地方政府建设基础设施等项目资金的有力补充，在一定历史时期为新型城镇化建设发挥了不可替代的重要作用。然而，随着土地财政作用机制面临挑战，以及地方政府债务问题的日益显现，地方融资平台也开始暴露一系列问题。地方融资平台尚未建立完善的现代企业制度，政企不分、责权利不清的现象普遍存在，市场化经营机制不健全，往往通过不同渠道多途径融资，相互交叉担保的现象较为普遍，以致各类显性、隐性债务不断膨胀，负债率居高不下。由于投资的一些项目收益性较差、自身造血功能和盈利能力不足，融资平台的流动性资金比较紧张，贷款和债券逾期违约的风险较大，一旦出现债务规模失控和蔓延传染，还可能会导致区域性金融风险。

为了引导和规范各类平台公司持续健康发展，需要建立健全风险防范体系，加快推动地方融资平台转型。要进一步提高风险预研、预判和预警能力，对地方融资平台进行动态评估，加强投融资全流程风险识别和监控研判，准确测算其举债规模和偿债能力，并及时予以指导调控。加强和改进地方政府债务管理，合理确定政府与融资平台公司的委托代理关系，明确界定政府与融资平台公司的权利和义务，全面有效监控地方政府性债务风险。完善地方融资平台的企业治理结构，有效分离企业经营权和所有权，切实提高地方融资平台的市场化运作程度。在不损害现有平台融资能力的前提下，整合优势资源，积极推进平台公司间的重组，对于一些空壳或僵尸平台公司，及时关停注销。为加快推动融资平台市场化转型，政府还要依法合理选择支持方式，如给予其特许经营权并减免相关税费，以及提供资金、资本、资产和优质资源支持等，提高融资平台的资源配置能力和自身经营能力。

第四节　推进城市规划建设管理体制改革创新

城镇化的快速推进使河南经济社会发生了深刻变化，也给城市管理的科学化和精细化水平带来了挑战。经过长期的改革实践和探索创新，河南城市管理体制机制日益完善，但从城市治理体系和治理能力现代化的整体水平和一般要求来看，河南的城市管理在条块协同、行政执法、技术赋能、多元参与等方面还存在不足。党的二十届三中全会提出，深化城市建设、运营、治理体制改革，加快转变城市发展方式。只有加快推进城市规划建设管理体制改革创新，提高城市治理的现代化水平，才能逐步解决城市治理面临的各种难题，确保河南以人为核心的新型城镇化建设顺利推进。

一　持续深化城市管理执法体制改革

在城市管理的体制机制方面，河南的城市管理执法工作存在不同程度的职责边界不明晰、管理体制不顺畅、执法方式不科学、服务意识不够强等问题，一些因城市管理执法引起的舆论舆情事件时有发生，在一定程度上影响了城市的健康发展和新型城镇化的深入推进。因此河南需要适应社会发展形势，聚焦城市管理面临的突出矛盾和问题，进一步深化城市管理执法体制改革，持续探索提高城市管理执法和服务水平。

以推进城市管理机构职能优化和协同高效为着力点，构建规划建设管理一体化的行政管理体制。优化城市规划管理机制，从规划的期限与范围、发展指标体系、技术规范标准等方面切入，进一步加强城市总体规划、国民经济和社会发展规划、土地利用总体规划、生态环境保护规划等的衔接融合。完善规划决策机制，增强城乡规划委员会的代表性和权威性，赋予其审议城乡规划编制、修改和实施中重大问题的权力。坚持一类事项原则上由一个部门统筹、一件事情原则上由一个部门负责，深入推进城市管理领域大部门制改革，优化整合规划建设管理机构。将公共空间秩序管理、违法建设治理、环境保护管理、交通管理等纳入城市统一管理调配范围，将市政公用设施运行、市容环境卫生、园林绿化管理等方面的职能整合到城市管理部门。本着属地管理、权责一致的原则，理顺层级权责，科学界定市与市辖区城市管理部门职责分工，赋予街道和乡镇相关城市管理职能。通过人员融合、业务融合和职能优化，使城市管理机构设置更加科学、职能更加优化、权责更加协同。

深入推进城市执法体制改革，提高行政执法能力水平。全面推进部门内综合执法，积极实行跨部门、跨领域综合执法，对城市管理和群众生产生活密切相关、多头执法问题明显、执法频率较高的领域推行综合执法，集中行使行政处罚权。推动执法重心下移和执法事项属地化管理，即由街道和乡镇行使的相关城市管理职能，可以由市辖区派驻执法机构开展执法。加强城市管理执法队伍建设，按照相应配备标准配齐执法人员。严格实施执法人员培训考核、持证上岗制度，定期开展执法干部轮训，严格禁止无行政执法资格的人员从事执法活动。建立符合城管执法职业特点的职务晋升和交流机制，完善基层执法人员工资政策，健全协管人员招聘、管理、奖惩、退出等制度。严格实行行政执法责任制，进一步规范执法程序和办案流程，确保执法公平、公正。推动城市管理执法部门与公安机关、检察机关、审判机关建立信息共享、案件移送等制度，强化行政执法与司法的衔接，加大行政处罚决定和司法强制的执行力度，确保执法公信力。

二　加强城市管理和服务体系智能化建设

城市治理智能化的内涵丰富多元、关系错综复杂，包括城市治理和城市数字信息技术两大系统。简而言之，城市治理智能化是一种积极、开放、现代的治理模式，将现代城市治理需求与数字技术功能优势进行优化匹配、衔接融合，通过推动城市治理效能大幅提高，实现人民城市治理价值的最大化。随着物联网、大数据、云计算、人工智能等数字技术的迅猛发展，河南各地城市纷纷抢抓数字技术发展机遇，在深入推进新型智慧城市建设的过程中，不断推动现代信息技术与城市管理服务的深度融合，持续推进城市治理智能化发展，提升城市治理和服务水平。与此同时，在具体的智慧城市建设项目中，单纯依靠数字技术创新并不能完全解决复杂的城市问题，还需要推进一系列非技术的社会变革，特别是政府治理体制机制的变革来匹配和部署技术应用。

首先，优化组织管理机构。现阶段，政府依然是我国城市治理的主导力量，既要充分发挥引导作用，与社会组织、企业、民众等保持互动协商，又要主动开展城市治理工作，对内部进行调整与协调，理顺城市管理和服务体系智能化建设的体制与机制。要成立统一的数据管理机构，注重各类数据之间的融合、共享与应用，以打通信息壁垒。对政府内部职能重复或相近的部门进行整合，形成网络化高效管理机构，以便更好地引导并参与城市智能治理。其次，持续深入推动城市基层治理数字化转型。牢固树立基层智能化治理的思维观念，加快推进城市基层智慧治理的软硬件基础设施建设，大力发展智慧家居、智慧楼栋、智慧社区，以数字化、智能化的服务有效提升城市居民的幸福感、获得感和安全感。强化基层治理数字化转型的配套支撑，通过加强顶层设计，配套并强化人员、资金与制度供给，为基层治理数字化转型提供支持和保障。最后，强化城市智能治理的地方适应性。城市治理具有多样性，没有放之四海而皆准的智能治理模式，需要融入地方特色、从突出的实际问题出发寻找在地化的解决方案、推动城市进行本地化的适应性治理，从而建设多样化智能城市。城市智能治理需要不断地与省内各地的文化历史、地方经济、社会环境进行磨合，完成对经济社会和文化的全方位融入。一方面，要将本地的经济社会发展问题与城市治理紧密结合起来，积极打造体现问题导向的城市智能治理方案，例如，资源枯竭型城市就应该更多地考虑城市智能治理在能源转型、环境污染治理、城市可持续发展等方面的广泛应用；另一方面，在城市智能治理的开发过程中，需要紧密结合本地的发展基础、比较优势和承受能力，避免盲目跟风和进行无谓的技术迭代，尽可能地减少治理、智慧资源的浪费。

三 完善城市应急管理体系

在长期的应急实践中，省内城市普遍构建形成了政府统一指挥、分部门分类别应对突发事件的管理机制，特别是遇到重大突发事件时，临时成立由城市主要领导或分管领导任总指挥的应急机构，负责领导处置应急工作。由于城市突发事件的复杂性和多发性日益增强，城市应急管理体系也存在亟待优化提升的空间，特别是在强化应急工作的统一领导和指挥、增强各区域各部门间的协调性和联动性、动员各类社会组织和广大市民等多主体积极参与等方面需要持续努力。

一是加强应急指挥体系建设。毫不动摇地坚持党对城市应急管理工作的领导，将党的领导切实贯彻到推进城市应急管理体系和能力现代化的全过程、各方面，确保党在防范各类城市风险和做好应急管理工作中始终是广大群众的主心骨。在市、区两级建立拥有全面协调、综合决策功能的常设性应急管理机构，由应急管理机构统筹灾害事故救援的全过程管理，统一指挥各类应急救援队伍，对各类突发事件进行高效的预防和处置。建立和完善城市分级指挥和队伍专业指挥相结合的指挥体制，健全市、区、街道等层面的分级响应机制，明确和规范各级各类灾害事故的响应程序，进一步完善城市地质灾害、抗震救灾、防汛抗旱、防火灭火、公共卫生等指挥机制。

二是强化应急协同机制建设。加强不同政府部门之间的沟通协调，明确各相关部门在灾害防治、事故预防、抢险救援、物资保障、维护稳定、恢复重建等方面的职责，加强应急管理会商研判，着力克服职能部门之间权责分散、部门主义、信息沟通不畅等问题，将公安、消防、交通、通信、医疗、环境、能源、军事等多个部门有效整合到城市突发公共事件应急处理全过程。引入网格化管理机制，合理设定网格的结构形式，将应急管理对象划分为若干网格单元，强化网格间的信息交流和资源调配，发挥好应急管理部门的综合优势和各相关部门的专业优势，使应急管理各职能部门能够各司其职、协调配合、形成合力。

三是强化应急预案管理体系建设。加强城市应急预案管理，根据事件分类和分级明确相关部门的职责任务，促进上下级预案、同级预案之间的有效对接。加快城市应急预案制订与修订，推动相关部门组织编制重大活动、重要基础设施和重要危险源安全保障应急预案。完善各类灾害事故分类，强化预案编制和修订过程中的情况摸底和风险评估，科学规范应急响应分级。积极落实应急演练计划，因地制宜开展形式多样的应急演练活动，组织开展年度综合应急演习，定期进行跨区域、跨部门重大灾害事故协同应急演练。围绕演练内容和演练目的，科学设计演练方案，周密组织演练活动，确保参演人员及装备设施安全。演练工作结束后，及时开展演练评估，修订完善预案相关内容，进一步增强预案的实效性。

第五节　凝聚高质量推进新型城镇化
建设的强大合力

新型城镇化是一项系统性工作，所涉及的工作内容较为庞杂。随着新型城镇化的深入推进，城市社会结构、生产方式和组织形态发生了深刻变化，人民对美好生活的需要日益增长。只有把党的领导落实到新型城镇化的各领域、各方面、各环节，积极联结多元主体、促进协同合作，凝聚高质量推进新型城镇化建设的强大合力，才能为以人为核心的新型城镇化战略在河南落地见效、开花结果提供坚实支撑。

一　把党的领导贯穿河南新型城镇化全过程

回顾党成立以来中国社会主义革命、建设和改革的发展进步，可以得出一个基本结论：办好中国的事情，关键在党。历史和现实、理论和实践都证明，没有党的领导，就不可能有中国特色社会主义事业的开创和推进，加强党的领导是新时代坚持和发展中国特色社会主义的根本保证。实施以人为核心的新型城镇化是一项系统工程，必须统筹新型城镇化规划、建设、治理全过程，建立健全党委统一领导、党政齐抓共管的城镇化工作格局，不断提高推进新型城镇化的科学性、系统性。

在规划方面，2014 年 2 月习近平总书记考察北京时指出，规划科学是最大的效益，规划失误是最大的浪费，规划折腾是最大的忌讳。[①] 河南应充分发挥规划在城镇化中的引领作用，坚定自觉地把党中央决策部署落到实

---

① 中共中央党史和文献研究院编《习近平关于城市工作论述摘编》，中央文献出版社，2023。

处，加快推动城市发展规划的编制完善，明确城市功能定位、产业分工、城市布局、设施配套、综合交通体系等重大问题，并从财政政策、投资政策、项目安排等方面形成具体措施。在建设方面，应本着对历史、对人民高度负责的态度，提高城市建设水平，打造宜居、韧性、智慧城市。建立完善城市建筑质量管理制度和责任追究制度，细化落实各级党委和政府的领导责任和相关部门的监管责任、企业主体责任；完善党员领导干部的考核机制和奖惩措施，推动城市建设严格遵照城市规划执行，领导干部一茬接着一茬干、一任接着一任干，避免大拆大建、乱拆乱建，防止换一届领导、改一次规划，同时也要杜绝一些领导干部急于求成、贪大求洋、定位过高、口号过多等方面问题。在管理和服务方面，加强城市治理创新和服务创新，提高城市精细化管理水平，让人民群众在城市生活得更方便、更舒心、更美好。推广现代绩效管理和服务承诺制度，建立城市工作行政问责制度，健全社会公众满意度评价和第三方考评机制。着力提高干部素质，把培养一批专家型的城市管理干部作为重要任务，用科学态度、先进理念、专业知识去建设和管理城市。通过政务服务"一网通办"、城市运行"一网统管"，实现"民有所呼，我有所应"，努力开创城市智能化、精细化新局面。

党对新型城镇化的全面领导，最终要落脚到基层党组织充分发挥政治核心作用上。要进一步加强和改进城市基层党建工作，充分发挥基层党组织的战斗堡垒作用，把城市基层党组织建设成为宣传党的主张、贯彻党的决定、领导基层治理、团结动员群众、推动改革发展的坚强战斗堡垒。其中，城市街道党组织是联结辖区内各领域党组织的"轴心"，是推进城市基层党建的"龙头"。要以街道党组织为重点，积极推进城市基层党组织管理体制改革，优化机构设置和职能配置，给基层党组织"赋权扩能"，赋予派驻基层尤其是街道统一指挥调度、考核监督等工作相应的职责职权，使基层党组织能够聚焦主责主业，集中精力抓党建、抓治理、抓服务。还要综合区位特点、人群特征、服务半径等因素，整合党建、政务和社会服务等各种资源，整合各级党建信息平台、政务信息平台、城市管理服务平台等，统筹建设布局合理、功能完备、互联互通的党群服务中心，依托楼宇、园区、商圈、市场或较大的企业建设特色鲜明、功能聚焦的区域性党群服务中心（站点），打造党员和群众的共同园地。

二　推进政府与市场形成驱动合力

如何处理好政府和市场的关系，一直是我国城镇化进程中的重要课题。在传统的计划经济体制下，各类城市的资源配置、资金投入、用地布局、人口流动、发展方向等都是由政府有关部门控制和掌握的，政府发挥着绝对的主导作用。改革开放以后，市场的力量开始逐渐介入并发挥越来越大的作用，政府对城市发展的干预由对经济的直接经营逐渐转变为间接调控。但从总体上看，无论是在哪个阶段，城镇化发展都体现了政府是城镇化目标、模式和道路的决策者和主导者，行政推动下的城镇化建设也取得了显著的绩效。同时，政府主导的城镇化也存在很明显的缺陷，诸如投资效率低、土地资源浪费，以及行政化的城市级别设置阻碍了资源要素的合理配置等，导致城镇化的社会总成本过高。从理论上说，市场在资源配置中起决定性作用，市场机制是城镇化重要的动力机制。但一味强调市场的作用也不可取。例如，英美等国家长期信奉个人主义和社会达尔文主义，强调自由市场的重要性，但掌握资本的群体力量异常强大、在政策制定上有很强的话语权、在利益分配中占据主导地位，造成社会群体间收入差距巨大，从而产生各种城市治理问题。可以认为，政府和市场都是推进城镇化的关键因素，在城镇化进程中关键是要推进政府和市场相辅相成、互补交融，形成新型城镇化高质量发展的强大驱动力。

目前，河南已经进入城镇化中后期发展阶段，政府应当更多地致力于弥补市场缺陷，在城镇化发展的规划政策、提供公共服务等方面强化引导和调控职能，降低城镇化进程中的交易费用和制度成本，并根据不同地区城镇化的发展差异保持一定的制度适应弹性，对一些基础较为薄弱的中小城市和小城镇在资源配置上予以适当倾斜，促进大中小城市和小城镇均衡协调发展。还要理清政府与市场的边界，明确政府职责体系，优化各级政府之间的权责分配，使财权事权更加匹配，减少对市场主体的直接干预，切实减少和解决政府"越位"、"缺位"和"错位"问题。同时，充分发挥市场在城镇化资源配置中的作用，进一步完善资本、土地、人才等要素市场，让市场主导要素流动以及产业发展，依据城市的需求和资源的市场可获得性公平地进行资源配置，最大限度地减少行政级别对城市获得资源的影响。当然，在城镇化进程中，政府与市场的关系及职能不是一成不变的，应根据城镇化发展的不同阶段和具体情况确定政府与市场的职能定位和互动关系，如在城镇化发展的中期阶段，应重在培育和扩大市场力量，致力于消除市场运行的制度障碍，而到了城镇化成熟期，城乡融合发展体制机制更加成熟完善，此时市场应成为新型城镇化和城乡融合发展的内生性、主导性驱动力。

三　激发新型城镇化共建共治共享新活力

新型城镇化是一个涉及多个部门、多个领域的系统工程，高质量推进新型城镇化，要贯彻落实人民城市理念，引导群众参与城市发展和治理，打造多主体协同治理格局，充分激发新型城镇化共建、共治、共享的活力，实现治理过程由人民参与、成效由人民检验、成果由人民共享。发挥人民群众在新型城镇化特别是城市治理中的主体作用，不仅要提高人民群众的主动性，还要以党建为引领，强化基层党组织引导功能与上下相接的纽带作用，创新完善鼓励多方参与城镇化建设和城市治理的体制机制，着力打造群众参与的平台和载体，将新型城镇化建设和人民群众积极参与紧密联系在一起。

首先，健全、完善和优化城乡基层党组织体系。以提升组织力为导向解决社区党委作用发挥弱化的问题，不断健全并理顺社区下辖党支部设置，推动基层党组织向"两新"领域延伸，必要时还可设立临时党支部，发挥基层党组织在推动新型城镇化和城市治理中的引领带动作用。其次，正视社会力量、社会组织的重要作用。有序发展公益性社会组织，更好发挥行业协会商会等组织作用，加强对社会力量、群众自治组织等参与城镇化建设和城市基层治理的组织的指导和规范。强化多元主体间的协作意识，鼓励各类主体积极参与新型城镇化建设和城市治理实践，通过"行动强化认知"，强化各主体的认知自觉和实践自觉。搭建顺畅的信息沟通协商平台，通过信息交换和分享减少相互间信息寻找成本，促进不同主体间发展资源的相互流动和补充。通过激发和带动社会组织、社会力量的广泛参与，凝聚高质量推进新型城镇化的合力，破解城镇化建设和城市治理中面临的风险挑战与难点痛点问题。最后，完善社区协商机制，增强社区自治功能。以最大限度满足群众需求为导向，强化社区党委的政治功能，加强基层党组织和党员在城市管理和服务群众中的作用，倡导城市管理志愿服务，推广"百姓城管"等志愿服务模式，探索打造更加适应群众需要、更加符合基层实际的党建服务机制和基层治理品牌，使党的建设与社区治理相得益彰、齐头并进。此外，还要组织开展新市民培训，加强对农业转移人口的市民意识教育，提高其现代文明观念、社区互助意识和居民自治精神，帮助其在适应社会环境、参与社会生活中成长为城市权利主体。

参考文献

曹萍：《河南首批 12 个义务教育阶段集团化办学改革先行区确定》，《河南日报》2023 年 12 月 6 日。

陈辉：《"宽带中原"提速河南大发展》，《河南日报》2017 年 6 月 30 日。

陈小君教授课题组、陈越鹏：《"三块地"改革试点之集体经营性建设用地入市改革调研报告》，《土地法制科学》2022 年第 1 期。

程雪阳：《论集体土地征收与入市增值收益分配的协调》，《中国土地科学》2020 年第 10 期。

崔明娟：《中原城市群九大核心城市协同创新的现状与对策》，《当代经济》2020 年第 7 期。

董娉、郭北晨：《"绿"为笔墨绘画图》，《河南日报》2022 年 9 月 22 日。

杜美丽、王星：《以高水平土地保护利用支撑高质量发展》，《河南经济报》2024 年 3 月 26 日。

范光华、王思俊、卢文军、史治国：《加快重点片区建设 串起城与人的"美美与共"》，《郑州日报》2023 年 8 月 20 日。

范毅：《坚持高质量发展 推进新型工业化 河南信息通信业全力筑牢现代化河南建设新基石》，《中国电信业》2024 年第 1 期。

高成全、赵玉凤：《基于城乡一体化视角的河南省现代城镇体系空间布局与形态优化研究》，《河南城建学院学报》2016 年第 2 期。

高峰、崔宝敏、冯泓铭：《户籍新政的内在逻辑与推进策略研究》，《乡村论丛》2021 年第 3 期。

谷建全、王建国主编《河南城市发展报告（2014）：科学推进新型城镇化》，社会科学文献出版社，2014。

谷建全、王建国主编《河南城市发展报告（2015）：以人为本推进新型城镇化》，社会科学文献出版社，2015。

顾海良：《习近平经济思想的时代课题与理论逻辑》，《前线》2022年第9期。

郭北晨、麻文静：《提升应急应战能力 护航河南安全发展》，《河南日报》2023年11月28日。

郭丽莎：《"1+4"郑州大都市区融合发展的思路与对策》，《中共郑州市委党校学报》2020年第1期。

郭树华、王瑜：《新时代推进农民精神生活共同富裕的路径探析》，《实事求是》2023年第2期。

郭爽爽：《省级以上"农业龙头"中资产超10亿元有80家》，《河南商报》2023年3月14日。

郭志远：《新型城镇化与乡村振兴战略协同推进研究》，《决策探索》2020年第2期。

郭志远：《以供给侧结构性改革引领城市发展方式转变》，《经济师》2017年第10期。

胡祖才：《完善新型城镇化战略 提升城镇化发展质量》，《宏观经济管理》2021年第11期。

黄彬：《城市更新方法的多元探索》，《新建筑》2023年第12期。

黄文涛、朱林宁：《发展新质生产力：理论内涵、优势挑战和深远影响》，《金融博览》2024年第5期。

江立华等：《从浮萍到扎根：农业转移人口的市民化》，社会科学文献出版社，2019。

金伯中：《坚持以大数据为驱动加快实现人口管理转型升级》，《公安学刊》2020年第3期。

金晓燕、李雪娟：《以新质生产力推进中国式现代化的历史必然、独特优势及实践路径》，《中共郑州市委党校学报》2024年第2期。

李凤：《六方面支持小城镇环境综合整治行动》，《中国国土资源报》2016年11月2日。

李建华：《河南省界城市构建地区性服务中心的思路与对策建议》，《环球市场信息导报》2015年第46期。

李娜：《2035 年郑州都市圈能级进入全国第一方阵》，《郑州日报》2022 年 2 月 18 日。

李娜：《十年来全省累计城镇新增就业 1389 万人》，《郑州日报》2022 年 10 月 12 日。

李培林：《面对未来：我国城镇化的特征、挑战和趋势》，《中国社会科学院大学学报》2022 年第 8 期。

李鹏：《人民银行构建信用体系 助力融资超百亿元》，《河南日报》2023 年 11 月 26 日。

李斯琦：《连续 7 年研发经费增速超 10%》，《河南商报》2023 年 11 月 16 日。

李同新主编《河南农业农村发展报告（2022）：全面推进乡村振兴》，社会科学文献出版社，2021。

李晓敏、李倩：《推动优质医疗资源下沉》，《河南日报》2024 年 2 月 4 日。

李媛媛：《我省奋力谱写现代化河南新篇章》，《河南经济报》2023 年 11 月 11 日。

李运海：《国务院批复同意我省国土空间规划》，《河南日报》2024 年 3 月 9 日。

林宪斋、王建国主编《河南城市发展报告（2012）：推进新型城镇化的实践与探索》，社会科学文献出版社，2012。

林宪斋、喻新安、王建国主编《河南城市发展报告（2010）：经济转型与科学发展》，社会科学文献出版社，2010。

蔺亚娟：《河南省乡村振兴与新型城镇化协调发展研究》，硕士学位论文，河南大学，2020。

刘秉镰、孙鹏博：《新发展格局下中国城市高质量发展的重大问题展望》，《西安交通大学学报》（社会科学版）2021 年第 3 期。

刘建：《河南以文化产业赋能新业态新热点》，《中国商报》2023 年 12 月 1 日。

刘建华、崔国行：《生态产品价值的逻辑起点、理论内涵与实现策略》，《价格理论与实践》2024 年第 3 期。

刘立新：《河南深化土地要素市场化配置改革》，《中国自然资源报》

2021 年 5 月 18 日。

刘连云、何勋：《河南省旅游经济与新型城镇化耦合协调研究》，《西部旅游》2022 年第 19 期。

陆军：《新时代我国城市管理体制改革的方向与进阶》，《城市管理与科技》2022 年第 5 期。

栾相科：《构建更加完善的要素市场化配置体制机制》，《中国经济导报》2020 年 4 月 14 日。

马连华：《逐"绿"而行拥抱"美丽河南"》，《河南经济报》2024 年6 月 4 日。

缪杨兵、王亚洁、张祎婧：《推动产城人深度融合：苏州城市空间结构演进与优化》，《新型城镇化》2023 年第 9 期。

欧阳军喜、沈珊珊：《五年规划视野下中国共产党现代化观念的演进》，《中国高校社会科学》2021 年第 5 期。

裴培：《坚强电网 添彩中原》，《河南电力》2022 年第 10 期。

裴其娟：《让生态绿色成为郑州最亮丽的底色》，《郑州日报》2023 年12 月 20 日。

裴其娟：《我市打造地下水污染防治"郑州模式"》，《郑州日报》2023 年 11 月 20 日。

齐喆、张贵祥：《城市群综合交通承载力研究——以京津冀为例》，《生态经济》2016 年第 4 期。

秦国伟、董玮：《城市治理现代化的逻辑范式、作用机制与实践路径》，《河南社会科学》2018 年第 5 期。

秦华：《我省以"文旅兴"带动"百业旺"》，《郑州日报》2023 年 11月 29 日。

邱霈恩：《深化城市管理体制改革，推进城市治理现代化》，《中国经济报告》2020 年第 6 期。

石宝峰、王瑞琪：《中国农村土地制度改革的历史进程、理论逻辑与未来路径》，《中州学刊》2023 年第 10 期。

宋敏：《我省县域电动汽车充电站全覆盖》，《河南日报》2022 年 8 月11 日。

孙金诚：《为了母亲河的永续发展》，《人民政协报》2024 年 7 月 1 日。

孙静、丁新科、宋敏：《春风暖中原聚力加油干》，《河南日报》2024年3月21日。

谭勇：《汇集点滴之力做好节水文章》，《河南日报》2024年3月30日。

谭勇：《我省开建中部地区综合应急救援基地》，《河南日报》2021年3月4日。

田鹏：《就地城镇化动力机制研究：兼论小城镇战略的当代转向》，《河南大学学报》（社会科学版）2017年第1期。

王承哲、王建国主编《河南城市发展报告（2018）：以城市群为主体加快构建新型城镇体系》，社会科学文献出版社，2018。

王承哲、王建国主编《河南城市发展报告（2022）：构建城镇化发展新格局》，社会科学文献出版社，2021。

王承哲、王建国主编《河南城市发展报告（2023）：建设宜居韧性智慧现代化城市》，社会科学文献出版社，2022。

王承哲主编《河南文化发展报告（2023）：文旅文创融合发展》，社会科学文献出版社，2022。

王建国、王新涛、易雪琴等：《河南城镇化率过半意味着什么》，《河南日报》2018年3月9日。

王建国：《多措并举推进农业转移人口市民化》，《河南日报》2015年8月19日。

王建国：《河南城镇化率过半意味着什么》，《河南日报》2018年3月9日。

王建国：《河南实施新型城镇化战略的时代意义和实践路径》，《中州学刊》2021年第12期。

王建国：《河南新型城镇化改革与发展研究》，《城市》2015年第9期。

王立胜、朱鹏华：《以县城为重要载体的城镇化建设的内涵、挑战与路径》，《中央财经大学学报》2023年第6期。

王玲杰、李立新主编《河南文化发展报告（2024）：行走河南·读懂中国》，社会科学文献出版社，2023。

王玲杰、杨东风主编《河南创新发展报告（2024）：建设国家创新高地》，社会科学文献出版社，2023。

王胜昔：《郑州：向国际枢纽城市大步迈进》，《光明日报》2018年10

月 19 日。

王向前、侯文举：《去年我省 4578 家社会组织参与乡村振兴》，《河南日报》2024 年 1 月 12 日。

王新涛：《"县"在进行时 | 把城镇和乡村贯通起来 构建新型城乡关系》，大河网学术中原网站，2024 年 3 月 18 日，https://theory.dahe.cn/2024/03-18/1729440.html。

王新涛：《新时代我国中部地区新型城镇化与乡村振兴战略的协同推进机制与政策研究》，《长江技术经济》2019 年第 4 期。

王燕、杨渝镜：《新型城镇化投融资模式选择与实现路径》，《经济纵横》2022 年第 3 期。

王垚：《中国城市管理体制演变的历史脉络及制度特征》，《区域经济评论》2023 年第 3 期。

王一鸣：《科学把握构建新发展格局的逻辑》，《中国经济评论》2022 年第 1 期。

王战龙：《全省安全生产形势总体稳定》，《郑州日报》2023 年 11 月 28 日。

魏后凯：《从高速城镇化走向高质量城镇化》，《新型城镇化》2022 年第 6 期。

谢保鹏、朱道林、陈英、裴婷婷、晏学丽：《土地增值收益分配对比研究：征收与集体经营性建设用地入市》，《北京师范大学学报》（自然科学版）2018 年第 3 期。

徐刚领：《河南高水平高质量推进新型工业化》，《郑州日报》2023 年 11 月 21 日。

杨柳青、陈雯：《区域一体化分工——合作视角下的都市圈高质量国土空间治理》，《中国土地科学》2024 年第 2 期。

杨秋意：《把论文写在中原粮仓上》，《农村·农业·农民》（A 版）2020 年第 1 期。

杨晓奇：《积极应对人口老龄化国家战略与发展老龄经济》，《老龄科学研究》2021 年第 3 期。

尹江勇：《创新发展全面起势 "第一战略" 跑出 "加速度"》，《河南日报》2023 年 11 月 16 日。

喻新安等主编《河南创新创业发展报告（2022）：双创赋能河南经济复苏回暖》，社会科学文献出版社，2022。

喻新安主编《济源经济社会发展报告（2014）》，社会科学文献出版社，2014。

袁方成、康红军：《新型城镇化进程中的"人-地"失衡及其突破》，《国家行政学院学报》2015年第4期。

袁帅：《建设具有重要影响力和引领力的郑州都市圈 构建"一主两副、一圈四区多节点"城镇空间格局》，《郑州日报》2024年6月14日。

张可云：《城镇化助推现代化的中国特色路径》，《前线》2023年第4期。

张占斌：《用五大理念引领新型城镇化建设》，《国家行政学院学报》2016年第1期。

张占仓、卢志文：《南阳市建设河南省副中心城市的战略机遇与推进举措》，《南都学坛》2022年第3期。

张占仓、孟繁华、杨迅周、李明、刘仁庆：《完善体制机制推动河南新型城镇化科学发展——河南发展高层论坛第61次会议综述》，《河南科学》2014年第7期。

张占仓、王建国主编《河南城市发展报告（2016）：经济新常态与新型城镇化》，社会科学文献出版社，2016。

张占仓、王建国主编《河南城市发展报告（2017）：全面提升中原城市群竞争力和影响力》，社会科学文献出版社，2017。

张占仓、袁凯声、秦保建主编《长垣经济社会发展报告（2017）》，社会科学文献出版社，2017。

张占仓：《洛阳在郑洛西高质量发展合作带建设中的优劣势与发展策略》，《地域研究与开发》2022年第2期。

张桢祺：《长江中游城市群可持续发展对策研究》，《中国软科学》2016年第11期。

赵成伟、游志斌、蓝琳琳：《新时期构建创新要素全国统一大市场》，《上海商学院学报》2023年第1期。

赵红旗、赵海益：《郑州"三零"创建融入网格筑牢平安防线》，《法治日报》2023年2月21日。

赵力文：《我省加快构建现代环境治理体系》，《河南日报》2020年10月8日。

赵一帆：《"无废"城市 河南"有解"》，《河南日报》2024年3月30日。

郑长忠：《"全周期管理"释放城市治理新信号》，《人民论坛》2020年第6期。

后　记

　　城镇化是现代化的必由之路和重要标志。在波澜壮阔的历史画卷中，新型城镇化作为推进我国经济社会发展的重要引擎，承载着时代的使命与人民的期待，为中国式现代化提供了强劲动力和坚实支撑。党的十八大以来，以习近平同志为核心的党中央深刻把握新时代城镇化建设客观规律，明确提出实施以人为核心、以提高质量为导向的新型城镇化战略，引领我国走出了一条具有中国特色的新型城镇化道路，我国城镇化水平稳步提高，发展活力不断释放，新型城镇化建设取得重大历史性成就。

　　河南地域辽阔、人口众多，如何处理好城乡关系、工农关系是社会主义现代化建设中面临的重大课题。党的十八大以来，习近平总书记先后五次赴河南考察调研，为河南把脉定向、擘画蓝图。2014 年 5 月，习近平总书记在河南考察时提出"发挥优势打好四张牌"的重要指示，即"以发展优势产业为主导推进产业结构优化升级，以构建自主创新体系为主导推进创新驱动发展，以强化基础能力建设为主导推进培育发展新优势，以人为核心推进新型城镇化"。打好"四张牌"把准了河南发展脉搏，切中了河南发展短板，为建设现代化河南提供了基本遵循、指明了前进方向。

　　十年来，河南深入贯彻落实习近平总书记视察河南重要讲话重要指示批示精神，围绕打好"四张牌"中的"新型城镇化"牌，积极探索以人为核心的新型城镇化河南路径，城镇化进程不断加快、质量大幅提高，2023 年常住人口城镇化率提升至 58.08%，城镇化红利惠及中原大地亿万群众。从人口转移看，户籍制度改革深入推进，居住证制度全面实施，城市落户更加便捷，"人人持证、技能河南"建设高质量推进，更多劳动者得以实现技能就业、技能增收、技能致富，有效促进了农业转移人口有序融入城市。从空间格局看，郑州都市圈规模实力不断壮大，郑州国家中心城市龙头作用日益突出，洛阳、南阳副中心城市的区域带动力逐渐显现，广大中小城市、城镇逐渐成为河南新型城镇化的主要承载单元和农村劳动力转移的主阵地。从城市发展看，保障性住房建设、城中村改造等有序实施，建成一批城市书房、文化驿站等新型公共文化空间，城市更新、精细化管理和文化传承保护稳步推进，城市规划建设管理水平不断提高，绿色、智慧、人文等新型城市建设取得明显成效。从城乡关系看，县城的产业承载力持续提升，市政公用、公共服务、环境基础等设施建设成效明显，农村"三块地"改革扎实推进，城乡要素自由流动程度稳步提升，城乡发展的协调性、平衡性显著增强。

当前，我国城镇化已经进入快速发展阶段的后期，正在经历由高速增长向高质量增长、由重数量向重质量的深刻转变。党的二十届三中全会指出要健全推进新型城镇化体制机制，明确了高质量推进新型城镇化的重大改革举措。2024年7月，国务院印发《深入实施以人为本的新型城镇化战略五年行动计划》，就未来五年实施以人为本的新型城镇化战略的总体要求、重点任务、政策措施和组织实施等做出全面部署，也为河南接续推进新型城镇化建设提供了任务书和路线图。

比照国际国内经验和发展规律，河南的城镇化率仍处于相对偏低水平，城镇化进程远未完成，在农业转移人口市民化质量、潜力地区城镇化水平、现代化都市圈培育建设、城市功能品质等方面还有很大的提升空间。新型城镇化将继续在充分释放巨大内需潜力、促进城乡区域协调发展、满足人民美好生活需要等方面发挥重要作用，仍将是河南经济持续前行的重要动力源。

知之非难，行之不易。新型城镇化的美好未来值得期待，但也绝非轻轻松松、敲锣打鼓就能办到。推进新型城镇化的艰巨性、复杂性不容小觑，应对如何对处于低水平城市化或半城市化状态的新市民和年轻人给予更多关注、如何让城市更加安全更为宜居、如何打破各种要素在城乡之间双向流通的制度性藩篱等问题，都是需要耐心和智慧。站在新的历史起点上，河南需要始终牢记习近平总书记"奋勇争先、更加出彩"的殷殷嘱托，把城镇化作为高质量建设现代化河南、高水平实现现代化河南的使命任务，在加快农业转移人口市民化、完善优化城镇化空间布局、促进城乡要素自由流动和公共资源合理配置等方面全面发力、久久为功，持续打好新时代以人为核心的新型城镇化牌，努力交上一份人民满意的城镇化答卷。

　　河南省社会科学院党委书记、院长王承哲高度重视本书的编撰工作，多次主持召开编撰会，全程指导编撰工作，李同新副书记、王玲杰副院长、郭杰副院长多次提出宝贵的指导意见，院各兄弟部门给予大力支持和帮助，相关专家学者提出很好的意见和建议。本书由河南省社会科学院城市与生态文明研究所所长王新涛研究员担任主编，具体章节撰写如下：第一章，彭俊杰；第二章，王新涛；第三章，寇明哲；第四章，寇明哲；第五章，韩鹏；第六章，程文茹；第七章，程文茹；第八章，寇明哲；第九章，郭志远；第十章，李建华；第十一章，郭志远；第十二章，李建华；第十三章，金东。谨向所有为本书撰写出版做出贡献的同志表示衷心的感谢！

　　由于水平有限，书中难免有差错和不妥之处，恳请广大读者批评指正。

编者

2024 年 8 月

图书在版编目（CIP）数据

以人为核心推进新型城镇化的河南实践／王新涛主
编；金东，寇明哲，李建华副主编. -- 北京：社会科
学文献出版社，2024.12. -- （中国式现代化的河南实践
系列丛书）. -- ISBN 978-7-5228-4836-5

Ⅰ. F299.276.1

中国国家版本馆 CIP 数据核字第 2024DT4737 号

·中国式现代化的河南实践系列丛书·

以人为核心推进新型城镇化的河南实践

主　　编／王新涛
副 主 编／金　东　寇明哲　李建华

出 版 人／冀祥德
组稿编辑／任文武
责任编辑／方　丽
文稿编辑／王红平　李瑶娜
责任印制／王京美

出　　版／社会科学文献出版社·生态文明分社（010）59367143
　　　　　　地址：北京市北三环中路甲 29 号院华龙大厦　邮编：100029
　　　　　　网址：www.ssap.com.cn
发　　行／社会科学文献出版社（010）59367028
印　　装／三河市龙林印务有限公司

规　　格／开本：787mm×1092mm　1/16
　　　　　　印张：18.75　字数：304 千字
版　　次／2024 年 12 月第 1 版　2024 年 12 月第 1 次印刷
书　　号／ISBN 978-7-5228-4836-5
定　　价／88.00 元

读者服务电话：4008918866